Lean Entrepreneur

リーンアントレプレナー
ビジョナリーに学ぶ
製品開発、イノベーション、破壊のコツ

ブラント・クーパー＆パトリック・ヴラスコヴィッツ｜著　千葉敏生｜訳

The Lean Entrepreneur
by Brant Cooper and Patrick Vlaskovits

Copyright © 2013 by Brant Cooper, Patrick Vlaskovits.All rights reserved. This translation published under license.
Japanese translation rights arranged with John Wiley & Sons International Rights,Inc.,through Japan UNI Agency,Inc.,Tokyo.

リバとイライザに捧ぐ
──ブラント・クーパー

カタリーンとシェーンに捧ぐ
──パトリック・ヴラスコヴィッツ

Contents 目次

アーリーアダプターのみなさんへ　vi
刊行に寄せて　xi
はじめに　xiii

1　スタートアップ革命
Startup Revolution　1

ビジョナリーの神話（その1）　1
ビジョナリーの神話（その2）　4
CASE STUDY ベンチャーキャピタルの破壊　6
痛みなくして破壊なし　11
CASE STUDY 価値創造のカスタマイズ　19
リーンスタートアップを始めよう　21
リーンスタートアップとリーンアントレプレナーの出合い　23

2　ビジョン、価値観、企業文化
Vision, Values, and Culture　29

ビジョンと価値観　29
CASE STUDY 問題は本当に解決可能か？　34
リーンスタートアップの文化　36
CASE STUDY 顧客経験を再成長の糧に　39
CASE STUDY KISSmetrics　43
CASE STUDY 営業に関する真因分析　48
「3ホライゾン」フレームワーク　53
CASE STUDY リーンスタートアップのホライゾン　54

3　海には色んな魚がいる
All the Fish in the Sea　59

CASE STUDY 魚の行動学　62
顧客を理解する――セグメンテーションが重要なワケ　64
市場セグメント　68
ペルソナ：架空の顧客を描く　69
CASE STUDY 究極のペルソナを探して――サリムの事例　70
市場セグメントの選定　71
CASE STUDY 夢の仕事、お探しします――カーラの事例　72
CASE STUDY 名前どおりのブランド　75

4　価値の流れを進む
Wading in the Value Stream　79

価値の流れを明確にする　79
CASE STUDY 顧客の視点で見る　81
価値の流れの発見　86
CASE STUDY 高いハードルを超えて――AppFogの事例　96

5　流れに飛び込む
Diving In　103

顧客の声を聞くべきか、聞かざるべきか？　104
顧客との対話　107
CASE STUDY 屋外どころか国外に出よう　109
CASE STUDY 起こりうる最悪の結果は？　114
CASE STUDY 非営利組織のリーンスタートアップ　116

6 事業の実現性をテストする
Viability Experiments
123

ランディングページテスト　124
コンシェルジュテスト　126
　CASE STUDY　顧客体験を監督する　127
オズの魔法使いテスト　131
　CASE STUDY　着想からオズの魔法使いテストまでの90日間　132
クラウドファンディングテスト　133
　CASE STUDY　2種類の参加者がいる市場のリーンスタートアップ　134
プロトタイピング　137
　CASE STUDY　自動車のプロトタイプ　139

7 データは諸刃の剣
Data's Double-Edged Sword
143

　CASE STUDY　破壊不能なものを破壊する　147
新規の製品　150
既存の製品　155
　CASE STUDY　成長の原動力　157

8 死の谷を乗り越えて
The Valley of Death
161

実用最小限の製品（MVP）　163
　CASE STUDY　実用最小限のオーディエンス　168
　CASE STUDY　社会的なインパクトをもたらすリーンスタートアップ　172
　CASE STUDY　オレのマリナーラソースは天下一品！　175
　CASE STUDY　インターネットの速度で進化しつづける通信事業者、O2　180

9 顧客ファネルを見据えるのが真のビジョナリー
Real Visionaries Have Funnel Vision
183

ファネルのイノベーション　185
成長の波　199
　CASE STUDY　ロブ・ファンに訊くリーンスタートアップ成功の10箇条　205

10 最後に
The Final Word
215

　CASE STUDY　自社の理念を信じて……　219

注　226
謝辞　229
著者について　232

アーリーアダプターのみなさんへ

　これから紹介するのは、本書のアーリーアダプターのみなさんだ。私たちのサイトがまだくだらない動画がぽつんとあるだけのランディングページにすぎなかったころ、本書に興味を持ち、予約注文をしてくれた。みなさんがいなければ、本書は完成までこぎ着けなかっただろう。

　みなさんが本書の内容や演習について早めにフィードバックをくれたおかげで、内容をずっとシンプルにし、際立った変化をもたらす方法へとテーマを絞ることができた。この場を借りて、お礼を言いたい。

ブラント＆パトリック

本書のアーリーアダプターのみなさん*

@$H0K	Alan Turner	Alline Watkins	Andrew Payne
@WojKwasi	Alberto Jr	Alon Goren	Andrew White
Aalap Parikh	Alex Wolfe	Amiel Zwier	Andrey Gridnev
Abraham Williams	Alexander Bastien	Andersen Andre	Anita Leffel
Adalsteinn Ottarsson	Alexander Ginsberg	Andrea Amedeo	Antonio Lucena de Faria
Adam Gibson	Alexander Konowka	Andreas Cem Vogt	Arden Grady
Adam Jong	Alexander Osterwalder	Andreas Klinger	Armando Maldonado
Advanced VA	Alexandre Marcondes	Andres Arias	Arthur Dodge
Akili King	Alexandre Zamarion Cepeda	Andres Buritica	Arturo Garrido
Al Bsharah	Alfred Lo	Andres Riggioni	Basil Elway
Al Shaw	Alfredo Osorio	Andrew Hemsley	Beat Goetschi
Alan David Rojas Yacolca	Alison Anthoine	Andrew Korf	Becky Smith
Alan Lattimore	Alison Gibbins	Andrew Mohebbi	Beihua Yu

* 名前のリストをオンラインで確認したい方は、http://leanentrepreneur.co/earlyadoptersまで。

Benjamin Biddel
Benjamin Patock
Bergson Fogaca de Oliveira
Bernard Lebelle
Bernardo Mazzini
Bill Carver
Bill Kenney
Brendan Baker
Brenton O'Brien
Brittany Lynch
Brunno Cruz
Bryan Hall
C Crouch
Camilo Zamora
Carol Gunby
Casey Armstrong
Cassiano Porreca
Catherine Colgan
Chan Keung
Chandan Kanodia
Chantal Botana
Chin Eugene
Chonchayong Trairatkeyoon
Chris Elam
Chris Gallo
Chris Healy
Christian Fahlke
Christian Kramer
Christopher Conrey

Claudio Perrone
Clayton Levering
Colin Tuggle
Craig Aron
Cristian Valbuena
Cv Harquail
D Elley
Dale Larson
Damien Saunders
Damon D'Amore
Dan Kaplan
Dan Mattrazzo
Daniel Donado
Daniel Fulep
Daniel Haran
Daniel Horowitz
Daniel James Scott
Daniel Politzer
Danny Beckett Jr.
Danny Currie
Darren Fehrmann
Dave Blackman
David Andujo
David Drake
David Fishman
David Hooton
David Stevens
Davorin Gabrovec
Daylin Breen

Deane Sloan
Dennis Cabarroguis
Desiderio Gutierrez
Dmitri Leonov
Donna Klym
Dr. Ernie
Drew Sanocki
Eduardo Burgel
Elio Maggini
Emily Cotter
Emmanuel Devries
Eneko Bilbao
Eric Fader
Eric Galen
Eric Pantera
Erich Buri
Erick Herring
Erik Saltwell
Erika Callahan
Erin Mcclarty
Esteban Quijano
Farez Rahman
Ferenc Fekete
Fernando Labastida
Fernando Saenz-Marrero
Ferran Giones
Francesc Mutge
Francesco Fullone
Frank Dale

Fuat Koro
Gabriele Lana
Garth Humbert
Gary Chiu
Gary Hellen
Gary Marcos
Gary Percy
Gavin Heer
Geert Bollen
George Komoto
Gerard Charlot
Gibran Abarca
Gideon Walker
Gijsbert Koren
Gil Doukhan
Gilbert Bagaoisan
Giles Farrow
Giorgio Casoni
Glenn Marcus
Gonzalo Santos
Graham Kehily
Guilhem Bertholet
Hampus Jakobsson
Hao Chen
Helge Hannisdal
Hendrik Bohn
Hiroshi Menjo
Howard Iii
Ira Herman

vii

Iren Elisabeth Ovstebo
Ivan Rapin-Smith
Iyas Alqasem
Jacob Taylor
Jake Waxenberg
Jakub Musialek
James Gagel
James Katzenberger
James Levine
James Manias
James McGilvray
James Sutherland
Jan Belke
Jane Garrity
Jared Hardy
Jason Bowser
Jason Fitts
Jason Fraser
Jason HJH
Jason Yip
Jay Beecham
Jay Cranman
Jay Grieves
Jeanne Pi
Jeff Chen
Jeffrey Howell
Jeffrey Mohr
Jeffrey Poole
Jeffrey Tingle

Jennie Enholm
Jeremy George
Jesse Nowlin
Jim Chesebro
JM Bonthous
Joanna Piotrowska
Joe Bailey
Joe Gerber
Joe Waltman
Joel Abraham
Joel Gascoigne
Joel Jenkins
John Asalone
John Beadle
John Carter
John Halpern
John Holcroft
John Hornbaker
John Morrow
John T. Chapman
John Wark
John Wolpert
Jon Gold
Jon Lawrence
Jonatan Alava
Jonathan Buccella
Jonathan Drillings
Jonathan Gray
Jonathan Tarud

Jonathan York
Jonathon Schuster
Jonny Lennon
Jordana Adler
Joseph Draschil
Joseph Morgan
Joseph Vandervest
Joshua Kerievsky
Joshua Lewis
Joshua Steimle
jozi9
Juergen Anke
Justin Coetsee
Justin Homkow
Justine Lam
Kahlil Corazo
Kangtao Chuang
Karin Lehner
Karl Shaikh
Kathleen Meairs
Keenahn Jung
Keiron Mccammon
Kelvin Tham
Ken Hejmanowski
Kent Mcdonald
Kim Silva
Kirk Lashley
Kutlu Kazanci
Lars Kristian Aasbrenn

Lars Teigen
Lawrence Schoonover, DDS
Lee Heathfield
Lee Munroe
Leslie Hunter
Lindsey Nagy
Lord Fernandez
Louis Galipeau
Lowell Lindstrom
Lowell Winer
Luigi Matrone
Luigi Montanez
Luis Luengo
Lukas Fittl
Luke Scoates
Lynn Pearce
Lynn Rasmussen
M Keeffe
Maciej Czarnik
Makoto Miyagawa
Marc Havener
Marcelo Pimenta
Mark Horoszowski
Mark Morris
Marko Vasiljevic
Martin Alcala Rubi
Martin Giorgetti
Martin Hrdlicka
Matias Waes

Matthew A
Matthew Bellows
Matthew Dally
Matthew Ownby
Mauricio Montilla
Melissa Foster
Melissa Navarro
Meng Wong
Michael Grassotti
Michael Hawkins
Michael Lira
Michael Maretzke
Michael Petronaci
Michael Porcelli
Michael Thompson
Michael Yevdokimov
Michel Gelobter
Michele Battelli
Michelle Hoang
Mikhail Nikolaev
Mila Vukojevic
Mitchell Villani
Morgan Linton
Mr O'Flynn
Mrs Oliver
Nadav Wilf
Nicholas Wichert
Nick Tippmann
Nicolas Tognoni

Nikhil Thomas
Nikolaos Souris
Nina Alter
Nir Eyal
Norbert Schwagmann
Oana Calugar
Olaf Lewitz
Olaf Myklebust
Oleg Mysyk
Olga Pavlovsky
Olin Hyde
Olivier Verbeke
Oriol Pascual
Oskari Kettunen
Paolo Lorenzoni
Parul Singh
Patrick Buechner
Patrick Smith
Paul Connaghan
Paul Gomez
Paul Merino
Paul Reichman
Pedro Carmo Oliveira
Pedro Rocha
Per Sahlin
Peter Cooper
Peter Hargittay
Peter Hong
Peter Troast

Piotr Durlej
Prudencio Herrero
R Bowater
Rachel Willmer
Rahul Gupta
Rak Dheva-Aksorn
Rammohan Reddy
Randall Minchew
Ray Hallare
Reginald Niles
Regis Rehel
Reid Mcgregor
Rene-Martin Tudyka
Ricardo Dorado
Richard Ackermann
Richard Kroon
Richard Prest
Rick Perreault
Ricky Juarez
Rindranirina Ramamonjison
Rob Linton
Robert Bowman
Robert Fan
Robert Fenton
Roberto Magnifico
Rodney Rumford
Rodolfo Angel Lomascolo Szittyay
Rodrigo Ludwig
Roger Weber

Ross O'Lochlainn
Royce Hamano
Rukesh Patel
Ryan Fujiu
Ryan Poissant
Salim Virani
Samuel Goldberg
Samuel Parker
Sash Catanzarite
Scott Austin
Scott Gillespie
Scott Kurland
Scott Roehrick
Scott Steele
Sean Ammirati
Sean Crafts
Sean Taylor
Sean Tierney
Sebastien Arbogast
Sergio Marrero
Shawn Arnwine
Shawn Purcell
Simone Brunozzi
Son Thanh Le
Stephen Rhyne
Stephen Wood
Steven Craig
Steven Mcilvenna
Sunshine Makarow

Sylvain Montreuil

Takashi Tsutsumi

Tal Rachleff

Tanya Ross-Lane

Theodore Barnett

Theodore Shivdasani

Thomas Lin

Thomas Neiger

Thomas Pridham

Tim Kastelle

Timothy Lombardo

Todd Werelius

Tom Philip

Tom Yandell

Tomasz Rudolf

Tomer Sharon

Travis Mccutcheon

Trevor Owens

Veeral Shah

Venkatesh Rao

Vidar Brekke

Vik Chadha

Vishal Bagga

Vivek Raman

William Loeber

William Mcbride

Wiro Kuipers

Young Lee

Yuki Sekiguchi

Yves Hanoulle

Zoiner Tejada

刊行に寄せて　Foreword

『リーン・スタートアップ』の著者
エリック・リース

　2008年8月にブログを開始したころ、こんなことになるとは思ってもみなかった。当時、スタートアップがブログを書くなんて、とうてい〝クール〟なこととは思われていなかった。多くのベンチャーキャピタリストから、やめた方がいいと言われた。

　僕はもともとエンジニアだったし、かかわってきたのはWebベースのスタートアップばかりだったから、スタートアップについて書くことにした。スタートアップの成功と失敗について説明するために、継続的デプロイメント、顧客開発、超高速型のアジャイルといった原理について話した。そして、リーン生産方式について調べるうち、リーン生産方式の考え方や用語が僕にとってはしっくりと来た。こうして、「リーンスタートアップ」という新しい概念を思いついたわけだ。

　その根底には基本的な考えがあった。スタートアップは極度の不確実性という土壌の上で栄えるようできていること。予測や計画に頼る従来型のマネジメント手法は、極度の不確実性の中ではうまくいかないこと。だから、反復的なプロセス、科学的な学習、すばやい実験に特化した新しいマネジメントの道具が必要だと思い至ったわけだ。

　当時、僕はこの理論が、ハイテク系のスタートアップやWebベースの企業など、一部の業界と結びつけられてしまうのではないかと思っていた。何といっても、リーンの考え方は、大手自動車会社のトヨタから生まれたものだから。そこで僕は、リーンスタートアップの原則は、不確実性が支配する環境なら、どんな業種のスタートアップやビジネス分野にも応用できると宣言した。

　でも、そのあとで何が起こるのか、まったく想像もしていなかった。起業の仕方に一石を投じられたらいいなくらいには思っていたけれど、まさかこんなことになるなんて。

　それから4年と少しで、世界がここまで変わるとは思ってもみなかった。赤子のようなコミュニティは今や一人前のムーブメントとなり、新しいアントレプレナーもベテランのアントレプレナーも、誰もが事例研究、会議、ブログで、リーンスタートアップの教訓を自慢げに紹介している。リーンスタートアップの熱狂的な実践者が、著書、ワークショップ、講義を通じて、体験やヒントを語り、リーンスタートアップの原則を自分の血肉に変える方法を学生たちに教える道具を作り出している。たくさんの投資家、アドバイザー、メンター、そしてカリスマ起業家までもが、リーンスタートアップの言語を話している。

　リーンスタートアップは先人たちの知恵をすべて放り込んだごった煮のようなものだ。顧客開発、破壊的イノベーション理論、テクノロジーライフサイクル理論、アジャイル開発。それをユーザーエクスペリエンスの専門家やデザイン思考家の考え方、営業、マーケティング、経営、会計といった機能ごとの知恵が補い、われわれ全員を高みへと導くリーンスタートアップの手法を味つけしているのだ。

リーンスタートアップは今やメインストリームになっている。最初からこんな計画を描いていたわけではない。ハイテク業界とは縁もゆかりもない、あらゆる規模の企業がリーンスタートアップの手法を取り入れるなんて。多くの大組織が——しかもアメリカ連邦政府までもが——、急速に変化し、激しい競争にさらされ、データであふれかえる現代社会に対処するために、新しい手法が必要だと気づくとは、思ってもいなかった。それも、『リーン・スタートアップ』の刊行から1年とたたないうちに。こうした変化は、全員の想像を超えるスピードと規模で訪れた。そして、もうすぐわかるように、変化は始まったばかりにすぎない。

　だからこそ、僕はみなさんが手にしているこの本にとてもワクワクしている。本書はその新しい手法を紹介するものだ。ブラント・クーパーとパトリック・ヴラスコヴィッツは、リーンスタートアップや顧客開発といった新しい概念を誰よりも先に取り入れたアーリーアダプターだ。2人の最新作である本作では、①顧客と対話する方法、②実験を行なう方法、③行動につながるデータを用いて不確実な事業活動に目立った変化をもたらす方法、の3点にレンズが向けられている。

　これまでの本も同じだが、ブラントとパトリックの本は、単なる理論書ではない。それぞれの分野について、非常に突っ込んだ戦術を紹介しているのだ。

　あなたの組織としての位置づけがどうであれ、2人は「リーンスタートアップ活動の照準をどこに合わせるべきか？」という疑問に答えようとしている。無駄をなくすような方法で、ビジネスモデルの問題点を見つけ、解決に取り組むためにはどうすればいいか？　本書ではその新しい考え方、ツール、活動を紹介しているわけだ。

　ブラントとパトリックは、従来のリーンシンキングの教えにならい、価値の流れを発見するプロセスを紹介している。このプロセスに従えば、組織は価値を創造するためにどのような製品開発、マーケティング、営業を行なうべきなのか、仮説を立てられる。そして、そうして生まれたビジネスモデル仮説をテスト、測定、改良することができるようになる。

　さらに、せっかく価値を生み出しても、その最終的な価値を必要としている顧客、求めている顧客、望んでいる顧客、そして見つけ出してくれる顧客がいなければ、何の意味もない。ブラントとパトリックは、顧客セグメントについてとことん考える手助けをするために、膨大な時間を割いている。しかも、科学的手法の精神にならい、顧客に関する理論のどこが間違っているかを明らかにする手助けもしている。

　誰でも面白い物語は好きだ。ブラントとパトリックは、数十人ものアントレプレナーにインタビューし、ハイテク業界の内側と外側、スタートアップと大企業の両方について、たくさんのケーススタディを紹介している。その中には、1998年にオズの魔法使いテストで生まれた例の有名な会社もある。

　誤解しないでほしい。ブラントとパトリックは決して流行に乗じているわけじゃない。2010年4月には『顧客開発モデルのトリセツ』という本も自費出版している。

　2人は当初から、実践家として、そして指導者として、マニュアル的なアプローチではなく、「すばやく、機敏で、継続的な学習」というリーンの考え方を取り入れるよう、アントレプレナーに勧めてきたのだ。この2年間で、2人は世界中を飛び回り、リーンスタートアップに関する講演、アドバイス、啓蒙活動を行なってきた。

　イノベーションや不確実性への取り組みを向上させるための原則や手法のリストは、どんどん膨らんでいっている。本書はその大事なピースだ。たとえハイテク系のスタートアップであっても、Fortune 100企業であっても、非営利組織であっても、政府自治体であっても、原則は変わらないはずだ。

　僕がブラントとパトリックの友人や仲間の1人に加われたのは、とてもラッキーだと思っている。本書を通じて、読者のみなさんが貴重なヒントを学び取り、リーンスタートアップの考え方を自分の血肉にし、そして、世界を少しでも住みよい場所にしてくれることを願って。

2013年1月
サンフランシスコにて

Introduction

はじめに

『リーンアントレプレナー』とは？ | What Is The Lean Entrepreneur?

　自分が変化のどの段階にいるのかを知るのは難しい。1つだけいえるのは、時間の矢は一方向にしか進まないということだ。ヘラクレイトスの言葉にあるように、まったく同じ河に2回も足を突っ込むことなどありえないのだ。

　変化は一定ではない。私たちは常に変化しているが、変化のどの段階にいるかによって、変化のスピードは変わる。低コストな実験を繰り返しているときには、変化は急激に起こる。地球の生物圏で劇的な変化が起こり、多様な種が生まれやすい環境が整うと、新しい生命が続々と誕生した。だが、その大半は絶滅していった。それと同じように、大量の資源——水、鉱物、燃料——が発見・抽出され、低コストで工業実験が行なえる環境が整うと、新しい技術が続々と生まれる。だが、その大半は消えていく。

　過去を振り返ってみれば、巨大な変革の時代は確かに存在したことがわかる。しかし、当時の人々はこんな風には思っていなかっただろう。
「なあ、今ってルネサンス時代だよな？」
「中世よりずっといいね」
「まったくだ」

　その人の生きる人生によって、"正常"の意味は決まる。

　変化は大きいのか小さいのか。劇的なのか少しずつなのか。恒久的なのか周期的なのか。破壊的なのか持続的なのか。

　自分が変化のどの段階にいるのかなんて、誰にもわからない。変化はもう終わったのか始まったばかりなのか。ちょうど転換点を迎えているのか。上り坂なのか下り坂なのか。終わりが近いのか新時代が近づきつつあるのか。

　壊れた時計も1日2回は正確な時刻を指し示す、という言葉もある。

　私たちが巨大な変化の真っ只中にいることは、どうすればわかるのか？　専門家やプロの話を聞

くといい。こんな言葉ばっかり聞こえてくるようなら要注意だ。時代は変わるのだ。

- 「心配いらない。単なる景気の循環だ。次のバスは5分後にやってくるさ」
- 「Xが普及するかだって？ バカを言っちゃいけない。Xはすでに君の市場を破壊している。よくあるサイクルさ。もうすぐ元どおりになるだろう」
- 「著作権侵害がすべてを破壊している！」

　本書は巨大な変化を乗り切る方法を解説したものだ。

　これからやってくるのが脱工業化時代であれ、情報化社会であれ、経験経済であれ、本書の目的はみんなの求める製品を作り、新しい事業でイノベーションを起こし、市場を破壊する手助けを行なうことだ。巨大な変化には巨大なチャンスが潜んでいる。成功するアントレプレナーは、いったいどうやってアイデアを適切な市場セグメントでテストしているのか──その具体例を紹介しながら、あなたの起業をお手伝いし、すばやく成功へと導いていけたらと思っている。

　一言でいえば、本書はフィールドガイドだ。職場、シェアオフィス、クライアントの事務所、近所のカフェに持っていって、作戦を練るための本だ。自然愛好家の持ち歩く野外観察図鑑が特定地域の動植物を見分けるためのものだとすれば、本書はイノベーションという領域のコンセプトやアイデアを見分けるための図鑑のようなものだ。一見すると、あなたの会社には応用できそうにないアイデアもあるかもしれないが、広い視野と創造力さえあれば、製品を生み出す方法を一変させられるはずだ。

　本書は、イノベーション方法に関する既存のアイデアを組み合わせたまとめ本のようなものと考えてほしい。一見するとバラバラなアイデアに見えても、よくよく見れば互いに関連し、補い合っているのがわかるはずだ。それらのアイデアをきちんと結びつけることさえできれば、これからどんな変化が待っているのか、今どのようなイノベーションが必要なのかを、はっきりと思い浮かべることができるだろう。

　ヘンリー・フォードは、交換可能な部品、組立ライン、電動機など、さまざまな分野の既存技術を組み合わせ、革新的で破壊的なイノベーションを生み出した。そして、世界初の大衆車の製造・販売に成功した。同じように、本書でもいくつかの斬新なアイデアを組み合わせて、価値を創造する中小企業から由緒あるフォーチュン500企業まで、破壊をもたらそうとするイノベーターやアントレプレナーなら誰でも応用できる、新しいアプローチを紹介していこうと思っている。

　本書で紹介する製品開発の方法論やイノベーションのフレームワークは、スティーブン・ブランク（「顧客開発」方法論の発案者）やエリック・リース（『リーン・スタートアップ』の著者）をはじめとする偉大な思想家の影響を大きく受けている。しかし、ほかにも、デザイン思考や仮説指向計画法など、似たようなイノベーション方法論も参考にしている。

　前述のフレームワークはすべて、定型化された戦術というよりも原理に基づくもので、科学的手法のような反復的＆顧客中心＆データ主導のアプローチを特徴としている。「使えるものは何でも使え」をモットーとしている私たちは、使えると思うアイデアは喜んで拝借しているし、役立たないと思うものはばっさりと切り捨てている。

　ぜひ読者のみなさんも、本書のアイデアやアプローチに対して同じような態度で臨んでほしい。

本書の目的

本書の目的は次の3つだ。

❶ 「新しい破壊的イノベーションの手法を用いた起業」が世界経済の次世代の潮流になりつつある理由を説明すること。
❷ アントレプレナーがいかにして新しい市場を築き、既存の市場を破壊しているかを、実例を交えながら紹介すること。
❸ **価値の創造**を始める方法を紹介すること。

　本書で扱うのは、不確実な市場における反復的＆顧客中心＆データ主導のビジネス開発アプローチだ。とはいえ、どの企業も多少なりとも不確実な市場の中で事業を営んでいる。しかし、その条件は一定ではない。不確実性の低い市場で行なわ

れる持続的イノベーションから、不確実性が高い市場で行なわれる破壊的イノベーションまで、イノベーションは連続体をなしているのだ。

つまり、不確実性とイノベーションは対(つい)になっている。不確実性がなければイノベーションの機会もありえない。真に破壊的なイノベーションとは、最終製品、価値命題、価格、マーケティング、販売チャネル、顧客がまったくの未知であるか、せいぜいあいまいな環境でしか起こりえないものなのだ。

その逆もまた可なりだ。製品の価値命題、価格、マーケティング、販売チャネル、顧客が（だいたい）既知である場合には、本書で説明しているような反復的＆顧客中心＆データ主導のアプローチは、最善とはいえないかもしれない。

企業が価値命題を理解していて、既存顧客に価値命題をきちんと届けられている場合には、その企業の経営者や従業員が用いている手法は、少なくとも当面は今のままでOKということだ。さらに効率化したり無駄をなくしたりすることもできるかもしれないが、本書の目的はその方法を教えることではない。

本書で再三説明するとおり、不確実性のもとでイノベーションを行なうには、非常に反復的なアプローチが必要だ。そして、最終的に企業のビジネスモデルの大部分を決めるのは、上層部の命令や個人的な欲求ではなく、あなたが価値を届けようとしている市場セグメントの暗黙のニーズだ。つまり、あなたの企業の運命を握っているのは顧客なのだ。それに気づくのが早ければ早いほど、あなた自身、あなたの顧客、部下、同僚、株主、取引先にとってはいいことなのだ。

しつこいようだが、製品の販売方法、顧客が支払ってくれる金額、顧客の心に響くメッセージ、顧客が製品を利用する目的を決めるのは、あなた自身ではなく、市場セグメントだ。つまり、どのセグメントにサービスを提供するかを決めるのはあなたの仕事だが、あなたの製品を利用してみるかどうかを判断するのはセグメントの方なのだ。

では、反復的＆顧客中心＆データ主導の製品開発アプローチを用いて価値を創造するのが本書のテーマだとしたら、本書は今までのアイデアの焼き直しにすぎないのだろうか？

答えはノー。

エリック・リースと彼の著書『リーン・スター

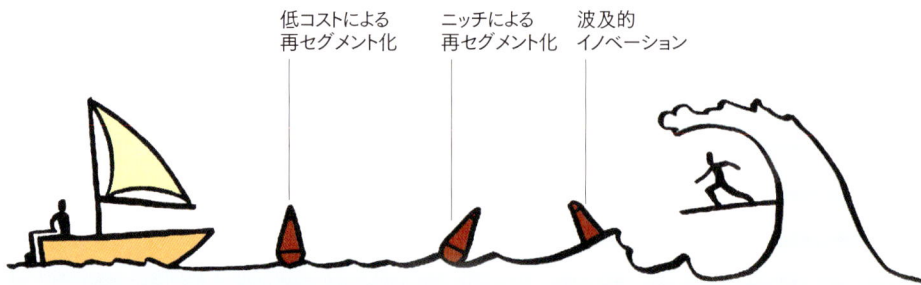

トアップ』の最大の功績は、語彙の構築だとよくいわれる。つまり、アントレプレナーが有意義なイノベーションの手法について話すための言語を生み出したというわけだ。でも、大事なのは誰が何を発明したかではなく、いかにして過去の成功から教訓を学び、将来の活動を成功に近づけるかではないだろうか。

イノベーションや起業はまさに今、急激な変化を迎えようとしている。その背後にあるのは、技術や文化の巨大な波だ。

来るべき未来を生き抜くためには、顧客に対して価値を生み出し、インターネットの速度で前進することに全力を注がなければならない。その方法について詳しくは本篇で。

対象読者

ほとんどのアントレプレナーは、「あなたの顧客は？」と訊かれると、「そりゃ全員さ！」と答える。だが、本書でもさんざん述べているように、それは間違いだ。本書の執筆に際して、さまざまな人々と話をしてきた結果を踏まえると、本書の対象読者は次のとおりだ。

・事業の拡大を試みるスタートアップの創設者──〝次世代のビッグビジネス〟を追求するアントレプレナー。
・ライフスタイル企業【事業拡大よりも楽しみや一定の収入を重視する企業】の創設者──悪い意味で言っているわけではない。顧客

に価値を届ける真の企業を築きたいと思っているなら、ぜひ読んでほしい。
- 企業内起業家（イントレプレナー）──企業規模にかかわらず、自社をインターネットの速度で前進する企業に変えたいと思うなら、続きを読んでほしい。
- 教育者──起業についての教育方法を変えたいと感じている教育者。
- 政府の変革推進者──大企業の内部で変革を起こしたいと思っているアントレプレナーと同じように、政府の運営方法を変えたいと思っている人には、本書が役立つだろう。
- 投資家──将来性のあるスタートアップを見つけ、支援したいと思っている人々。

本書の内容は誰にでもある程度は役立つと考えているが、次の方々にはあまり向かないだろう。

- ビジネスモデルがすでに存在する小企業を興（おこ）そうと考えている創設者──たとえば、クリーニング店、小売店、フランチャイズなど、ショッピングモールでよく見かけるような企業だ。
- ライフスタイル企業のオーナー──すでに企業を経営していて、現状におおむね満足しているなら、言うことなし！　私たちの手助けは不要だ。
- 個人事業主──ちょっとした仕事、製品、サービスを提供して、自分自身や家族の収入源にしようと考えている人々。ぜひとも応援したいが、もっといい本があるだろう。

平たくいえば、エリック・リースの著書『リーン・スタートアップ』を読んで、リーンスタートアップの実践的な応用方法を知りたいと考えている人には、本書がぴったりだろう。リースの著書をまだ読んでおらず、リーンスタートアップの手法が自分自身や自社に合うかどうかわからない場合、本書を読んでも参考にはなるだろうが、先にリースの著書を読むことをお勧めする。

スティーブン・ブランクの『アントレプレナーの教科書』や『スタートアップ・マニュアル』、私たちの拙著『顧客開発モデルのトリセツ』を読んだ方々は、これらの本で紹介されている原則を応用する新しい手法や方法論が学べるだろう。重複はあまりない。

すでにリーンスタートアップを実践していて、リーンスタートアップ系の書籍をたくさん読んでいる方は、本書を読めばきっとビジネスの成長につながる新しいヒントが学べると思う。

本書の使い方

本書の目的は知識やインスピレーションを与えることだけではない。随所に遊び心も加えている。

そのため、優秀なアントレプレナーでアーティストでもあるフェイク・グリムロックの力を借りた。彼は本書のために表現力いっぱいのイラストを描いてくれた。おかげで、本書のストーリーや概念がずいぶんとわかりやすくなった。

一見すると意味のわかりづらいイラストもあるが、じっくりと考えて味わってみてほしい。イラストは「クリエイティブコモンズ」ライセンスに従って再利用や再編集が可能だ。

イラストをダウンロードし、プレゼンテーションやブログなどで利用されたい方は、http://LeanEntrepreneur.co/illustrationsにアクセスするか、私たちのメールアドレスpics@leanentrepreneur.coまでご一報を*。

いきなり問題の核心を突くというのが、私たちの執筆スタイルだ。専門家の中には、私たちのスタイルに苛立ちを覚える人もいるだろうが、私たちはあえて細部をぼやかして書いている。といっても、細部がどうでもよいからではない。むしろ、細部こそ重要だ。しかし、本書を読み進めるにあたってはあまり重要でないと思ったのだ。

本書は次の10章からなる。

第1章：**スタートアップ革命**──世界の現状について簡単にまとめながら、どんな規模や分野の企業にもリーンスタートアップの方法論を応用できるワケを説明する。

第2章：**ビジョン、価値観、企業文化**──スタートアップや大企業におけるリーンスタートアップの位置づけについて。

第3章：**海には色んな魚がいる**──どの顧客に向けて針を垂らすべきか？

第4章：**価値の流れを進む**──創造する価値

xvii

第5章：**流れに飛び込む**──顧客との対話を通じて教訓を学び取る方法について。

第6章：**事業の実現性をテストする**──市場リスクを軽減するさまざまな実験の方法について。

第7章：**データは諸刃の剣**──データに溺れることなく、ビジネスの針を動かす（ビジネスに目立った変化をもたらす）のに必要な情報を見つけるには？

第8章：**死の谷を乗り越えて**──不確実性に対処する際に必ずやってくる山と谷をうまく乗り切るには？

第9章：**顧客ファネルを見据えるのが真のビジョナリー**──マーケティングと営業について詳しく見ていく。

第10章：**最後に**──読者のみなさんへの行動喚起。

本書では、リーンスタートアップの原理を取り入れて成功した実在の企業の例を随所で紹介していく。その多くは、自社を説明するときにリーンという言葉を使っていないが、実際の例から教訓やインスピレーションを学び取ってもらえたら幸いだ。

また、各章には、自社のビジネスモデルについて考察するための演習やテンプレートをふんだんに設けている。ステップバイステップの成功則があるとは思わないが、大いに参考になると思う。

いったんコツを学んだら、ぜひ自分で成功則を作り出してみてほしい。

---

*イラストのライセンスはhttp://creativecommons.org/licenses/by-sa/3.0に従っている。利用や共有は歓迎だが、「ブランド・クーパー＆パトリック・ヴラスコヴィッツ著『リーンアントレプレナー』、イラストbyフェイク・グリムロック」という著作権表示と、http://LeanEntrepreneur.coへのリンクをお忘れなく！

1 Startup Revolution

スタートアップ革命

ビジョナリーの神話（その1） | The Myth of the Visionary (Take 1)

　なぜかはわからないが、ヴィスドルフは森に呼ばれている気がした。ああ、行きたくない。前にも同じ感覚になったことがある。けれど、これほど強烈に感じたのは初めてだ。彼は首を振り、目の前の妖しげな文章に目を戻す。歴史書の一節に精神を集中させ、もういちど想像を膨らませようとした瞬間、頭にもやがかかり、紙の上の単語たちがまるで魔法の渦のごとく回転しはじめる。
「クソっ！」と彼は悪態を吐き、分厚い本をバタンと閉じた。「オレの目はいったいどうなっているんだ！」
　ヴィスドルフは深いため息をつき、重厚なダイニングテーブルに手を付いて颯爽と立ち上がる。彼は窓の方を向き、森の方角を眺めた。かろうじて顔を出していた太陽が地平線へと落ちていくと、彼の薄暗い影はゆっくりと壁を這う。そうして、とうとう読書用の蝋燭の明かりが勝つと、目の前に薄暗い影が現われた。
「からかわないでくれ」とヴィスドルフは自分の影に向かって言った。彼は覚悟を決め、大股で玄関の方へと歩き、かばんと寝袋をつかんで、夕暮れに飛び出していった。彼は町の外れへとつながる砂利道を踏みしめながら、一心不乱に歩いていく。だが、気分は重かった。彼の後ろで太陽が地平線に沈むと、辺りは闇に包まれた。ヴィスドルフは先に進んだ。

　森の入口に差しかかったところで、大木の切り株に囲まれるように建つボロ屋から、陽気な音楽が聞こえてきた。ヴィスドルフはお祭り騒ぎの聞こえるその建物へと続く分かれ道のところで立ち止まった。オレもあの輪に加われたら……。すると、1人の歌声だけがくっきりと聞こえてくる。
「ああ、その時はすぐそこに……愛しき夜空の星たちに裏切られ……」
「さよなら、タクナー……」とヴィスドルフはつ

ぶやき、細い小道の方に身体を向けた。そのずっと奥には、鬱蒼と茂る食人樹の森がある。不吉な不確実性に支配されたこの世界。ここでの生活を守るもの、壊すもの、そのすべての源泉が、あの森なのだ。

　そのとき、パブのドアがバタンと開き、タクナーと数人の酔っぱらいがなだれ出てきた。ヴィスドルフは歩を早める。
「そこにいるの、誰？」とタクナーが叫ぶ。ヴィスドルフは足を止めた。彼の巨体が暗闇にぼんやりと浮かぶ。「まあ、へんてこりんな動物がいるわ」と彼女は笑いながら言う。
「つかまえようぜ」とタクナーの横にいた酔っぱらいのクランダーが言う。彼がよろよろと歩き出すと、タクナーは後ろから思いきり押した。クランダーは地面に思いきり突っ伏した。
「酔っぱらいは静かにしてなさい。あれはヴィスドルフでしょ！」
　ヴィスドルフは何歩か引き返す。「ああ、オレだよ。ヴィスドルフだ」
「それじゃ、決めたのね──」タクナーは急に冷静を取り戻して訊ねた。「ひとりで聖なる草地に行くって。それもこんな夜に。仲間も連れないで？」
「お前だってわかってるだろ。オレひとりで行かなきゃならない旅だって」
「バカみたい」彼女がヴィスドルフの目を見据えると、彼は目を逸らした。
「何とでも言えよ」ヴィスドルフは振り返った。

「待って」タクナーの視線が和らぐ。
「もう決めたんだ。オレひとりで……」
「一緒に行けばいいでしょう。また昔みたいに！」とタクナーは言った。
「オレたちも行くぜ」とほかのみんなも口を揃えた。
　ヴィスドルフは立ち止まった。彼は大木のごとくみんなの前にそびえ立っている。そのシルエットは闇よりも濃い。「いい考えかもな──」ヴィスドルフはつばを吐き、仲間たちに詰め寄った。「お前たち酔っぱらい野郎を森に連れていって、待ち伏せしてるヴェックウルフの生贄にするってのも。だが、オレはそんなことはしない。地獄へ旅したいというなら、勝手にどうぞ。だが、オレには付いてくるな。自分で地獄を見つけ、自分で猛獣を探せばいい。オレはいざとなれば食人樹も倒すし、ウルフだって殺すつもりだ。ウルフ自身の骨でね」ヴィスドルフはそう吠え、闇夜に光る鉄の刃で、夜を切り裂いた。彼は呆然と見守る仲間たちを残して、暗い森へと消えていった。

　ヴィスドルフは夜空を見上げた。ついさっき、小さな草地を見つけ、休息の場所をこしらえたばかりだった。夜空を埋め尽くすほどの星。ぼんやりと眺めていると、星は動く。しかし、目を凝らすと、星はぴたりと止まる。彼は仲間のことを思い出した。つらく当たりすぎたかもしれない。どこからあんな辛辣な言葉が出てきたのか、自分でもわからない。「恐怖だろうか」と彼は思った。

「あいつらを死なすわけにはいかなかった。でも、食人樹を倒す？　ウルフを殺す？　こんなもので？」ヴィスドルフはウルフの骨でできた柄が付いたナイフを掲げ、自分を嗤った。もう何時間も歩いていた。獣道を伝って、この草地にたどり着いた。しかし、ここはタクナーが言っていた聖なる草地（クリアリング）ではない。
「それだけは間違いない」と彼は独りごちた。
　聖なる草地（クリアリング）に行ったことはなかったが、伝説によれば、そこはヴェックウルフと生きた食人樹によって、厳重に守られているのだという。生き残れるのは、食人樹自身を除けば、食人樹の触手を逃れて聖なる草地にたどり着くことができた者だけなのだ。「そして今、オレはここにいる。ってことは……」まぶたが急に重くなり、星たちがまた例のダンスを踊りはじめる。「ほうら、また始まった」そんなことを考えながら、彼は眠りに落ちた。

　ヴィスドルフははっと目を覚ました。彼は起き上がるなり、剣を抜いた。どこからともなく草地をただよう風。動物の生温かい吐息。荒い息づかい。辺りは漆黒の闇だ。星々の放つわずかばかりの光も、低く立ちこめたもやにさえぎられている。彼はゆっくりと振り返り、茂みの奥を見つめた。ドクドクと鼓動を打つ心臓。空を切るような低い音。
　ヴィスドルフは精神を研ぎ澄ました。体勢を低くし、目をつむり、両腕を身体の横にぶらりと垂

らしながら。次の瞬間、両足を軸に身体をひねると、地面に渦ができはじめる。ヴィスドルフはまず胴体、そして肩を回転させると、むちの尾のように腕を振りかぶり、ナイフで空を切った。ナイフの柄が飛びかかってきたヴェックウルフのあばらに当たると、ウルフの強靱な牙はヴィスドルフの頭をわずかに逸れ、ウルフが身体ごとのしかかってきた。彼が地面に倒れ込むと、ウルフは即座にもういちど襲いかかり、彼が首をかばうように差し出した左腕に噛みつく。彼は身体をよじり、左に身をひるがえして、ナイフをウルフの脇腹に見舞った。ウルフは耳をつんざくような鳴き声を上げ、地面に倒れた。よろよろと立ち上がるヴィスドルフ。だが、目の前に見えたのは、ゆっくりと忍び寄ってくるもう2匹のウルフだった。

　もういちど、空を切るような音が聞こえた。だが、こんどは低い口笛のような音だ。次に2回目、そして3回目の音。目にも留まらぬ速さで、1本目の矢が彼の足下に刺さる。その直後、2本目、3本目がウルフの後頭部へ。ウルフたちはあっさりと地面に崩れ落ちた。

　何が起きたのかわからなかった。顔を上げると、タクナーが弓を手に持って、暗がりから姿を現わした。

「"酔っぱらい野郎〟っていうのはいくらなんでもあんまりじゃない？」タクナーがからかうような笑みを浮かべる。

「1本目の矢はそのお返しってやつか？」ヴィスドルフがすぐにやり返す。

「ちょっと脅かしてやろうと思ったの」とタクナーが言う。苦笑いする2人。もやが晴れ、星たちがまた姿を現わしはじめる。それを合図に、ヴィスドルフは空を見上げた。「ここは聖なる草地じゃないよな？」

「ええ、たぶん」とタクナーは言い、彼の腕を診た。「ラッキーね」

「何がだ？」ヴィスドルフはタクナーに目をやり、怒りを含んだ声で聞き返す。「ヴェックウルフに遭ったのが？」

「いちどに襲いかかってこなかったことがよ」

「そういう習性なのさ」と彼は言い、ナイフの刃をズボンの裾でぬぐった。

「さあ、次はどうする？　ここからどう行く？」

「まさかお前も付いてくる気じゃ……」と彼は言いかけ、言葉を切った。「星に訊こう」

　もういちど、2人は天を見上げた。ヴィスドルフは目をこする。「疲れたな」タクナーは空を見つめたまま、答えなかった。彼はタクナーの方を見ると、再び空を見上げた。「あれ、見えるかい？」タクナーは静かにうなずいた。

　彼が妖しい歴史書を読んでいたときに見た渦のように、夜空の星々や銀河や惑星が回りはじめた。過去からやってきた魔法のライトショー。しかし、そこには新しい何かが浮かび上がっている。だが、渦ができたのと同じくらいあっという間に、渦は消えていった。一瞬で星々は元どおりになった。いや、ほとんど元どおりと言った方が正確だろうか。そこには模様が浮かび上がっていた。さっきまで気づきもしなかった数十の星々が明るく輝き、空に1枚の絵を描き出している。まるで未来への地図のように。

「お前にも見えるかい？」とヴィスドルフがささやく。

「ええ。あっちってことね」とタクナーは言い、草地の向こうを指さした。

「ようやくわかったぞ。何をすべきかが」ヴィスドルフはかばんと寝袋をつかんだ。2人は聖なる草地に向けて長い旅に出た。

ビジョナリーの神話（その2） | The Myth of the Visionary (Take 2)

しわの寄った眉間。たこだらけの指。使い古しの革のノートに書かれた無数のメモや数式。書斎に差し込む薄暗い明かりがいっそう暗くなると、ヘンリーは小指ほどにすり減った鉛筆を置き、椅子に背を預け、疲れ切った笑みを浮かべた。検算もこれで100回目だ。もう間違いない。数か月前から取り組んできたプロダクトデザインの問題が、ようやくすべて解決した。

彼は目をつぶったまま首を反らし、腕を上げて声を張り上げた。「やったぞ！」ヘンリーは勝ち誇ったように椅子を回す。「よし、スージーに伝えよう。これでオレたちは大金持ちだ！」と彼は思った。

カット！

くだらない小話はもうたくさんだ。神話を語るのはこのへんでやめにするから、本書を読んでいる間だけでも、神話を信じるのをやめてくれないだろうか？　本書を読んでからでも、孤高の天才を目指すことはできる。疑いの目を向けてくる無知な群衆に耐え、自信喪失、屈辱、苦しみと闘い、ひらめきの瞬間が訪れるのを待つこともできる。そして、トップにのし上がり、富をつかみ取り、羨望の眼差しを得るために、延々と努力を続けることも。だが、少なくとも本書を読んでいる間だけは、〝ビジョナリー〟の称号を目指して延々と努力を続けることなど、忘れることにしよう。

さて、現実に話を戻そう。

人間は生物なので、生物学的な法則に従う。人間の作ったものも同じだ。

自然界にはサイクルがある。水、季節、月の満ち欠け、生と死など。人間にまつわるものも同じだ。気分、景気、生、死など。細かい点を一切合切無視して、俯瞰的に見れば、人間の歴史にも法則が見える。人間はこうした時代に名前を付けるのが大好きだ。

- 石器時代、青銅器時代、鉄器時代
- レコンストラクション、金ぴか時代、進歩主義時代
- 機械化時代、原子力時代、ポストモダン時代
- 農業革命、産業革命

人類は前進し、後退し、そして飛躍する。その繰り返しだ。経済がこれほどの高みにあっても、数百万人が職にあぶれている。ほかの国はさらにひどい。多くの人がこの点について書いているし、これからも書きつづけるだろう。経済は永久に構造的な変化を続けるのだ。ホワイトカラー職はブルーカラーと同じ運命をたどるだろう。世界中の専門家たちは何十年も前から、脱工業化経済の呼び名をめぐって競争しつづけている。第3の波、情報時代、知識時代、サービス経済。今や、経済はグローバルでデジタルで仮想的でクリエイティブなものになっている。

一方、製造は海外に委託されているどころか、消滅しつつある。ハイエンドなサービス業でさえ、オフショアリングされている。オンライン市場はホワイトカラー化し、大卒者向けの職はどんどんコモディティ化しつつある。たとえば、オンライン市場のoDeskを少し検索するだけでも、エンジニアリング、会計、マーケティング、営業、Web開発、デザイン、カスタマーサービス、技術サポート、秘書、執筆、編集、翻訳、HR、法務、人事、統計分析、ITなどの仕事に、国内外の個人や会社から入札があるのがわかる。

おまけに、景気回復の牽引役であるはずの小売、ホテル、観光といったサービス業の多くも、低賃金のシーズン限定の仕事になりつつある。いった

いこういう人々はどうなるのだろう？

セス・ゴーディンは、「組織労働と長期資本、生産性の向上システム、レバレッジが出会う場所である工場は、崩壊しつつある。オハイオとミシガンには〝本物〟の工場はなくなり、サービス産業の工場も続々と崩壊している。さらに、多くの人が望むような低リスクで安定した仕事は、満足度の低い高リスクな仕事へと変わり、その状態から抜け出せずにいる」と記している(1)。いったい何が起きているのか？　理解するのは難しい。過去の事象について説明し、未来の計画の参考として使われる経済成長の指標は、すぐに修正されるだろう。心配はいらない。専門家が説明してくれる。

政治のシステムも過去になく複雑になっている。メディアはすっかり混乱し、事実と空想の区別すらあきらめてしまった。評論家は毎日のように間違いを犯し、大衆の笑いものにされている。エコノミストは浮世離れした仮説に基づいた経済モデルを掲げている。

それでも、サンフランシスコ、マンハッタンの一画、サンタモニカ、ボルダー、ボストンなどの技術の中心地に行けば、Tシャツにジーンズという定番ファッションに身を包んだアントレプレナーたちが、グルメコーヒーを買うために列をなしている。

起業は世界中で花開いている。スタートアップ関連のイベントを紹介するクリス・マッキャンのメールマガジンStartupDigestは、20万人を超える愛読者がおり、43か国の94都市で発行されている(2)。スタートアップ関連の講演、メンタリング、コラボレーション、交流会を主催するリーンスタートアップミーティングは、37か国の185都市で定期的に開催されている(3)。100か国以上の325都市で開催された750回を超えるStartup Weekendイベントでは、7万5000人以上が参加し、2日間のワークショップでチーム別にスタートアップを設立している(4)。

シリコンバレーではまさに起業熱が高まっている。アントレプレナー、投資家、メディアの間では、「ハイテク業界に投資バブル再来」との声もささやかれている。Facebookは株式公開して時価総額1000億ドルを超え、Instagramと13名の従業員を10億ドルで買収。収益は少ないが将来性の高い技術系スタートアップの市場価値は急騰している。有能なエンジニアを雇うのは難しい。リッチな住宅購入者たちがサンフランシスコ・ベイエリアの住宅価格をこぞって吊り上げている。どこかで見た現象だって？　そう、評論家の多くは、シリコンバレーが1990年代後半のドットコム業界のブーム、バブル、崩壊の歴史を再現しようとしているのではないかと恐れている。

過去と同じように、設立される企業の種類にも懸念はある。コピーキャット（模倣）企業、〝製品ではなく機能〟的なアイデア、壮大さに欠けるアントレプレナー、イノベーション不足は、ベンチャーキャピタリストやアクセス数をほしがるブロガーの定番の批判の種になっている。シリコンバレーの支援者でさえ、アントレプレナーに「iPhoneアプリの制作なんてみみっちい考えは捨てて、効率的な飛行機の翼を開発してほしい」と懇願するほどだ。まるでそれが本当の起業家精神やイノベーションであるといわんばかりに(5)。

確かに、景気やビジネスの循環はある。人間はこれまで似たような循環を目撃してきた。しかし、その循環は今までよりも早く、しかも重複するようにさえなっている。ようやく嵐が過ぎ去るかと思ったら、もう次の嵐が見えてくるのだ。つまり、インターネットの速度で循環しているわけだ。

循環とは、浮きがあれば必ず沈みがあるということだ。しかし、時系列的に見れば世界はいつも変化しており、もっともマクロな視点で見れば、変化は一方向にしか進んでいない。長期的に見れば、人間は大幅に進歩しているのだ。

私たちは今、経済、技術、文化を破壊する巨大な嵐の中にいると思う。大げさに言うなら、私たちは変化の巨大な波、不安の高潮、そして抵抗という名の逆流を体験しているのだ。この混乱は、並外れた市場効率、不安定性、不確実性という奇妙な取り合わせを作り出している。その原因となっているのは、膨大な量の情報、データ、接続性なのだ。

このような急激な変化を生き抜くには、個人であれ企業であれ、すばやく効率的に価値を創造する必要がある。一言でいえば、リーンでなくてはならないのだ。

CASE STUDY

ベンチャーキャピタルの破壊

　500 Startupはカリフォルニア州マウンテンビューに本社を置く国際的なベンチャーキャピタル企業だ。2010年の設立以来、20か国の400社近い企業に投資を行なってきた。私たちは代表のデイブ・マクルーアとポール・シンに話をうかがった。500 Startupは投資の意思決定にどうリーンスタートアップの考え方を取り入れているのか？　一握りの投資家だけで、いかにしてベンチャーキャピタルの世界を破壊しているのか？

著者：500 Startupと一般のアーリーステージのベンチャーキャピタル企業の違いは？

500 Startup（以下、500S）：私たちの会社は、アーリーステージの技術系スタートアップの新しい性質に適応したベンチャーキャピタルの好例でしょう。その新しい性質にはいくつかの要因があります。

　1つ目に、急速なコスト減やFacebook、Twitter、iOS、Androidなどの巨大プラットフォームのおかげで、製品の発売や顧客の獲得がどんどん簡単になっていること。

　2つ目に、Webの巨大化で、世界がどんどん小さくなっていること。世界のどこにいても、文字どおりグローバルな企業を始められますからね。

　3つ目に、技術系スタートアップにとって資本調達が容易になりつつあること。資本はベンチャーキャピタリストやエンジェル投資家だけでなく、政府系プログラムからも調達できます。つまり、地方、州、連邦政府が、税金でほかの地域からアントレプレナーを獲得するよりも、自分で生み出した方が安上がりだと気づき、初期資本のコモディティ化が起きているわけです。

著者：500 Startupはこの環境にどう対応したのでしょう？

500S：潜在的な投資に対するデューデリジェンスのプロセスが大幅に変わりました。10年前なら、企業やスタートアップの創設者や事業内容を理解するのに時間が必要でした。何てったって、数十万ドルの小切手を切るわけですから。デューデリジェンスに2〜3か月かけるのは当然だったんです。

　しかし、先ほど述べた情勢の変化によって、その必要はなくなりました。

　起業はずいぶんと簡単になりましたから、資金提供を受ける人の大半は、何らかのプロトタイプを用意するようになりました。たとえぎりぎり動作する程度の粗雑なプロトタイプだとしても、5年前や10年前に投資を惹きつけていたアイデアよりもはるかに有望なものもあるのです。

　ですから、今ではずっと小額の小切手が切れます。全体から見れば、5万ドルの小切手などたいしたことではないかもしれませんが、1日足らず、時には1時間足らずで投資を決断できるのは大きいんです。

　なので、アーリーステージのスタートアップに関しては、重要なデューデリジェンスの大半を、最初の投資のあとで事後的に行なうようになっているのです。

著者：大規模なベンチャーキャピタルはもう存在しないと？

500S：いえ、むしろ逆です。手軽に起業できるようになった一方で、事業の拡大にはお金がかかるようになりました。スタートアップが増えるにつれ、オンラインの優良な販売チャネルは飽和状態になり、コストが高騰しはじめているからです。顧客の獲得に成功し、競合チャネルへの投資を増やしたく

なれば、資金が必要です。拡大にかかるコストは上がっているのです。なので、大規模なベンチャーキャピタルにもまだ活躍の余地があるはずなんです。

著者：クラウドファンディングがアーリーステージのスタートアップに及ぼす影響は？

500S：今後、大きくなるでしょうね。クラウドファンディングというと、小切手を書く医師や弁護士をイメージしがちですが、面白いことに最近では、創設者が重要な分野——たとえばペイパークリックとか——に詳しい人々から直接、小額の小切手を受け取るケースもあります。つまり、小切手をひらひらと振りかざすような従来型の投資家はどんどん立場を失いつつあるということです。私たちの業界はこの状況に適応していかなければいけません。

著者：500 Startupはどういう点でリーンなベンチャーキャピタルといえるでしょう？

500S：リーンなベンチャーキャピタルとは、ブラックジャックのカードカウンターのようなものだと考えています。直感で巨額の賭けをするのが従来のベンチャーキャピタルだとしたら、リーンなベンチャーキャピタルは同じテーブルに近づいていき、まず最低額を賭けます。カードの枚数をカウントし、パターンを発見したと見るや倍賭けする(ダブルダウン)わけです。小額を賭け、創設者の行動を観察し、もうちょっとだけ投資し、様子を見て、またもう少し投資するという感じです。

　これは従来型のベンチャーキャピタルモデルとは大違いです。時間をかけて創設者のことを調べ尽くし、巨額の資金を先行投資し、成功間違いなしと悦(えつ)に入るのは、もう過去の話なのです。

著者：ベンチャーキャピタル業界は近年のメタイノベーションの流れに付いていけているのでしょうか？

500S：ベンチャーキャピタルは、過去10年、15年、いや50年間、変革がほとんど行なわれていないプライベートエクイティの数少ない例でしょう。

　たとえば、あなたが株式市場のトレーダーで、ある企業の株式を1株買ったとします。次の日、株価が変動して損を食らったら、帳簿を見てすぐに「あちゃーっ」と思うはずです。

　ところが、あなたがベンチャーキャピタリストの場合、アーリーステージの企業に2500万ドルや5000万ドルを投資しても、痛みや喜びを感じるまでに、1年や2年、長ければ3年くらいはかかるのです。

　公開市場のトレーダーなら、良くも悪くも、すぐに結果がわかります。でも、未公開企業の投資家は、結果がわかるまでに、桁違いの時間がかかるわけです。

　設立から間もない企業がより少ない資本でより多くのことをできるようになった今、投資家も考え方やプロセスを変えなければなりません。投資の額が低い分、痛みを感じるのが早くなるわけですから。

　今までベンチャーキャピタルが変わらなかったのは、今日ほど早く痛みを感じていなかったからです。よって、スピードとフィードバックループは、500 Startupの戦略にとっては重要な要素です。

　極端なことをいえば、契約の検討に時間をかけている間に、ほかのリーンなベンチャーキャピタリストがやってきて、そのスタートアップに小額の小切手を切ってしまい、私たちが契約のチャンスを逃す可能性だってあります。

　一方で、アーリーステージのスタートアップに2500万ドルや5000万ドルを投資できるとしても、おそらくリターンは期待できないでしょう。

　実際のところ、リーンなベンチャーキャピタルも従来型のベンチャーキャピタルも、失敗の総量という点でいえばそんなに変わりません。ただ、リーンなベンチャーキャピタルの方が、痛みを感じる回数は大きい。なぜなら、多数の企業に小額の投資をすれば、失敗する確率は高くなるからです。実際には失敗の総量は同じでも、失敗が目に見えやすく、フィードバックが早いだけなのです。

今日のような環境が生まれたのは、次のような傾向や技術が重なったからだ（ただし、ここに挙げたものですべてではない）。

・世界を飲み込むデジタル化
・高度な接続性
・群衆の台頭

この3つについて、1つずつ見ていこう。

世界を飲み込むデジタル化

2011年、インターネットアントレプレナーからベンチャーキャピタリストに転身したマーク・アンドリーセンは、テクノロジー企業が産業全体を破壊している現象を「世界を飲み込むソフトウェア（Software eating the world）」と呼んだ。

彼は、「コンピュータ革命から60年、マイクロプロセッサの発明から40年、そして現代のインターネットの台頭から20年がたち、ソフトウェアを通じて産業を一変させるのに必要な技術を世界的規模で届けられる時代がようやく来た」と宣言している[6]。反論の余地はないが、世界を飲み込むのはソノトウェアではなくハードウェアやクラウドだと考える人もいるだろう。もちろん、インターネットはソフトウェアとハードウェアの両方の側面を持っている。ハードウェアにはソフトウェア、ソフトウェアにはハードウェアが必要だ。いずれにせよ、テクノロジー企業と従来の製品企業の境界はぼやけはじめている。その2つを区別するのは、今ではほとんど無意味なのだ。

ソフトウェアはどこにでもある。車、ケータイ、ステレオ、カメラ、テレビ。現代のビジネスには不可欠だ。顧客管理、ロジスティクス、資源計画、在庫管理、人事、会計、工場の自動化。見渡すかぎり、ソフトウェア、ソフトウェア、ソフトウェアだ。

アンドリーセンが指摘するように、私たちはAmazon、Netflix、Pandora、Apple、Zyngaといったソフトウェア企業が制作・販売する本を買い、映画を鑑賞し、音楽を聴き、ゲームをプレイしている。

革新的なソフトウェアと新しいエレクトロニクスが手を結ぶと、コンピュータと人間の新しい相互作用が生まれる。Foundry Groupの投資家のブラッド・フェルドはこれを「人間の計装（human instrumentation）」と呼んでいる。コンピュータと人間の相互作用はまだ生まれたばかりであり、「人間とコンピュータの共生する未来」へと向かう途上段階にある[7]。

コンピュータネットワーク業界では、開発コストの低減やイノベーション促進の引き金となったオープンソースウェア運動が広まりつつある。それを率いるのは、主にGoogleのG-Scale Networkや、OpenFlowプロトコルの利用である。

では、ハードウェアや材料科学はどうだろう？

3Dプリンターなどの破壊的技術は、製造中心の経済を脅かすマスカスタマイゼーションの最初の波を起こしつつある。ハードウェア開発技術をオープンソース化したり、業界の異なる企業でも利用できるハードウェアコンポーネントを開発したりする運動も、着実に広まっている。

「過去100年間、そして特にこの30年間、製造は解決済みの問題のごとく扱われてきた」とデビッド・テン・ハブは言う。彼はカスタム製品を製造するWebプラットフォームを提供する会社、PonokoのCEO兼創設者だ。「実際のところ、私たちはずっと停滞期にいたにすぎない。そんなとき、いくつかのテクノロジーや社会的な勢力が生まれ、私たちを停滞期から追い出したのだ」[8]

digital fabrication
デジタルファブリケーション
3Dモデリングと製造技術を組み合わせ、モデルやプロトタイプ、そして機能する製品を作り出すこと。

デジタルファブリケーション技術のおかげで、中小企業でもFortune 100企業と同様に在庫を管理できるようになっている。今や、新製品や破壊的イノベーションに関する実験が、手軽にできるようになったのだ。

加えて、人々は自分自身、コミュニティ、ニッチ市場の問題を解決する製品を作るようにもなっている。多くの企業が、一般大衆の問題ではなく、身近な問題の解決に励むようになったのだ。

ハードウェアの世界で市民権を得つつあるオープンソースソフトウェア（特定の条件のもとでコードを自由に利用できる仕組み）の文化も、大企業を守る特許制度の死を予感させている（死がすぐそこに迫っているとはいわないが）。

生き残る唯一の道は、スティーブン・スピアーのいう**高速組織**になることだ。高速組織は、より高品質な製品を製造し、効率を向上しつづける一方で、製品の作り方そのものも改善しつづける。スピアーいわく、これこそトヨタ生産方式の忘れられた教訓なのだという。トヨタは、「個人や集団が仕事を効率化する方法を学びつづけるような仕事の仕方」を発見したのである。

デビッド・テン・ハブによると、現在のデジタルファブリケーション技術は1976年のApple Iの状態にあるのだという。言い換えれば、3Dプリントなどのデジタルファブリケーション技術が経済や文化にもたらす影響は計り知れないということだ。MAKE誌の編集長のマーク・フラウエンフェルダーは、従来の減算式の製造では実現できない複雑な部品を製造したり、デジタルファブリケーション技術を美術制作に応用したりする可能性を指摘している[9]。

高度な接続性

インターネット、モバイル、ラップトップ、タブレット、PDA、GPS、3G、4G、IM、SMS、LinkedIn、Facebook、Twitter、Matrix……。私たちは縦横無尽につながり合った、高度な接続性の中に生きている。

投資家のマイク・メイプルズ・ジュニアは、「ハイパーネットでは、数十億のノードが数百万のクラウドとつながる。もはや1つのインターネットとはいえなくなるはずだ。しかし、無数のクラウド、データフィード、スクリーン、インタフェースが、時にはオープンに、そして時には隠れて対話し合うようになるだろう」と話す[10]。

こうした現象はすでに起きており、良くも悪くも影響が現われている。ハイパーネットの肝は速度と範囲だ。広告から時代精神まで、あらゆるデータがより速く、そしてより遠く広まるようになった。その影響は計り知れない。

100万人のユーザーを獲得するまで、AOLは9年、Facebookは9か月かかった。しかし、Draw Somethingは2012年初頭にたった9日で100万ユーザーを達成した。2人組のアントレプレナーがいったい何日で10億ドル規模の企業を作れるようになるだろう？[11]

今や、世界中が瞬時につながる時代が到来しつつある。マシンとマシン、データとデータが対話し、マシンがデータに基づいて決定を下す。アラブの春であれほど急速にデモや抗議活動が広がったのも、ハイパーネットの影響だ。

しかし、そこにいるのは人間だけではない。マシンもいる。

マシンは意図せず2007年の金融危機のような大惨事をもたらす。アナリストによれば、今では株式取引の6割がマシンによって自動で行なわれているという。しかし、アルゴリズムにバグ（大惨事を引き起こすコードのエラー）が潜んでいる可能性もあるし、人間の知能ではそのバグの影響を予見できない。たとえば、2007年の住宅市場の崩壊の最大の要因は、コンピュータ取引や複雑な数学的アルゴリズムがもたらした想定外の影響だといわれている[13]。

ハイパーネットや高度な接続性は、私たちを瞬時に結びつける一方で、瞬時に孤立に追いやることもある。たとえば、2011年のサンディエゴの停電では、11分間で700万人が電力を奪われた。送電システムを保護する遮断メカニズムにより、連鎖反応が起きたためだといわれている(14)。

もしAmazonのコンピュータネットワークで運営されているクラウドサービスがダウンすれば、大手の企業がばたばたとダウンするだろう。Facebookのオープンプログラミングインタフェースもしかりだ。接続性は冗長性を生み出すが、過度な依存は脆弱性も生み出すわけだ。

> 「例の水曜日、説明の付かないクォンツ（複雑な数式や超強力なコンピュータを使って取引を行なう金融工学者）モデルの奇妙な問題が続々と起こり、金融市場の歴史上、類を見ない壊滅的な崩壊が起こった。世界最高の投資手法と考えられてきた定量的戦略の大半が音を立てて崩れ、数十億ドル単位の損失が生まれた。一言でいえば、レバレッジ解消の超新星爆発だ」(12)
>
> Source: Scott Patterson, The Quants: How a New Breed of Math Whizzes Conquered Wall Street and Nearly Destroyed It.

高度な接続性は、貴重で文字どおり革命的な情報を世界の隅々まで届けることもあれば、くだらないニュースばかりか、プロパガンダ、デマ、偽の情報、嘘を広めることもある。実際、今日のジャーナリズムは、このページビュー中心の世界の上に成り立っている。

ライアン・ホリデーは著書『Trust Me, I'm Lying』で、こんな現状を暴露している。

リンク経済のせいで、ブログの読者は別のくだらないブログへと誘導されるようになった。読者は事実確認もせずに互いの記事を引用し合い、ほかのサイトからほとんど完成した記事をまるまるコピーし、多少の解説を付け加えて、オリジナル記事と呼ぶようになったのだ(15)。

ライアンのいうブログとは、旧来のメディアが素人の道楽と呼ぶようなブログではなく、旧来のメディアのWebサイトそのもののことだ。メディアのWebサイトは、色々なブログが真っ先に報じたニュースを鵜呑みにし、事実確認もせずに人々の意見として報じる。これはベータジャーナリズムとも呼ばれており、皮肉にもリーンスタートアップの手法と酷似している。もちろん、この場合はまったく悪い意味でだが。

群衆の台頭

高度な接続性は、個人、企業、マシンに影響を及ぼすだけでなく、群衆の力学に革命をもたらしている。群衆が巨大な力を持つことは昔から知られている。群衆が社会変動や労働運動に及ぼす影響を考えてほしい。ジョン・スタインベックは群衆理論の中で、群衆心理の負の側面を指摘しているが、ネットワークに見られるように、群衆の知識がその中のどの個人の知識をも上回ることがあるとも指摘している。

群衆はあらゆる学問分野を破壊している。科学組織、研究者、民間のライフサイエンス企業（製薬会社など）は、民間市民の緩いネットワークを活かし、研究を前進させている。企業の研究開発部門に属さない優秀な人材が、社内の研究者にはできない科学的発見をもたらすケースも多い。

Amazon Mechanical Turkは、単純な作業を低賃金で行なってくれる世界中の労働者に、仕事を発注している。インターネットが素人くさい低俗なユーザー生成コンテンツであふれているというのが事実なら、その逆もまた事実だ。広い世界には、プロの写真家、作家、デザイナー、証券コンサルタント、政治評論家などが泣いて悔しがるほど優秀な人材がごろごろしている。そういう人材を明るみに出すのが、インターネットやクラウドソーシングなのだ。

実際、クラウドソーシングを利用した広告コンテストでは、プロが作った一流のテレビCMに劣らず面白い広告が生まれている。Huffington Postなどのオンラインニュースサイトは、ボランティアのブロガーに頼りつつも、従来型の印刷媒体に引けを取らない記事を生み出している。グ

ラフィックデザインやストック写真のWebサイトでは、完全自由市場に近い市場効率を実現している。

GettyのCEOのジョナサン・クレインは、写真家向けのクラウドソーシング市場であるiStockphotoを買収すると、「誰かにビジネスを食いつぶされるなら、自社の他部門に食いつぶされる方がいい」と話した(16)。クラウドソーシングネットワークは、人工的な知識のサイロや、視野を狭める思い上がりを破壊するのだ。

Kickstarterをはじめとするクラウドファンディングサイトでは、アントレプレナーが製造の前に注文を受けつけ、需要があることを証明している。今後アメリカでは、投資家がクラウドファンディングを通じて、自分の支援するスタートアップに出資できるようになるだろう。近い将来、金融崩壊後も当たり前のような顔をしてボーナスを受け取っている投資銀行家たちは、立場を追われるかもしれない。

投資家のビル・グロスは、「クラウドファンディングはアントレプレナー、ベンチャーキャピタリスト、エンジェル投資家に莫大な影響を与えるだろう。資金調達が本当の意味で民主化するだろうが、予期せぬ影響もあるはずだ。どんな落とし穴が待っているのかは、誰にもわからないが」と述べている(17)。

クラウドファンディングは銀行業やベンチャーキャピタルを破壊するだろうか？　もちろん、それはまだわからない。だが、その予兆は確実に表われている。

痛みなくして破壊なし　Which Is to Say, Disruption Hurts

グローバル化とオンライン市場が手を結んだことで、かつては高利益だった事業や仕事のコモディティ化やオフショアリングが起きた。

仲介機能がダルマ落としのように抜け落ちたことで、多くの業界が破壊され、クリエイティブな人材と消費者が直接結びつけられるようになった。今では、ミュージシャンがファンに、作家が読者に、映画制作者が視聴者に、メーカーが消費者に、ダウンロードという形で商品を直接販売するのは、どんどん当たり前になっている。仲介機能そのものも変わりつつある。たとえば、大手スタジオは、コンテンツの制作者や販売チャネルを支配下に置くことで、業界を独占してきた。このプロセスはインターネットにより民主化されたが、民主化によって競争は激しくなり、クラウドソーシング市場などの登場でコンテンツの価格はどんどん低下している。

インターネットは与えもすれば奪いもするということだ。

ブラックスワン

未来の予測はするだけ無駄だ。未来を予測するくらいなら、列の先頭に並ぶ方がよっぽどいい。行き先について話すなら、自分の居場所を知っていた方が、説得力がある。人間の脳は、照らし合わせる基準がある方が、うまく働くものなのだ。基準や仮説があれば、実験で現実と推測のギャップを確かめられる。しかし、基準がなければ、実際に経験する前に、信念に合わせて経験を形作ってしまいがちになる。

人間が実験者バイアスに陥りやすいのは仕方がないにしても、専門知識が多ければ多いほど予測精度が落ちるというのは由々しき問題だ(18)。だが、皮肉なことに、現代ほど専門家に依存している時代は今までにない。

世界があまりにも複雑化している現代、私たちは物事の説明さえ他人の手に委ねている。人知の及ばない物事について、心の奥にしまって安心していられる説明さえ与えてくれれば、予測精度などどうでもいいのだ。そうすれば、日々の生活に対処する心の余裕ができるからだ。

実際、専門家は昔から間違えてばかりいる。経済学者、心理学者、社会学者はいうまでもなく、医者、弁護士、科学者でさえも。ましてや、自称評論家、特定分野のエキスパート、コンサルタン

ト、シンクタンクの住人となれば、目も当てられない。

　何事も、正しいと証明されるまでは間違いだと思うべきだ。それが学習のそもそもの意味なのだ。昔の偉人たちは地球が平坦だと信じていた。確かに、これは人間の作り上げた思い込みだ。しかし、知能という点でいえば、現代人は昔の人々とそう変わらない。ただ知識の量が多いというだけで。歴史上の人物も、進化の観点から見ればわれわれとまったく変わらなかったのだ。

　私たちは一刻も早く、誤った考えを捨てるべきだ。「過去を正確に記述できる」「未来を予測できる」「未来を作り出せる」という考えは、なるべく早く忘れた方がいい。

　人間が過去を説明し、未来を予測する講釈を作り上げるのは、進化論的に見れば合理的にも思える(19)。人間が正常な五感のフィルターを失い、イヌの嗅覚、ワシの視覚、シカの聴覚を手に入れたら、データを処理するのにバカでかい脳が必要になるだろう。私たちが講釈を作り上げるのは、五感のフィルターと同じで、思考に境界を設けるためだ。データに合わせてモデルを修正するよりも、既存のモデルにデータを合わせる方が、世界を理解するのにラクだからだ。

　人間はいわばパターン探しのマシンなのだ。森をハイキングしていて、視界の片隅に黒い物体が見えたら、「クマだ！」と思うだろう。しかし、じっくり見たら大きな岩だった。進化という点でいえば、取り越し苦労の方が「エラー404：リンクが存在しません」よりはよっぽどマシだ。

　キャンプファイアのときにする伝言ゲームを思い浮かべてほしい。最初に、あなたが隣の人の耳元で話をつぶやく。その話が、めぐりめぐって戻ってくるころには、まったく別の話になっている。パートナーと会話が噛み合わなかった経験は？　一緒にロマンチックな体験をしたはずなのに、あなたとパートナーで記憶がまったく食い違っている。記憶とはそういうものなのだ。

　歴史は勝者が書くわけではない。生き残った者が書くのだ。死人に口なしだ。客観的にいえば、どんなに人数が少なくとも、敗者の語る歴史は、勝者の語る歴史と同じくらい正確なはずだ。

　当然、ある人にとっての神話が、別の人の宗教になったりもする。科学研究は私たちに厳然たる事実を突きつけるが、研究結果を読んだり、自分で研究を行なったりしないかぎり、結局は「科学者と聖職者、どちらを信じるべきか？」という問題に帰結してしまう。

　〝専門家〟はYouTubeの急成長の理由をこう論理づける。真っ先に参入したから！　じゃあ、Facebookが先に参入していたMySpaceやFriendsterを出し抜いた理由は？　ぴったりと後追いしたから？

　ニセ科学に近づけば近づくほど、結論は個人のさじ加減で決まりやすくなる。ひどくなると、現状に合わせて理論を作り替えたり、変数を操作して、理論に合わせて結果をねつ造したりするようになる。テレビの評論家がエゴを前面に押し出すのは、そのためだ。説得力のある物語を作らなければならないからだ。

　問題が起きるのは、物語が間違っていたり、物語からおかしな教訓を導き出したりしてしまった場合だ。ビジョナリーやアントレプレナーにありがちなことだ。

イノベーション版「原始のスープ」

　そういうわけで、過去の分析や未来の予測については、こう忠告したい。責任は買い手側にあり。（カビアートエンプター）

　歴史全体を通じて、技術革新は破壊的な変革をもたらしてきた。農業中心の経済は、製造主体の経済、そして脱工業化経済へと変化してきた。この点についてはさんざん議論されているので、ここでは繰り返さない。

　こうした変化の中にパターンを見出すことはできる。パターンで未来を予測することはできないが、変化について説明し、変化の理由を理解し、現在の変化を分析する基準を手に入れるきっかけにはなる。そして何より、思考実験の道具としても面白い。

　ここ半世紀ほどのコンピュータやアプリケーションの進化は、ムーアの法則によって説明されてきた。ムーアの法則とは、「集積回路上に安価に設置できるトランジスタの数は、およそ2年ごとに倍になる」というものだ。この法則は次第に拡大解釈され、わずかな容量と最小限のコストで高いパフォーマンスを発揮するコンピュータ関連のものなら、何にでも適用されてきた。

当然、パフォーマンスも指数関数的に増加することになる。1円玉を積み上げていき、積み上げる枚数を2倍、2倍と増やしていけば、20回目には100万枚を超えるのだ！

現在、ケータイにコンピュータがまるまる入っているのは、ムーアの法則のおかげだ。パソコン、インターネット、モバイル技術は、いわば技術革新の宝庫だ。その中には、無数の技術的進歩が詰まっている。こうした進歩は、技術そのものを少しずつ改善しつづけるだけでなく、新しい技術や応用を実現することで、次世代の変革を支えているのだ。

そのサイクル1つ1つが、次なる変革の土台を担っている[20]。

technology lifecycle
テクノロジーライフサイクル

ジェフリー・ムーアの広めた概念で、テクノロジーの採用者を「イノベーター」（革新者：ハイテクマニア）、「アーリーアダプター」（初期採用者：テクノロジーを真っ先に導入する人々）、「アーリーマジョリティ」（初期追随者：役立つとわかってから導入する人々）、「レイトマジョリティ」（後期追随者：みんなが使っているから導入する人々）、「ラガード」（遅滞者：ハイテク嫌い）の5つの段階に分けたベル型曲線。

しかし、次世代の技術はそれまでの技術を置き換えるのではなく、それまでの技術に基づいて築かれる。イノベーションの速度が増している近年では、ある技術が**テクノロジーライフサイクル**においてメインストリームに達したころには、もう次の技術革新が迫っている。たとえば、開発途上国では、パソコンの波が来る前に、モバイル技術が浸透しはじめている。

今日では、技術革新がようやく個人のものとなった。数十年前からパソコンがあることを考えれば、これは意外かもしれない。つい最近まで、コンピュータ革命やデジタル革命といえば、主に企業の生産性や効率性の向上を指していた。消費者が重要な役割を果たしていたのは確かだが、消費者とかそのニーズというものは、二の次にされていた。

人々は今も昔もコンピュータ自体を求めているわけではない。ただ目標や仕事を達成したり、楽しんだり、利害を守ったり、職を得たり、家族を養ったりしたいだけなのだ。そのためなら、出来の悪い解決策やコンピュータにも、進んで耐えてきた。

企業はこうした個人の問題を解決しようとはしなかった。一言でいえば、お金にならないからだ。企業の問題を解決した方がずっと儲かるのだ。企業の問題解決に必要でないかぎり、個人の問題は後回しにされていた。

たとえば、1990年代、企業はMacではなく低品質なWindowsをこぞって購入した。費用が半額ですんだからだ。使いづらさなど気にしなかった。使い勝手が悪くても、パートナーや顧客とのコミュニケーションを効率化することはできた。秘書なんていなくても、コンピュータで書類をタイプすることができた。そのため、企業は恐ろしく高額なコンピュータやネットワーク技術を2～3年おきに置き換えた。2000年代に入ると、部門ごとの生産性が向上した。**ソフトウェアアズアサービス**の登場により、社内アプリケーションを管理するIT部門の負担はゼロになったとはいえないまでも、大幅に軽くなった。たちまち個々の部門がインターネット経由でソフトウェアを入手し、ブラウザーという標準的なデスクトップクライアントでソフトウェアにアクセスできるようになり、IT部門に頼らずとも部門の生産性を向上させることができるようになった。使い勝手の悪さなどおかまいなしだった。

software-as-a-service
ソフトウェアアズアサービス

インターネット経由でソフトウェアを利用できるサービス。通常、分散型データセンターのコンピュータ(つまり「クラウド」)上でソフトウェアを実行し、Webブラウザー経由でアクセスする。

個人の重要性が高まっている最大の兆しといえば、ハイテク企業における工業デザインの重視だろう。ここ数年で、ソフトウェア企業では顧客の製品体験を第一に考えるユーザーエクスペリエンスデザインが流行しはじめている。

人々にとって大事なのは、問題を解決してくれることであって、それがコンピュータかどうかは重要でない。人々が求めているのは、クールなことができる道具なのだ。

つまり、私たちは**価値主体の経済**に生きている。最大の価値を一貫して生み出しつづける企業こそ、市場で勝利するのだ。それは大企業でもスタートアップでも変わらない。

こう考えてみよう。テクノロジーの波の内側では、プラットフォームは一握りの大手企業によって独占されている。つまり寡占状態だ。このプラットフォームのおかげで、他社は顧客に価値を届けられる。次第に、そのプラットフォーム上で競争が激化し、より低価格で顧客に価値が届けられるようになる。これは「剰余価値」であり、顧客や社会にとっては朗報だ。価値を受け取れる人が増えることで、全般的な生活水準が高まるからだ。このパターンは、消費側の企業や消費者も含め、自由市場にいるすべての顧客に当てはまる。(大企業や自治体は、消費者ほど価値の低価格化の恩恵を受けられないだろう。非効率性がその原因だ)。

そのため、たとえば市場の効率化により、ハイテク企業の設立コストは劇的に下がっている。クラウドコンピューティングを利用すれば、企業はインフラや人材を自前で用意するよりもはるかに低いコストで、コンピュータサーバー、ネットワークアクセス、ストレージサービスを手に入れられる。しかも、たいていはこういったサービスの方がずっと高速で、世界中からアクセスしやすく、障害にも強い。また、使用量に応じて支払いをしたり、クレジットカード1枚でアップグレードしたりもできる。これは非常に**リーン**だ。サービスの利用と顧客のニーズを直接結びつけているからだ。

製品の製造コストも減少している。フリーソフトウェアを使えば、フリーのWebサービスやデータベースプログラムと連動するソフトウェアを書き、安価なハードウェアで実行できる。さらに、スキルの低い開発者でも簡単にソフトウェアが書ける。

おまけに、インターネット企業やモバイル企業は、設立した瞬間にグローバル企業だ。今この瞬間にも、世界中の安価なリソースや潜在的な顧客が、あなたを待っている。

とすれば、世界中で起業ブームが起こっているのもうなずける。世界はまさに今、渾沌の渦の中にいる。私たちには数十年分の技術基盤、安価な実験環境、そして顧客のニーズを満たす価値を届ける義務がある。無数のスタートアップが、安価な実験を繰り返しながら、人々に高い価値を届けようと腕を競い合っているわけだ[21]。

しかし、これは特に旧来の企業や、企業を守ろうとする政府にとっては厳しい状況だ。そして、新しい企業であれ古い企業であれ、技術系の人々であれそれ以外の人々であれ、大成功を目指す起業家であれ個人起業家であれ、価値を生み出そうとする人全員にとって、厳しい環境に違いない。

shadow force
影の強み
企業が持つコアコンピテンシー、オペレーショナルエクセレンス、主な差別化要因。競合他社を出し抜く原動力になる。

　競争が激化すると、価値の追求は難しくなる。縦横無尽につながり合った現代の世界では、スピードが不可欠だ。自分だけが持つ特別な力、つまり**影の強み**を理解したうえで活かし、絶えず向上に励めば、競合他社を凌ぐことができる。

　そのうち、プラットフォームレベルで新たな破壊が起こり、既存の企業の支配が脅かされる。すると、企業は日和見的になるか、かろうじて残った強みにすがるようになる。プラットフォームの採用はテクノロジーライフサイクルに沿って続くが、その背後には急激な成長が迫っている。多くの企業は破壊に対応できず、価値を創造できなくなり、政府の規制、特許の蓄積や訴訟、膨大な量のブランドマーケティングなどで、なんとか収入を維持しようとする。

　次世代の価値創造企業は、新しいプラットフォームの波に乗り、従来の企業を打ち破ったり、既存の企業の買収を受けたり、新しい市場を確立したりする。費用曲線は減少の一途をたどるため、新企業の利ざやは従来のプラットフォームよりも少なくなる。

　たとえば、AppleのiPhoneは数々の業界をいっぺんに破壊した。iPhoneの登場まで、ケータイでのインターネット利用はパソコンと同じ道をたどっていた。iPhoneはこの状況を一変させ、いわば独自のプラットフォームとなった。旧来のモバイルOSでモバイルアプリを開発していた数々のスタートアップが、ものの一晩で消滅した。彼らがせっせと生み出していた価値は、以前よりもはるかに安く生み出せるようになり、AppleのApp Storeに行けばタダ同然で手に入れられるようになった。

　同じく、従来のネットワーク上でアプリケーションを収益化しようという大手通信会社のもくろみも、泡と消えた。そこで、通信会社は、消費者への通信アクセスの販売、政府へのユーザーデータの販売、議員の買収というコアコンピテンシーに立ち返らざるをえなくなった。

　異常なことに、膨大な数のユーザーを満足させるモバイルアプリを抱えているだけでは、ビジネスとはいえない。価値創造による利益がゼロに近いからだ。これが市場の超効率化だ。この状況は1920年代と似ている。当時、政府は利益を生み出せなくなった自営農家に対し、農業助成金を支給した。政府の意図したメリットはとっくになくなっているにもかかわらず、制度は今でも続いている。

　富を創造する経済が崩壊しようとしている今、次にやってくるのは、**価値創造経済**だ。果たして、政治家、大企業の幹部、ウォールストリートの規制当局は、顧客の価値をほったらかしにして、株主価値を最大化することの危険性に気づいているのだろうか？　過去2回のバブル崩壊、不況、大規模な金融危機の原因は、投機的で短期的な（時には違法な）金儲けを優遇し、価値を生み出さない活動にインセンティブを与える、欠陥だらけの制度にあるともいえるのだ。

　設立にほとんど元手がかからず、本当の価値を創造できたかどうかで成功と失敗が決まる現代型の起業——それは従来の快楽主義にノーを突きつけるために生まれたのかもしれない。

linchpins
かなめの人間

セス・ゴーディンの造語で、「組織に人間性、つながり、技巧をもたらす不可欠な人間」を指す。

クリス・ギレボーのいう「マイクロビジネス革命」⁽²²⁾は、セス・ゴーディンのいう**かなめの人間**⁽²³⁾にとっては絶好のチャンスだ。ウォールストリートや政府の是正など待たずに、独自の価値を生み出しはじめればいい。

同様に、明日の大企業を築いたり、大企業の買収を受けたり、数十人や数百人が働く持続可能なビジネスを築いたり、次世代の台風の目になったりしたいと夢見ている人にとっても、今が絶好の始めどきだ。また、顧客に価値を創造するP&G、O2、Intuitのような大企業や、生き残るために破壊的イノベーションを模索する企業にとっても、新しい競争の仕方が求められている。

価値創造経済

価値創造経済には2つの側面がある。1つは顧客のエンパワーメントであり、もう1つは社員のエンパワーメントだ。

縦横無尽につながり合い、世界中の顧客にいつでもほぼ瞬時にアクセスできる現代社会では、顧客に寄り添えば寄り添うほど、顧客を深く理解することができる。

スティーブ・ジョブズについて、こんな神話が広まっている。「彼は顧客の問題を無視するどころか、軽蔑していた。彼が成功したのは、ひとえに〝ビジョナリー〟としての能力のおかげだ」。しかし、こんな神話を広めた人たちは、事実を誤解していると思う。ジョブズの才能は、製品ビジョンや世界観にあったわけではない。前にも話したように、私たち著者はビジョナリーなど存在しないと考えている。

ジョブズの才能は、顧客への深い理解にあった。深く理解しているのでわざわざ訊く必要などないというわけだ！ これは天性の才能かもしれないし、身に付けた能力かもしれない。ジョブズの犯した数々の失敗はさておき、Apple Storeは「ジーニアス」たちが顧客の行動を観察する実験室のようなものだ。顧客がこの〝はちみつポット〟におびき寄せられると、ジーニアスたちがApple製品を使う顧客の様子を観察し、そしてまた別の〝天才〟たちが顧客に価値を届ける製品を開発する。話によれば、Appleに最初の売上をもたらしたのは、ジョブズに自分のほしいものを伝えた顧客だったのだという。

価値創造経済では、顧客は次のような力を持つ。

・自身のニーズを上回る製品体験をする。
・敬意を持って接してくれる企業と関係を築く。
・製品に対して意見を発する。

価値創造経済の特徴は、製品の作り手と使い手の境界がなくなるという点だ。その実現のため、社員には次のような権限が与えられる。

・意思決定を行なう。
・絶えず学習する。
・絶えず改善する。

このやり方をとんでもないと思う人もいれば、当然だと考える人もいる。

たとえば、アメリカ陸軍大将のマーティン・E・デンプシーは、「われわれは成果主義の訓練体系へと移行した。今回の戦いでわかったのは、兵士には解決能力が必要だということだ」と話している。

アメリカ陸軍元少佐のドナルド・E・バンダーグリフは、陸軍が産業化時代からまったく進歩していないと考えていた。その人事体制のせいで、陸軍の兵士は技術をマスターする職人というよりも、工場労働者のように淡々と単純作業をこなす技術者とみなされていた。

しかし、世界が変わるとともに、対立の構図や軍務の構造も変わる。善悪は別として、アメリカは世界中の紛争とかかわっている。しかし、今日

の部隊の配備方法、交戦の期間や方式は、二度の世界大戦でできあがったトップダウン型の委託型指揮システムとの釣り合いが取れなくなっているのだ。

バンダーグリフは、「創造力、リスクテイク、柔軟性を取り入れつつも、プロフェッショナルな軍務を実現する」分権的な部隊の配備システムが必要だと主張している。そこで、この5～6年間で、陸軍は現場の状況に柔軟に適応できる兵士を養う目的で、「成果主義の訓練および教育法」（Outcomes-Based Training & Education, OBT&E）と呼ばれるシステムを採用した。

訓練方法の違いを示す簡単な例が、「SPORTS」（はたく、引く、のぞく、外す、たたく、撃つ）という手順だ。これは武器の詰まりを解消するために教えられる手順だが、ベストプラクティスを丸暗記するのと似ている。この例でいえば、兵士は5秒間で6つのステップを正確にこなすことが求められる。

一方、OBT&Eアプローチでは、具体的な戦闘シナリオの中で、兵士に詰まりのある武器が渡される。武器が詰まった場合、絶対に詰まりの解消が必要な状況なら、兵士は教えられた手順どおりに詰まりを解消するのだが、避難や仲間への連絡といった別の戦術も検討する。

OBT&Eでは、兵士が自分で状況を読み、やるべきことについて考え、状況に応じた判断を下すことが重視されている。ベストプラクティスをきちんとこなせるかどうかは、兵士自身よりも教官の能力に左右される。兵士が目の前の問題にふさわしい解決策を見つけられるようになれば、兵士の説明責任も増すが、それと同時に兵士の権限も増えるのだ[24]。

優秀な医者は、患者への深い理解が病気の診断に役立つと知っている。家族歴、栄養、運動、ストレス、生活習慣、生活の質は、健康に大きな影響を及ぼす。しかし、医療や薬が生活の質などの長期的な健康要因に及ぼす影響は、見落とされがちだ。したがって、病気、薬、治療の科学的な側面ばかりに目を向けていると、命というテーマと生活の質は切っても切れない関係だという事実を、忘れてしまうこともあるのだ。

心臓医でワシントン大学の助教であるステファニー・クーパー医師[25]は、こう話している。

研究結果によれば、かつての医師は、患者にオープンな質問を投げかけても、途中で患者の答えをさえぎってしまうことが少なくありませんでした。患者のニーズについて先入観を抱いていて、誘導尋問のように会話を進める医師が多いのです。そのため、患者は治療計画をきちんと理解しないまま、見下されたような気分で、もやもやを抱えながら病院を出ることになります。その結果、治療プランが十分に守られず、最悪の場合には実害が出て訴訟に発展する可能性が増えます。近年では、患者が医療上の意思決定にかかわるケースが増えつつあります。医師が治療の選択肢や影響について説明し、患者の希望を聞いたうえで、患者と一緒になって決断をするのです。これは医師が独断で治療方針を決め、患者に次の治療を指示するのとは対照的ですが、かといって患者の自由選択とも違います。医療関係者のアドバイスなしで、患者があらゆる治療の影響を理解するなど、とうていできませんからね。

これこそ、患者のエンパワーメントだ。

また、マサチューセッツ工科大学、スタンフォード、ハーバードなどの有名大学は、オンラインで学習課程や講義を提供している。それだけでなく、New Charter Universityなどの教育系スタートアップは、成人の失業者や転職希望者の教育のギャップを埋めている。破壊の真っ只中にあるほかの分野と同じように、New Charter Universityも政府の奨学金プログラムに参加しないなど、従来の教育手法の枠組みを超えて運営されている。政府の規制はたいてい社会的利益のために行なわれるものだが、変化する経済に適応するうえで必要なイノベーションを鈍化させることも多い。

New Charter Universityのユーザーエクスペリエンス担当責任者のティム・マッコイはこう話す。

政府が言っているのは、「この学生の学費として年間1万5000ドルを支給しましょう。その代

わり、お金が善なる目的で使われるよう、一定の条件を満たしてください」ということです。たとえば、学習時間は何時間以上とか。でも、これは虚栄の評価基準にすぎません。講義が10週間分あるとしたら、学生はたとえ内容をすっかり理解していても、10週間まるまる講義に出席しないといけないわけですから。これは多くの人にとって無駄な時間です。奨学金プログラムに参加していないからこそ、私たちは能力主義のモデルで運営していけるわけです[26]。

これこそ、学生のエンパワーメントだ。

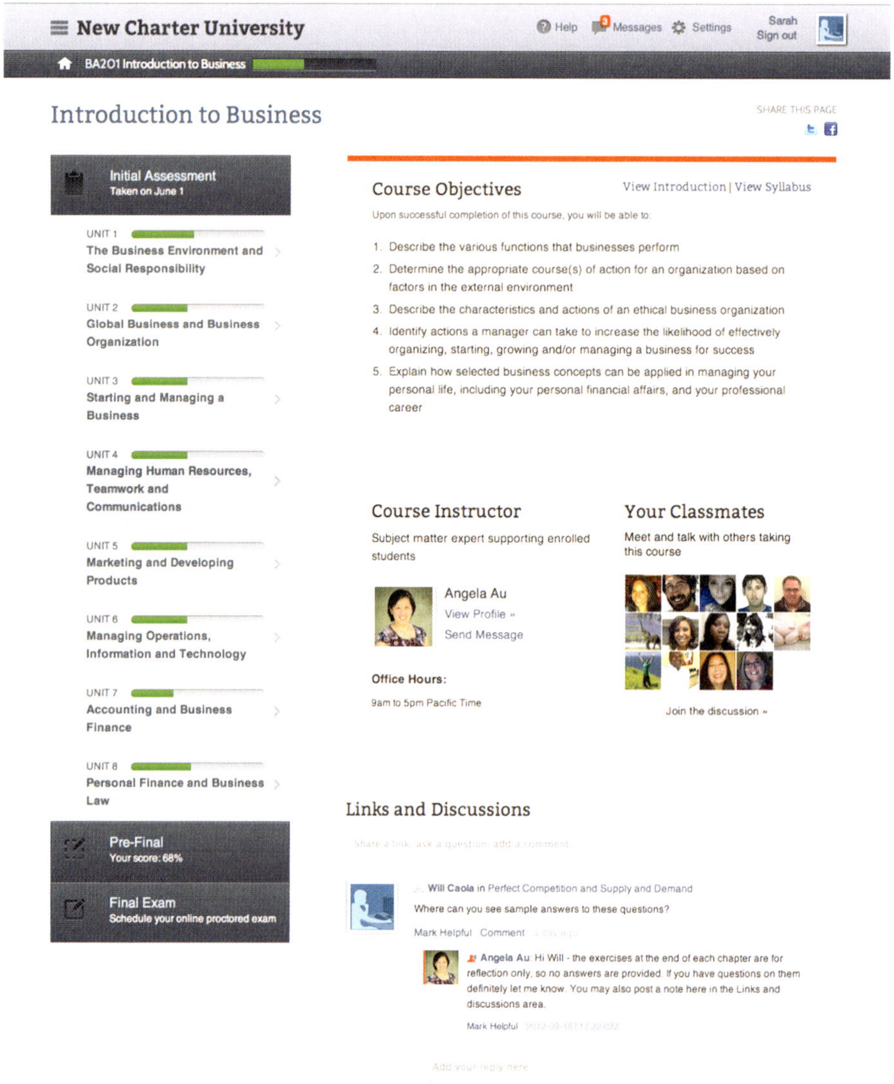

CASE STUDY

価値創造のカスタマイズ

　5年前、Bespoke Innovations創設者のスコット・サミットは、デジタルファブリケーション技術の発展がもたらした新しい可能性を追求しはじめた。ここでは、彼の物語をご紹介しよう。

　「誰かの生活の質を大きく変える高度なものが作れる分野はないか？」と考えたのがすべてのきっかけです。

　これといった理由はないのですが、私はもともと義足に興味がありました。ですが、今までの一般的な義足では利用者のニーズを満たしきれていません。問題の技術的な解決にはなりえても、外見上の解決にはならないからです。そこで、解決するチャンスがあるのではないかと思ったんです。

　私はこう考えました。「そうだ、3Dプリントと義足を組み合わせれば、問題を解決できるんじゃないか。義足は複雑で微妙な人間の個人差を型にはめる大量生産には向いていない。でも、3Dプリントなら、この世に1つしかないユニークなものを作れるはずだ」

　それがBespokeの土台になりました。義足は今でも主力製品ですが、同じような考え方で、ほかにもいくつかプロジェクトを進めています。

　私たちの究極の目的は、人々に最大限の敬意を払うことです。技術的なツールやデザインツールは、私たちにとって道具にすぎません。人間をたった1つの型にはめて、「はい、脚のないみなさん、このチタンの部品をはめてください。誰にでも合うようにできていますから」と言うのは、大変な侮辱だと思うんです。

　ですから、私たちはこの考え方を見直し、「1人1人の個性、好み、特徴に対応するには、どうすればいいか？」と問いかけているのです。

　私たちのプロセスは多面的です。「理解」のプロセスでは、私たちの仕事の内容を相手に説明し、デザイン面の好みや嗜好を聞き出します。ですが、これが想像以上に難しい作業なんです。

　もともとデザイナー気質を持っている人ならともかく、人々を義足のようなデリケートな製品のデザインに参加させるのはとても大変です。ちょっと極端な例かもしれませんが、自分に彫るタトゥーを自分でデザインさせるようなものですからね。ふつう、私たちがそんなことをしないのは、日常生活の中でそうすることに慣れていないからです。

　そこで、私たちは過去の図柄、パターン、デザインを見せながら、「素材やディテールの変更や追加も自由にできますよ。この中にお好みのパターンはありますか？」などと切り出します。私たちがお客様の意見を引き出そうとするのは、単純に過去のサンプルから選んでほしくないからです。それでは私たちのサービスを最大限に活用できません。ですから、お客様に心の鍵

を外して自分自身の内面をのぞき込んでもらい、商品にもっとも愛着が持てる方法を考えてもらうわけです。

その次は技術的な側面です。全身の3Dスキャンを行ない、さまざまなアルゴリズムを搭載したソフトウェアに画像を取り込み、利用可能なデータに変えます。そのデータを使って、健常な脚を失った脚の部分に重ね合わせます。目で見ながら重ね合わせるので、高度な職人技が必要です。最終的には、スキャンをもとにもっとも自然な位置へと脚を合わせます。こうしてできあがったデータが、残りのプロセスでは基準になります。これでどこをどういじっても、身体が対称で、製品がユニークだという点が保証されますからね。このプロセスは私たちの仕事の根幹をなすものなんです。対称性とユニーク性を最重要要素と考えていますから。

私たちは作成済みのテンプレートをいくつか用意してあります。テンプレートは一部が機械化されているので、義足の下部構造に要素を追加できます。たとえば、テンプレートを使ってヘリンボンツイード、レース、格子柄のようなデザインパターンを作ったら、コンピュータファイルに取り込み、ファイルを操作しながら希望に合った外観を作るわけです。

データが揃ったら、最後にお客様と徹底的に話し合います。バーチャルとはいえ本物さながらの義足の画像を送り、お客様のゴーサインが出たら、ファイルを別の会社に送り、部品を3Dプリントしてもらいます。お客様の要望に応じていくつか事後処理を行ない、ようやくお客様のもとに義足が届きます。

義足をどう使うか、人生がどう変わるかはお客様次第です。近況報告はいつでも大歓迎です。うれしいですし、励みになりますから。義足を受け取ったとたん、ファッションに目覚めてしまう女性もいます。つい最近も、私たちの作った義足にぴったりの服と靴を着た女性のお客様がいたんですよ。

彼女は8年間、ストッキングにパッドを詰めて巧妙に義足を隠していたのですが、今ではスカートを穿き、堂々と義足を見せるようになりました。じろじろ見られたり、義足だとばれたりしても、まったく気にならないそうです。本当に似合っていますからね。

ほかにも、普段はあまり感情を出さない軍人のお客様が、「義足を着けていないと裸でいる気分だ」とか、「義足がないと玄関も出られない」と本音を漏らしたこともありました。それから、ふくらはぎの形に似せようと、靴下の中に3枚も4枚も靴下を詰め込んでいるお客様も。彼らは自分の身体の一部が骨組みだけのチタンでできていると思うと、落ち込んでしまうのです。私たちのプロセスは義足に活力や命を与えます。頭ではただの義足だとわかっていても、急に義足に命が宿ったように思えるわけです。ほかの方法ではそんな感覚は得られません。

私たちのビジネスは、膨大な量の事前調査、市場調査、フォーカスグループ、投資を行ない、労せずして巨大な投資利益を上げようとする従来の考え方とはまったく違います。

私たちが目指しているのは、「従来のやり方を一変させ、非常に機敏なプロセスを築く」ことです。何かをプリントしてみて、それが貴重で魅力的な製品に思えたら、それが製品ラインそのものになる。注文を受けて作るので、在庫は不要です。たとえば、誰かが入ってきて、「すみません、これを使っているんだけど、どうも首が凝ってね」と言えば、その場ですぐにスキャンを行なう。そして、帰るころには自分だけの製品ができあがっている。少なくとも、作る工程には入っている。これは従来型の製造ではできません。

破壊的な技術は、物事のやり方を変えるだけでなく、物事のやり方に対する見方、文化そのものも変えます。たとえば、オンライン旅行サイトは、飛行機の予約方法だけでなく、旅行という文化に対する見方まで変えました。

この20年間、私は脚を失った人を見て、「もっといい義足を作るために、何かできないだろうか」と考えてきました。でも、考えても考えても、どこにもたどり着きませんでした。義足の改善を可能にする技術が成熟して初めて、さまざまな要素をうまく組み合わせられるようになったわけです。そうして初めて発想を変え、「よし、義足を単なる技術的な解決策としてとらえるのではなく、失った脚の問題としてとらえよう。デザイン、アート、人間の感情を解決策に取り入れる方法はないだろうか？」と問い、問題や解決策をまったく違う角度から見られるようになったわけです。

リーンスタートアップを始めよう | And Cue the Lean Startup

スタートアップであれ、再成長、生き残り、未来の備えを目指す大企業であれ、ハイテク企業、ローテク企業、その中間の企業であれ、B2B、B2C、B2B2Cの企業であれ、あなたが価値創造経済の中にいることは間違いない。

成功し、繁栄するためには、既知の顧客に真の価値を届けなければならない。すばやく考え、すばやく行動しなければならない。アウトプットを改善しつづけるだけでなく、アウトプットを生み出すプロセスを改善しつづけなければならない。先頭を走るリーダーであると同時に、周りの動きにすばやく付いていく追随者でもなければならない。相手の攻撃を阻止するバスケットボールのポイントガードのように、動きを予測し、すばやく反応しなければならない。相手が蝶なら自分も蝶に、相手が蛸なら自分も蛸になる。つまり、顧客の影にならなければならない。

そして何より、持続的かつ破壊的にイノベーションを行なえなければならない。

もちろん、これは易しいことではない。持続的か破壊的かで、用いる手法やプロセスは大きく変わってくる。リーンスタートアップの原則はどちらにも応用できるが、どちらかといえば破壊的イノベーション寄りの起業活動に向いている。一方、ハウトゥ系のビジネス本、学術研究、ビジネススクールの教えは、持続的イノベーションに向いている。

リーンスタートアップとは、エリック・リースが起業活動全般の成功率を上げるために考案した手法だが、主に破壊的イノベーションに照準を絞っている。リースはリーンスタートアップの基本原則として、次の5つを挙げている[27]。

❶ アントレプレナーはあらゆるところにいる——極度の不確実性のもとで新製品や新サービスを開発する人はみなアントレプレナーだ。

❷ 起業とはマネジメントである——プロセスを用いれば不確実性を乗り切れる。そのためにはプロセスの管理が必要。

❸ 検証による学び──持続可能な事業を築く方法を学ぶのがスタートアップの存在意義。

❹ 構築−計測−学習──フィードバックループを通じて、事業活動（製品、流通、引き渡し、マーケティング、販売、その他もろもろ）が適切かどうかを市場で検証する。

❺ 革新会計（イノベーションアカウンティング）──学習の進捗を測定する方法。

　私たちは、起業活動、アドバイスやメンタリング、過去や現在の無数のアントレプレナー、友人、学者、投資家へのインタビューを通じて、リーンスタートアップに対する考え方や、リーンスタートアップの実践方法を考えてきた。リーンスタートアップの原理そのものは、決して新しいものではない。たとえば、「デザイン思考」、ユーザーエクスペリエンスデザイン、仮説指向計画法にも、似たような要素はある。これを問題ととらえる人もいるが、リーンスタートアップを否定するということは、企業の成功原理を否定することでもあり、**ビジョナリーの神話**を受け入れることでもあるのだ。

持続的　SUSTAINING ── ── ── DISRUPTIVE　破壊的

漸進的な改善　　　　　　　業界の一新

myth of the visionary
ビジョナリーの神話

未来を予測して実現できる人がいるという誤った思考に基づく文化的な神話。実際には、本当のビジョナリーとは、特定のシナリオにこだわらず、絶えず変化を求め、目の前のチャンスをしっかりとつかむ人のことである。

リーンスタートアップが決して新しくないとしたら、この言葉の存在意義は？

リーンスタートアップという言葉の力をみくびってはいけない。リーンスタートアップとは、起業の初心者とベテラン、技術業界にいる人々とそうでない人々、非営利組織、政府、大企業、スタートアップに変革をもたらそうとしている人々を結びつける言葉なのだ。

また、今日の世界に起きている〝変化の変化〟のおかげで、リーンスタートアップの原理を学び、実践し、分析するのは、今まで以上に容易になっている。さらに、リーンスタートアップの概念が抜群のタイミングで登場したという側面も忘れるわけにはいかない。

リーンスタートアップとリーンアントレプレナーの出合い | Lean Startup, Please Meet the Lean Entrepreneur

本書の目標はアントレプレナーにリーンスタートアップを実践してもらうこと。そのために、まずは一歩下がって、前提を確認しておこう。

リーンスタートアップの**リーン**とは、小規模であるとか、お金やビジョンがないという意味ではない。実際には、トヨタ生産方式に代表される**リーン生産方式**から来ている。日本語にすれば「贅肉のない」といった意味だ。

基本的に、リーン生産方式とは、付加価値のある活動すべての効率を最適化し、付加価値のない活動を最小限に抑える（またはなくす）ことだ。ここでいう**付加価値**とは顧客に価値をもたらすという意味だ。また、顧客とは製品を最終的に利用する人々（外部顧客）だけでなく、製品開発や引き渡しのライフサイクル全般における活動同士を結びつける内部顧客も指す[28]。

厳密にいえば、価値の創造に悪影響を及ぼす最適化はリーンとは呼べない。また、トヨタ生産方式には、継続的な学習や継続的な改善という概念も含まれている。

リーンに関する議論では、いくつか重要な点が見逃されがちだ。

・マーケティングや営業がなければ価値を提供することはできない。

・価値創造の複雑さを考えると、リーンなプロセスの方が従来の手法よりも効率的な場合が多い。

・完璧を追求するのは、くだらない自己満足などではない。

不思議なことに、リーンの議論や実践では、製品開発プロセス（製造など）ばかりが注目されている。しかし、顧客からしてみれば、製品開発プ

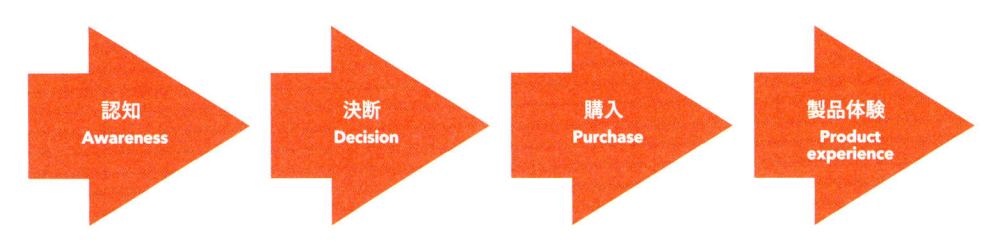

認知 Awareness → 決断 Decision → 購入 Purchase → 製品体験 Product experience

ロセスほどどうでもいいものはない。リーンの方法論で顧客体験が向上するのは喜ばしいことだが、それがリーンのおかげかどうかなど、顧客にとってはどうでもいいことなのだ。

マーケティング、販売、サービス、サポート、営業、パートナーなどは顧客と直接の関係があり、顧客体験に直接の影響を及ぼすことが多い。顧客体験を図式化すると、以下の図のようになるだろう。

万事順調に進んだとすれば、顧客は①製品を**認知**し、②製品を購入するかどうかを**決断**し、③製品を**購入**し、④製品を受け取って**体験**する。これが顧客のたどる長期的なプロセスだ。

さらに、製品との関係以上に、顧客体験に直接的・間接的な影響を及ぼす企業の活動はそれこそ無数にあるそれらをひっくるめて、企業の**ブランド**と呼ぶ。（ブランドといっても、社名、ロゴ、キャッチフレーズといったブランディング要素だけではない）。

すでに成功を収めている事業では、顧客に届けられる価値は**既知**だ。つまり、製品Xが顧客プロフィールZの抱える問題Yを解決すると実証されている。そして、企業はすでに成長済み（または急成長中）だ。こういう企業の抱える悩みは、スティーブン・ブランクの顧客開発モデルの用語でいうなら、第3段階の「顧客開拓」に属する[29]。スタートアップ時の渾沌とした状態から、整然とした実行段階へと急速にギアチェンジしなければならない。実行が効率的であればあるほど、成長も早い。成長を妨げるものがあるとすれば、創設者や投資家の価値観、価値を届ける顧客の数や規模だけだ。こういう企業の抱える悩みは多く、複雑かつ多様で、はっきりとしている。つまり、スタートアップとはだいぶ性質が異なるのだ。

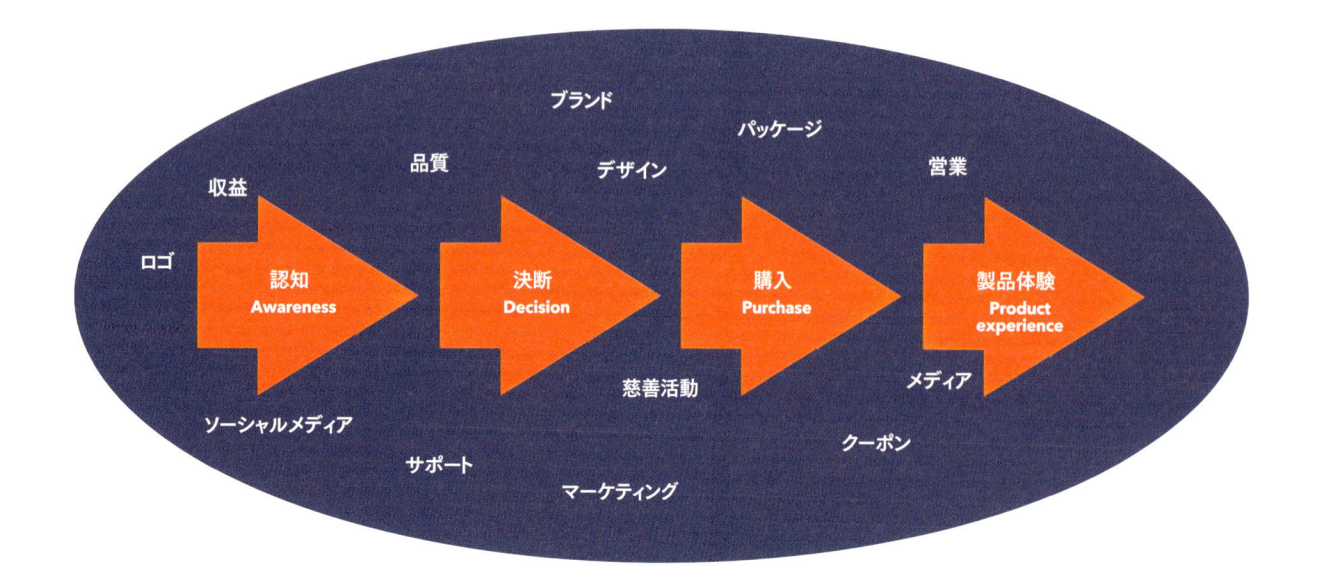

customer creation
顧客開拓
ブランクの顧客開発モデルの第3段階。ビジネスモデルに拡張性があることを企業が証明しようとする段階。

　急成長を目指す企業は、市場を独占しようとする。自由市場の戦術を使って独占を成し遂げようとすれば、さまざまなブランディング活動が行なわれる。しかし、製造や製品開発プロセス以外では、付加価値のある活動と付加価値のない活動をどう見分ければいいのだろう？

　一般的に、多角事業を手がける初期のスタートアップの場合、成長が加速するにつれて、従業員は機能別にサイロ化されていく。かつて同一のものとして密接に連携し合っていたマーケティングと営業、製造とテスト、法務と財務、施設部門と業務部門などは切り離され、人工的な接点が設けられる。

　ところが、マネジャーがサイロ内部の効率を最大化することばかり考えると、たいていは顧客への最終的な価値が失われてしまう。サイロ化した部門が身内を守ろうとするばかりに、部門同士の接点は官僚化し、会社全体の目的よりもサイロ内の目的が重視されてしまう。こうなると、サイロは人数や予算で権限や評価が決まる王国のようになる。経営会議では、部門同士がビジョン、戦略、予算、プライドをめぐって、競争し合うようになる。

　このサイロの非効率性を解決するのがリーンの目的だ。最終顧客に届ける価値を中心にして活動を分類すれば、活動ごとにサイロを生み出さなくてすむ。そして、人々の行動そのものではなく、製品の需要→製品の提供→熱狂的な製品体験というプロセスのどこに問題があるかで、無駄を判断できるようになるわけだ。

　リーンの手法では、実際の製造に2日しかかからない椅子を顧客に届けるのに2か月もかかっているようなら、大きな無駄がある可能性が高いと考える。**バッチ＆キュー**処理がもっとも効率的だという従来の製造の考え方をくつがえすわけだ。

　バッチ＆キュー処理とは、製品の製造プロセスをいくつかの生産段階に分けるものだ。各段階にはふつう、1つ上流の段階で生産された入力キューと、1つ下流の段階のために製造される出力キューがある。各段階を最適化すれば、理論的には製品自体の製造を効率化できるはずだ。

　分業という考え方は数世紀前から存在し、工業化に欠かせない役割を果たした。ある国の方が別の国よりも特定の製品を低コストで作れる状態を指す「比較優位」の考え方は、分業が前提となっており、現代の国際貿易の基本原則でもある。

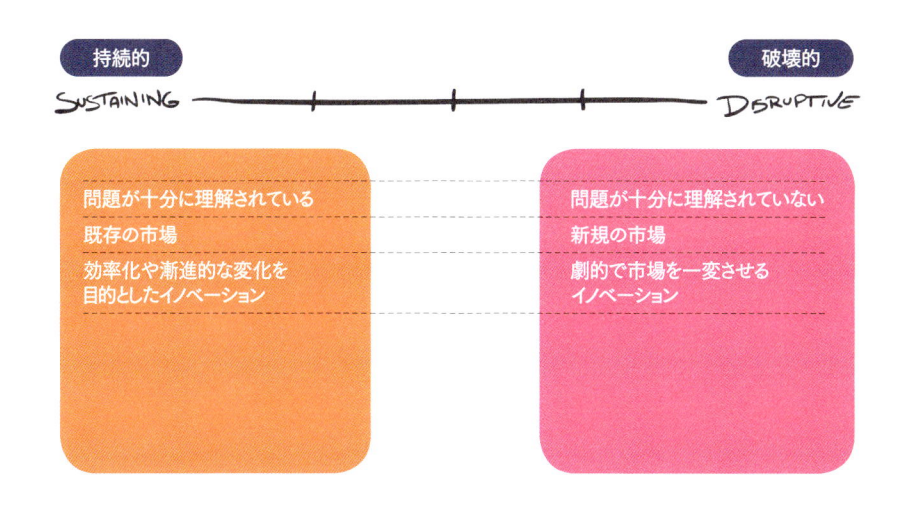

持続的　SUSTAINING ———|———|———|——— DISRUPTIVE　破壊的

問題が十分に理解されている
既存の市場
効率化や漸進的な変化を
目的としたイノベーション

問題が十分に理解されていない
新規の市場
劇的で市場を一変させる
イノベーション

問題は、妻にとって良いものが夫にとっても良いとはかぎらないし、夫にとって良いものがその子どもにとっても良いとはかぎらないことだ。

さらに、製品が複雑化し、カスタマイズ性に対するニーズが高まっているため、分業ベースで生産を行なうメリットは少なくなっている。これも世界が変わりつつある1つの兆しかもしれない。バッチ＆キュー処理の方が適しているのは次のケースだ。

・顧客や提供される価値が既知であり、確立されている。創造される価値のバリエーションが少ない。
・生産に必要な部品、段階、労働力が少ない。複雑性が低い。

複雑化やカスタマイズの波は数十年前から押し寄せているが、工場の自動化や解決策の進化によって、企業の業務をバッチ＆キュー方式で行なう効率の悪さがそれほど目立たなかった。車を別の色に塗り替えるだけならさほど大きな問題ではないが、別の自動車モデルを生産するたびに設備を入れ替えるとなると、非常に効率が悪い。トヨタ生産方式はこの点を克服している。

製造でさえそうなのだから、製造以外の部門がバッチ＆キュー方式で運営されているのを見ると、おかしいとしか思えない。企業がチームを築き、目標を統一し、最適化、合理化、イノベーションをしようとして大失敗するのも、不思議ではないのだ。

リーンスタートアップと破壊

これと破壊的イノベーションに何の関係があるのか？　分業ベースで生産システムを築いても、世界を一変させるような画期的なアイデアが生まれないのは、容易に想像できる。分業ベースの生産プロセスの目的は、既知の顧客に対して既知の製品を生産するコストを下げ、生産性を上げることだからだ。

リーンの考え方はそれよりは進んでいるが、それだけでは十分とはいえない。リーンでは従業員のエンパワーメント、顧客の理解、機能横断的なチームの構築、機敏性の向上に重点が置かれるが、依然として既知の顧客に既知の価値を届けるためのシステムであることに変わりはないのだ。

そこで登場するのが**リーンスタートアップ**の考え方だ。リーン生産方式では価値を前提に置き、顧客や製品が既知であると仮定しているわけだが、スタートアップではそうはいかない。スタートアップの創設者は、起業のアイデアや、特定の市場プロフィールの抱える問題を解決するのに必要な製品について、さまざまな仮説を立てる。しかし、仮説が市場で実証されるまでは──つまり、顧客がお金を使ったり、積極的に製品を利用したりしてくれるまでは──、仮説が正しいとわかったわけではない。つまり、わかったと思っているにすぎないのだ。

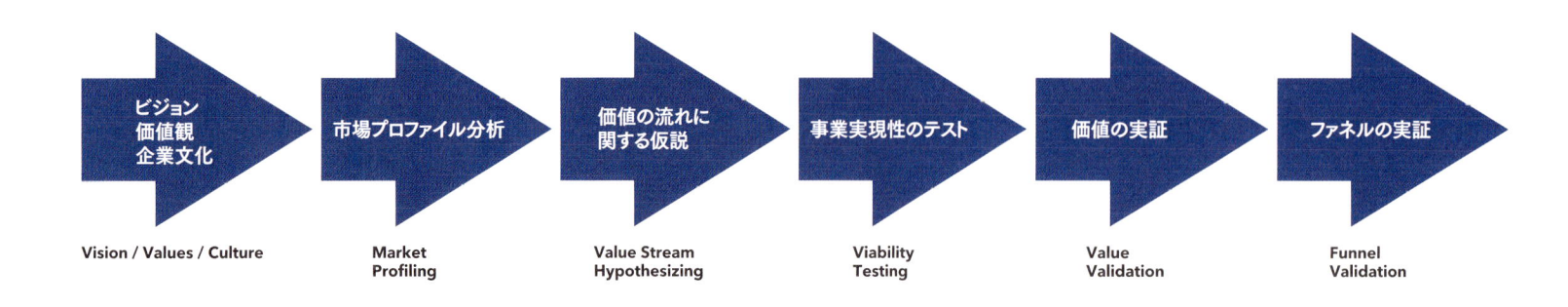

ビジョン／価値観／企業文化 → 市場プロファイル分析 → 価値の流れに関する仮説 → 事業実現性のテスト → 価値の実証 → ファネルの実証

Vision / Values / Culture — Market Profiling — Value Stream Hypothesizing — Viability Testing — Value Validation — Funnel Validation

繰り返そう。スタートアップは、誰にどのような価値を生み出そうとしているのかわかっていない。言い換えると、あなたのイノベーションが既知の市場に予測可能な影響を及ぼすものだとしたら、あなたは持続的イノベーションを行なっているにすぎず、何も破壊などしていないことになる。

すると、こんな疑問が浮かんでくる。誰にどのような価値を生み出そうとしているのかわからないのがリーンスタートアップだとしたら、無駄なものとそうでないものをどう区別するのか？

リーンな企業における無駄とは、未使用の原材料や製品機能、在庫ではない。また、顧客が購入、利用、要望していない製品の製造、テスト、発売、マーケティングにかかった労働力でもない。

リーンスタートアップにおける無駄を測る基準として、エリック・リースは**検証による学び（validated learning）**という概念を導入している。一言でいえば、リーンスタートアップにおける無駄とは、学習を生み出さない活動なのだ。

スタートアップでは何もかもが未知なので、顧客価値の創造を実行するという観点で、従業員の活動を組織したり、ましてや最適化したりするわけにはいかない。むしろ、学習に基づいて組織するべきだ。基本的価値とは何か？　その価値を届けるための解決策は？　誰に価値を届けるのか？　価値を実現するために必要なマーケティング、営業、提供方法とは？　それを学ぶべきなのだ。

したがって、以降のページでは、あなたの生み出す価値を発見し、その価値を届ける相手を見つけるための道筋を提案していきたいと思っている。

顧客の製品体験の順序は、24ページの図に示したとおりだが、スタートアップが価値を発見する順序はこのとおりではない。価値を発見する方法は1通りではないし、発見のプロセスが数珠つなぎになっているともかぎらない。

また、価値やその提供方法を発見し、検証し終えるまでは、プロセスを最適化しようと考えすぎない方がいい。学習プロセスそのものを効率化するよりも、学習につながらない活動をなくす（減らす）方が大事なのだ。

2 Vision, Values, and Culture

ビジョン、価値観、企業文化

ビジョンと価値観 | Vision and Values

成功の大半は壮大なビジョンから始まる。といっても、最終的な成功が当初のビジョンとぴったり一致することはめったにないし、最終結果がビジョンとかけ離れてしまうこともある。こうして、ビジョンは後づけの物語の一部となる。そして、私たちはビジョナリーが億万長者に変身したという話に浮かれるのだ。

企業のコンサルタントやコーチは、5年後の未来を思い描いたビジョンステートメントを書くようしきりに勧める。しかし、そうしてできあがるのは、「○○業界のリーダーになる」とかいう無味乾燥な会社概要だ[1]。そんな企業の経営陣は、億万長者になりたくてうずうずしているビジョナリーでいっぱいだ。

ビジョンがあいまいなほど、真実になる可能性も高い。「壊れた時計も1日に2回は正確な時刻を指し示す」という言葉もあるくらいだ。数字の「11」に特別なパワーがあるって知ってました？

そのパワーに心を開いてみてください。そうすれば、時計の針がちょうど11分を指し示しているときに、時計を見てしまうはずです……。これもビジョナリーになる方法の1つだ。

通信大手Qualcommの創設者で、正真正銘の億万長者であるアーウィン・ジェイコブズは、懐疑的なベンチャーキャピタリストたちに向かって、「将来、携帯電話はクレジットカード取引に利用されるようになるだろう」と言い放ったといわれている。私たち著者も、ビジネスの専門家、投資家、ダイヤル式の電話の利用者を相手に話をしたことがある。その経験からいえば、爆笑が起きたのは間違いない。しかし、このビジョンはそこまで突拍子もないわけではないし、この話が真実なのかもわからない。

1990年代半ば、私たちはInfoWorld誌の編集者に投書をしたことがある。私たちは手紙の中で、ケーブルチャンネルが73種類もあるのにロクな

番組がないと嘆いている人々に、「覚悟してください。30億チャンネルの時代が来ますから」と警告した。

そう、私たちはYouTubeやインターネットテレビを予見していたのだ。といっても、予見していたのは私たちだけではない。そこが大事なポイントだ。

つまり、ビジョンを実現したいという情熱に比べれば、ビジョンそのものなどあまり重要ではないのだ。ジェイコブズが天才的に優れていたのは、携帯電話技術の未来を漠然と予測したことではなく、彼の情熱、つまり世界を変えたいという飽くなき追求心なのだ。

残念ながら、私たちはYouTubeも、インターネットの動画ストリーミングも、インターネットテレビも発明しなかった。しかし、ジェイコブズは1回も立ち止まることなく、障害をはねのけ、批判者を無視した。さらに、ビジョンの根底にある仮説を何度も見直したことだろう。そして最終的に、料金の支払いに使われる携帯電話をホストするプラットフォームを築き、企業を数十億ドル規模へと成長させたのだ。

ビジョナリーを作るのはビジョンではない。変革を実現したいという原動力なのだ。

> 「"情熱に従え"、というのは、
> ちょっとしたことで最悪のアドバイスにもなりうる」
> ——マーク・キューバン（億万長者）

原動力

マーク・キューバンはかつて、「"情熱に従え"、というのは最悪のアドバイスだ」と述べている[(2)]。裏の意味を含んだ歯切れのいい格言を作らせたら、彼の右に出る者はいない。だが、この言葉には一理あると思う。彼が言いたいのは、一生懸命になれる物事こそが情熱だということだ。

たとえば、熱いセックスと冷たいアイスクリームが好きだとしても、仕事として追求すべき情熱とはいえない。情熱に従うのではなく、目的に従うべきなのだ。その結果として情熱が生まれ、成功が生まれる。

どこに行き着きたいかが、行動の原動力になる。あなたが特定のプロジェクトに取り組む動機は何だろう？

企業を設立したり、既存の事業に活を入れたりする際、自身の原動力を理解しておくことは重要だ。あなたが力を注いでいる要素とは？

・セグメント——どんなものでもいいから、特定の集団に製品を届けたい。
・問題——特定の問題を解決したり、情熱を満たしたりしたい。
・製品——ユニークな製品ビジョンがある。
・技術——製品化したい発明を抱えている。
・販売チャネル——営業が得意、またはオンラインショッピングに力を注いでいる。

ほかの原動力もある。たとえば流通だ。AmazonやDellはいずれも、新しい流通の手法を築き上げ、市場を破壊した。また、通信事業者は流通に特化した会社だ（自分ではそう認めたがらないが）。

ショーン・マーフィーらは、こういったビジネスモデルの要素は連立方程式系をなすと述べている。つまり、どの変数に対しても正解が複数あるが、1つの変数の値を変えると、ほかの変数の値も変わる。

すべての変数を同時に満たすことができれば、ビジネスモデルは完成であり、ビジネスモデルの拡大をテストできるようになるわけだ。

アントレプレナーは最初に壮大なアイデアを探すとき、自分たちの抱える問題や情熱をきっかけにすることが多い。たとえば、「特定の集団を助けたい」など。その中の1つがビジネスの「原動力」となり、連立方程式の中の定数となるかもしれない。

それでも、ほかの変数を満たさなければならない。あなたのコアコンピテンシー、原動力、ビジョンを定数として維持するのは、その事実をきちんと意識していて、ビジネスに及ぼす影響がわかっているなら、問題ない。

ただし、すべての方程式が解けたからといって、企業がすんなりと成長するとはかぎらない。

そこで、先ほど挙げた原動力について、1つずつ特徴を見ていこう。

セグメント指向

特定のセグメントをターゲットにする企業は、ある人々や企業が抱える無数の問題を解決するのに必要な製品やサービスなら、何でも開発し、提供する。たとえば、病院の抱えるあらゆるITの問題を解決することに取り組む場合もあれば、赤ちゃんの安全や健康を守る商品を出産後の母親に提供する場合もあるだろう。スタートアップはまず1つの問題を解決し、さらなるニーズを発見・解決しながら、事業を拡大していく。

事業の方向性を定めるには、内側から外側へと進むのが良い。つまり、ターゲットセグメントを深く理解し、人々の抱える問題を明らかにし、顧客の環境に最適な技術を使って、顧客とともに解決策を考え出していくわけだ。

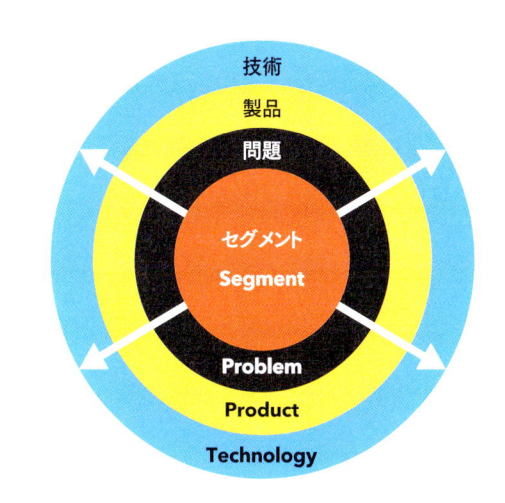

問題指向

多くのアントレプレナーは、まず解決したい問題を探す。その多くは、自分自身が抱えている問題や、ごく身近な問題だ。これは足がかりとしては自然だ。顧客を十分に理解しているという前提があるからだ。

しかし、だからこそ落とし穴もある。1つ目に、問題があるからといって市場性があるとはかぎらない。2つ目に、市場の大多数の人々が求めていない解決策を提供してしまう可能性がある。

このシナリオでは、まず問題を見つけ、その問題にもっとも苦しんでいる市場セグメントを定義し、そのセグメントが使ってくれそうな解決策を定める。真の目的が問題を解決することなら、解決策や技術にこだわってはいけない。

製品指向

製品のアイデアを思いつき、それをどうしても開発したいと思っているなら、あなたは製品指向だといっていいだろう。これはアントレプレナーにもっともよくありがちな原動力だが、それと同時にもっとも危険なシナリオでもある。製品がどれだけ良くても、製品の解決しようとしている問題が切実でなかったり、製品がセグメントに適していなかったりすれば、何の意味もないからだ。

こうなると、製品は何年も埃をかぶり、企業は存在するかどうかもわからない市場セグメントに、創設者の自己満足のような価値を延々と提供しつづけるはめになる。

製品を開始点にすると、利用する技術もほとんど決まってしまう。たとえば、あなたがハイテク商品を開発しようとしているとする。最新の専門家の意見に従い、Webではなくケータイ向けの商品を作ると決めた。だが、今となっては、99セントのアプリでビジネスモデルを築くなんて無理な話だ。いずれにせよ、解決する問題を見つけるのが先決だ。

技術指向

技術とは、応用(アプリケーション)を待っているプラットフォームや発明のことだ。応用のめどがある程度つけば、プラットフォームを単体で売ったり、リリースしたりできるようになる。たとえば、Facebook、Twitter、Apple iPhoneはアプリケーションでもありプラットフォームでもある。新しい化学物質、植物成分、遺伝子操作、製造手法、原材料は、いずれも新しい応用方法を待っているプラット

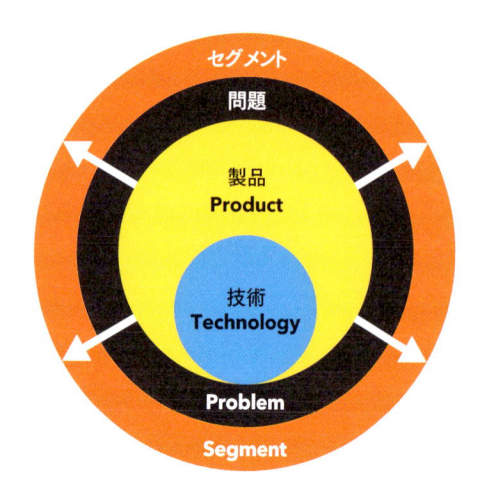

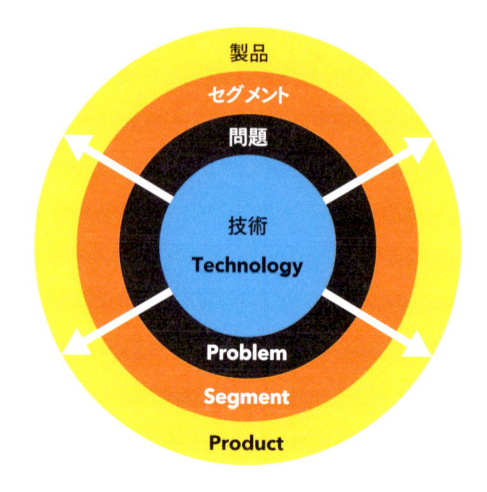

フォームといえるだろう。

技術を抱えるアントレプレナーは、解決する問題を探す。自力で製品を開発することもあれば、技術のライセンスを供与したり、プラットフォームへのアクセスを販売したりすることもある。

原動力は必ずしもビジネスの最重要要素でも、全力を捧げるべき要素でもない。ビジネスの構築方法を理解する一手段なのだ。どんなビジネスであれ、切実な問題を見つけ、もっとも問題解決を望んでいるセグメントを理解し、そのセグメントに有効な解決策を届けることが必要だ。

しかし、自分の原動力を把握していないばかりに、コロコロと戦略を変えてしまうようでは問題がある。ある日は特定の顧客の問題解決に励んでいたかと思えば、次の日はある製品の開発と販売ばかり考えている、なんてことになりかねない。

原動力を回転軸ととらえるとわかりやすい。あなたのビジネスモデルの中で、たとえ現在の製品が失敗したとしても変えない部分はどこだろう？

・製品は変えずに、ターゲットの市場セグメントを変える。
・セグメントは変えずに、同じ製品で解決できる別の問題を探す。
・セグメントは変えずに、別の製品の開発を試す。

価値観を考慮することは重要だ。社会的な目標を掲げる社会起業家（ソーシャルアントレプレナー）は、特定の問題を解決したり、特定の集団を助けたりすることを目的にするケースが多い。それ自体はすばらしいことだと思うが、機会を狭めてしまうことも多い。同じように、自分の抱える問題を解決しようとするアントレプレナーは、企業を上場まで持っていくことはできないだろう。

テクノロジー業界の一部の分野では、「イノベーションが足りない」「アントレプレナーのビジョンのスケールが小さすぎる」という不満をよく聞く。だが、これ自体、スケールの小さな考えだと思う。現代では、良い変化も悪い変化も突然降りかかってくる。常にチャンスもあればリスクもあるのだ。壮大なビジョンと、それを実現したいという原動力。それを持ち合わせていることはすばらしいことだし、文句の付けどころはない。

数百万人の生活を少し改善するもよし、数百人の生活を劇的に改善するもよし。人類の歴史の流れを変えるのもいいだろう。

ちっぽけな起業のアイデアばかりに投資が集まっていると嘆くベンチャーキャピタリストは、まるで選手の給料が高すぎると嘆くメジャーリーグのチームオーナーみたいだ。資本主義の権化（ごんげ）みたいな人たちが、いざ当事者になると自由主義を批判しはじめる。だが、小さなビジョンも、それはそれでいい。数千人ではなく数十人を雇い、人々に価値を届けることを仕事にする。すばらしいことじゃないか。スケールが小さくても、人生を変える体験など、いくらでもあるのだ。

ある時点で、あなたのビジョンは市場の審判を受けるだろう。そこで問題になってくるのは、当初のビジョンを貫くか、市場の声に従ってビジョンを修正するかの判断だ。

ビジネスを成功に導くのはビジョン、つまり何を変えたいかだ。セグメント、問題、製品、技術のどれを出発点にするのであれ、ビジョンとはどうやって変えるかではなく、何を変えるかの問題なのだ。

CASE STUDY

問題は本当に解決可能か？

　正直なところ、難しい問題を解決しようとしているアントレプレナーを見ると、私たちはつい応援したくなる。世界をより良い場所にしようと懸命にがんばっている人々を嫌う理由なんてないだろう。こういう活動は、解決策や技術に恋をし、そのあとで解決する問題を探すよりも、楽しいことが多い。

　しかし、そこに罠が潜んでいる。特に、人間的な問題を解決しようとしている場合だ。人間的な問題は、世界最高の技術をもってしても解決できない。対症療法は可能でも、真の原因は解決できないのだ。人間的な問題は、不完璧な人間が実に人間らしい行動を取ることで生まれるものだからだ。

　たとえば、ある人物——といっても私たち著者の1人なのだが——のメールボックスは、神話に出てくるヒュドラー【首を1本切るたびに2本の首が生えてくる怪物】みたいな状況になっている。いつも未読のメールであふれかえっていて、片づけようといっそう状況がひどくなる。1通に返信すると2通の返信が来るのだ。緊急のメールがどんどん溜まっていくのに耐えかねて、彼は「返信に時間がかかります」と伝える自動返信メールをオンにする。すると、こんどは自動返信メールへの苦情がどしどしやってくる。見かねた友人たちは、メールボックスの管理ソフトウェアを使うよう勧める。メールのフィルタリング、並べ替え、保留を自動的に行ない、重要なメールだけをトップに表示してくれるサービスだ。一見すると、最先端の技術を活かしたうまいメールの管理法に見える。時間の余裕、自由、安心を手に入れられるからだ。

　しかし、見逃されている点がある。

　問題は彼自身にあるのだ。彼は興味があるからといって、時間を食うプロジェクトに首を突っ込みすぎている。その問題がメールという形で表面化したにすぎないのだ。おそらく技術的な解決策では、根本的な問題は解決できないだろう。彼の友人は親切心からメールボックスの管理ソフトウェアを勧めたわけだが、対処しているのは症状（メールの増大）であって、病気（参加を断れない性格）ではない。

　彼は少なくともこの問題に気づいているが、アントレプレナーが顧客開発を行ない、特定の市場セグメントの問題を解決しようとする場合には、顧客が賢いと想定してはいけない。そして、人間的な問題という毒霧の中に迷い込まないよう、注意しなければならない。

　私たちはあるとき、レストランの注文管理ソフトウェアシステムを開発しようとしているスタートアップに、顧客開発の支援を行なったことがある。その企業は機能横断的なチームを作り、建物を飛び出して現場に行き、レストランの経営者と何度も打ち合わせを行なった。

　チームは経営者と話し合い、レストランの業務やスタッフの仕事ぶりを観察するうち、経営者が技術的な改良では容易に解決できない問題を抱えていることに気づいた。レストランには、スタッフが電話注文を受ける手順も、厨房がピーク時に注文を処理する手順も、きちんと定められていなかったのだ。注文を取った人が自分で注文を処理することもあれば、ほかの人に引き継ぐこともあった。経営者はこれを問題とは思っておらず、「仕事で手を抜かないよう、全員に権限を与えているのです」と自信たっぷりに言った。

　実際には、木曜、金曜、土曜の夜は一言でいえばカオス状態で、満足する客に負けないくらい、不満を持つ客も多いようだった。注文管理システムを導入したところで、顧客の感想に変わりはないだろう。

　チームは社内でこの点を話し合ったが、レストランの経営者は「うちにはこのソフトウェアが合っている。注文が増えるだろう」の一点張りだった。チームは恐る恐るベータテストに応じた。その結果は？

　案の定、さまざまな問題が生じた。ソフトウェアが導入されると、スタッ

フはぶつくさ言いながらも、それまでのアナログな注文処理方法と並行して使いはじめた。しかし、注文された料理を提供し忘れるケースが相次ぎ、利用者の苦情が殺到したため、数日でシステムは利用中止になった。誰もがソフトウェアは使いものにならなかったと認めた。指標を見るかぎり、スタッフはソフトウェアをきちんと利用していなかった。この失敗はそのスタートアップにとって致命的ではなかったが、時間、お金、労力、創造力、士気の大きな無駄だった。そして、新しい教訓は何1つ得られなかった。

チームは当初の信念を貫くべきだった。そうすれば、無駄は避けられたはずだ。この経営者は本当のアーリーアダプターとはいえなかった。彼女は自分が人間的な問題を抱えていることに気づかないどころか、みずから作り出していたのだ！　人間的な問題を解決するのは、セラピストの役割であって、アントレプレナーの役割ではない。

何になりたいのか？

私たちが以前に仕事をしたある会社は、1つの市場セグメントに低価格なIT製品を提供する小さなソフトウェア会社から、まったく違うセグメントにサービスを提供するエンタープライズ系のソフトウェア＆ハードウェア企業へと方向転換した。どちらのセグメントも、使われる技術は同じだったが、解決しようとしている問題はまったく異なっていた。

企業は順調に成功していたが、あるとき幹部の1人が、「もともと変革には賛成でなかった。当初の事業に戻したい」と言った。しかし、オープンソースソフトウェアの台頭で、当初の事業はとっくに採算が合わなくなっていた。さらに、成長の過程で、創設者たちは従業員にストックオプションを提供していた。彼らは買収やIPOを待っていると言いつつ、ドットコムバブルの波に乗りそびれた。しかし、実際には、彼らは引き金を引こうとしなかった。ベンチャーキャピタリストのタームシートや買収の提案は、ことごとく退けられた。

彼らに残ったのは、高い給与と拡張性のないライフスタイル企業だった。一言でいえば、創設者の更年期障害というやつだろう。もちろん、ライフスタイル企業が悪いわけではない。アメリカ経済を支える背骨だからだ。しかし、創設者が自分の価値観を理解せず、企業のビジョンにそむきはじめると、問題が生じる。

問題の大小にかかわらず、どのような問題の解決に専念するかが、企業のビジョンとなる。一方、価値観とは、どんな企業にしたいかだ。個人的な収入源を得たいのか？　家族を養える程度の給与や利益が得られれば満足なのか？　数十人を雇いたいのか？　それとも数百人？　買収やIPOを見据えているのか？

資金調達についても同じだ。収益を成長源にするのか？　限度額いっぱいまで借り入れを行なうのか？　エンジェル投資家やベンチャーキャピタリストなど、プロの投資家から融資を受けるのか？

価値観によって、売買の対象も決まるかもしれ

ない。社会起業家は社会的理念のために事業を営む。もちろん、彼らは自分の選択が企業の成長や買収などに影響を及ぼすことは、十分にわかっている。

経営者の中には、特定の市場セグメントには商品を販売したくないと考える者もいるだろう。倫理的な理由でビジョンに反するからという場合もあれば、どうしてもサービスを提供したいセグメントがあるからという場合もあるだろう。これも、価値観とビジョンが一致しているかぎり、何の問題もない。

結局のところ、いちばん大事なのは価値の創造だろう。トヨタ生産方式が目指すのは、効率性ありきの効率性ではない。中核には価値の創造がある。リーンスタートアップについても同じだ。その目的は、従業員が顧客に力を与え、顧客にできるだけ寄り添える環境、習慣、プロセスを築くことなのだ。

顧客に寄り添うほど、顧客を深く理解できる。顧客が右に行ったときには右に行き、左に行ったときには左に行くことができる。顧客のニーズを予測し、価値を創造しつづけ、製品に対して熱狂的で、企業に対して忠実な顧客を生み出すことができるわけだ。

リーンスタートアップの文化　Lean into It: The Lean Startup Culture

スタートアップを一から興すのであれ、大企業の社内に作るのであれ、成功を左右するのは文化だ。文化といっても、オフィスが人気上昇中の地域にあり、数々の建築家が住んでいた築100年の美しい建物の中に収まっていて、開閉式の屋根があり、おもちゃの銃が散らばっていて、炭酸飲料やビールが無料で、毎週オンラインゲームの大会が開かれる……とかいうことではない。(もちろん、そういう企業を作るのは自由だが。そのときはぜひ招待してほしい。)

文化とは、価値観を強め、会社をビジョンの実現に向かって一丸となって前進させる環境を築くことだ。また、顧客に寄り添うことを組織のDNAの一部にすることでもある。

リーンスタートアップの文化に単純明快な定義はない。とはいえ、いくつかの基本哲学はある。また、ぜひ導入をお勧めしたい要素もある。まずお勧めするのは、**学習する組織**の構築だ。

簡単そうに聞こえるが、やってみると難しい。どういうわけか、ビジョナリーの神話やらひらめきの瞬間やらは、私たちの文化に深く刻み込まれているものらしい。多くのアントレプレナーや経営者は、ごく細かい戦術の決定にも、ビジョナリー的な能力が必要だと信じ込んでいる。しかし、一見すると偉大なビジョナリーに見える人たちも、変革に向けて学習や試行錯誤を繰り返し、市場の声に対応し、たいていビジネスモデルの方向転換(ピボット)を何度も行なってきたのだ。

学習する組織は言葉よりもデータ、実行よりも実験、ビジネスプランよりも顧客を優先する。実験を行なってリスクを抑え、データを使って矛盾を解決し、顧客と会話して理解を深めるのだ。

重要なのは、「最小限の労力で、今すぐにビジネスの針を動かすにはどうすればよいか？」と問うことだ。顧客が製品を愛してくれているなら、新機能を設計するのは最善の考えとはいえない。コンバージョンファネルに目を向けよう。顧客が製品を愛してくれていて、ファネルが最適なら、顧客獲得チャネルを拡大すべきタイミングかもしれない。製品に満足している顧客とそうでない顧客が混在しているなら、エンジニアリング、マーケティング、営業に力を入れる前に、顧客をもっと深く理解するべきだ。製品、ポジショニング、セグメントに問題はないか？

データを使って矛盾を解決し、進捗を測り、意思決定を下そう。データシステムを導入するのは負担が重いと心配する人々は、大事な点を見落としている。とはいえ、データに溺れる組織は、データを無視する組織と五十歩百歩だ。データに頼りっぱなしになり、常に小さな意思決定を自動的に行なっていれば、いつか重要な意思決定を逃

してしまう危険性もあるのだ。

　データはあくまでも、意思決定の実行ではなく参考に使うべきだ。収集するデータは行動に直結するものでなくてはならないし、組織の全活動の基本となる目的樹形図を反映したものでなければならない。また、収集するデータはビジネスの段階に応じて変わるだろう。

　下の例を見てみよう。最上段が全体的な目標だ。企業の成長が購読料収入に基づいているとしたら、購読の解除（チャーン）（購読の解約または未更新）は事業にとって大敵だ。この場合、全体的な目標は購読の解除率を減らすことかもしれない。解除率を減らすには？　製品に熱狂してもらうことだ。これは、顧客の何パーセントが製品を他者に勧めたかで測ればいいだろう。次は？　製品エンゲージメントの具体的な指標を用いて、顧客の満足度を測るのだ。では、エンゲージメントを高めるには？　Xを試しに改善してみて、期間Tにおける顧客のXの利用率を測ればいい。

　学習する組織は、実験を行なって市場リスクや技術的リスクを抑え、新しいアイデアをテストし、

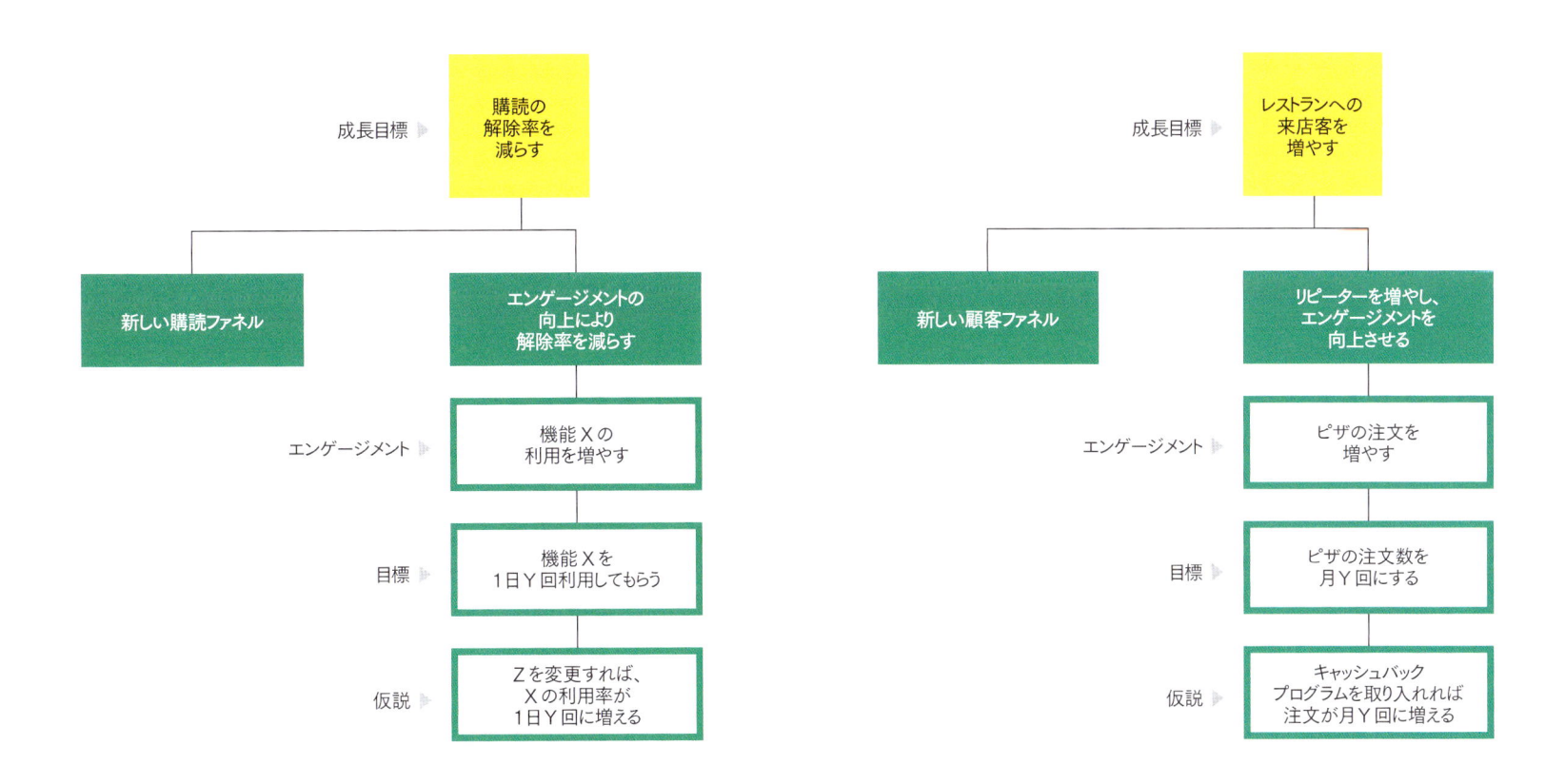

成長目標 ▷ 購読の解除率を減らす
　├─ 新しい購読ファネル
　└─ エンゲージメントの向上により解除率を減らす
エンゲージメント ▷ 機能Xの利用を増やす
目標 ▷ 機能Xを1日Y回利用してもらう
仮説 ▷ Zを変更すれば、Xの利用率が1日Y回に増える

成長目標 ▷ レストランへの来店客を増やす
　├─ 新しい顧客ファネル
　└─ リピーターを増やし、エンゲージメントを向上させる
エンゲージメント ▷ ピザの注文を増やす
目標 ▷ ピザの注文数を月Y回にする
仮説 ▷ キャッシュバックプログラムを取り入れれば注文が月Y回に増える

結果を最適化する。顧客と対話して、顧客、問題、解決策に関する前提が正しいかどうかを評価する。

　提案された製品を作る前に、その製品に市場性があるかどうかを学ぶ。インターネットやソーシャルメディアのマーケティング専門家と呼ばれる人々の助言に従う前に、提案された戦術が特定の市場セグメントで有効に機能するかどうかを学ぶわけだ。

CASE STUDY

顧客経験を再成長の糧に

PayPal

　今回は、PayPalのユーザーインタフェースエンジニアリング担当シニアディレクターのビル・スコットに話をうかがった。大組織にスタートアップの文化を取り入れるには、変革に対する意欲や新しいDNAが必要だ。大変な道のりではあるが、入念に行なえば、イノベーションに大きな弾みを付けることができる。

著者：PayPalのユーザーインタフェースエンジニアリング担当シニアディレクターの職を引き継ぐにあたって、意識した点は？

ビル・スコット（以下、スコット）：私が真っ先に取り組んだのは、「Web開発者を真のエンジニアに変えるには？　ユーザーエクスペリエンスを第一に考えてもらい、製品設計やエンジニアリングのチームと密接に協力してもらうには？　サイロ化した環境から抜け出すには？」という課題です。

　私が2011年後半に加わったころも、PayPalでは点々とイノベーションが行なわれていました。もっとスピード感をもって物事に取り組もうという動きはあったのですが、それを社内共通の言語で話そうとする者がいなかったんです。

著者：顧客中心の考え方が成功の鍵だと確信したきっかけは？

スコット：Netflixにいたころ、「構築―テスト―学習」プロセスを通じて顧客を理解することに夢中になっていました。そうしているうち、常に顧客の声を聞くことには大きな価値があると気づいたわけです。

著者：顧客中心の考え方は、社内チームにどんな影響を及ぼしているのでしょう？

スコット：何より、政治がなくなりましたね。全員が方向性や理解を共有することで、協力し合う本当の理由ができたからです。

　もう1つ、Netflix時代に私のDNAに刻まれたのは、テストを繰り返すと、顧客体験が大きく変わるという事実です。テスト用に開発したコードの9割は、最終的には破棄されます。これは、「変わるのが当たり前だ」と認めているからこそできる芸当なんです。

　この考え方は、従来のPayPalのように、巨大なチームを作り、ソフトウェアを開発し、納品に向かって突き進み、納品したらチームを解散してまた別の作業に取りかかる、というやり方とは大違いなんです。

著者：PayPalの考え方を変えようと思ったきっかけは？

スコット：私がPayPalにやってきたとき、ちょうどジェームズ・バレスがeBayから移ってきて最高技術責任者になったところでした。彼はeBayでの成功や失敗を通じて、色々な教訓を学んでいました。彼のチームが私を雇い、必要な変革なら何でも好きなようにやってくれと言ってくれました。PayPalがZongを買収し、Zongのデビッド・マーカスが3月にPayPalの社長になると、彼はジェームズを呼び、「スカンクワーク【会社の本来の業務とは独立して行なう実験的な研究やプロジェクト】を組み、リーンな方法で実践したい。それから、PayPalの中核事業のあり方も一新したいと思っている」と告げました。ジェームズはすぐに私に連絡を取ってきて、「一緒にチームを作り、スカンクワークに取り組まないか」

と言いました。いわば社長がプロジェクトマネジャーなわけですから、そりゃ最高でしたよ。

こうして、ヘンドリク・クラインスミードがデザイン面、私がユーザーインタフェースエンジニアリング面でリーダーシップを取ることになりました。

それから、ヒル・ファーガソンが製品担当責任者になりました。2人とも直前までスタートアップにいました。こうして会社に新しいDNAが入ってきたわけです。

著者：PayPalの変革を突き動かしていたのは？

スコット：財務的な観点から見れば、会社は順風満帆でした。しかし、私たちはみな、スタートアップの仕組みを経験していましたし、PayPalがスタートアップとは似ても似つかない企業だとわかっていました。

そこで考えたんです。「収益はものすごいし、難しい問題を解決できる一流の製品もある。でも、顧客体験はいまひとつだ。もし最高の顧客体験も生み出すことができたら？」と。

もう1つの要因は、競争の過熱です。

ものの1週間で、モバイル決済関連のスタートアップが2社も増えていく始末でしたからね。その大半は失敗しますが、たった1社でも波に乗り、ベンチャーキャピタルの融資や優秀な人材を惹きつければ、市場を破壊するには十分なんです。

著者：PayPalは破壊されつつあると？

スコット：デビッドやヒル、そして最近PayPalにやってきた人々は、スタートアップや競合他社の動きがいかにすばやいか、痛いほどわかっていますからね。そして、PayPalが全力でかかれば、簡単に競合他社を打ち破ると同時に、顧客に最高の体験を届けられると感じています。

注目すべきなのは、私たちには共通言語ができたということです。競合他社を負かすとか、競合他社を打ち破るとかいうのは、われわれの真の目的ではありません。もちろんそれも念頭には置いていますが、本当に大事なのは、「どうやって最高の体験を届けるか？」ということなんです。

そのためには、事業を維持したままで、リスクモデルやセキュリティモデルを見直す必要があります。セキュリティを犠牲にするわけにはいきませんから。

著者：賛同を得るうえで苦労した点は？

スコット：初めてここにやってきたとき、PayPalには優秀な人材がたくさんいる印象を持ちました。しかし、あまりに急成長し、業務が忙しくなったせいか、PayPalは巨大で官僚的な組織となり、正常に機能するのが難しくなっていました。これは由々しき問題です。

誰かが何か新しいことをやろうとすると、反射的にノーと言われてしまうわけです。

そこで私たちは、会社のリーン化を押し進めるにあたって、前もってすべてのチームを議論に参加させています。たとえば、私たちは現在、PayPalのリスクモデルの限界に挑む新製品を開発しています。

そこで、リスク担当責任者のトム・キースリーが部屋に入って開口一番、「最高の体験を届けるために、ぜひこのプロジェクトを成功させよう」と言いました。

もちろん、顧客体験とリスクモデルやセキュリティモデルのバランスを取ることは必要です。しかし、リスク担当責任者が顧客の視点に立つというのは、今まではありえないことでした。

著者：この変革意識はどれくらい浸透しているのでしょう？

スコット：幹部から下級従業員まで、企業のあらゆる部署の人々が、PayPalの変革方法について考えているところです。

財務計画や人材獲得の方法をどうするのか？　インセンティブの仕組みをどうするのか？　すべてのチームがリーンで機敏だとしたら、チームの役割はどうなるのか？

そのすべてが、組織のあらゆる部署で例外なく見直されています。現在は変革の真っ最中ですが、2013年中には全社で展開される予定です。

隅々まで力を与える

　従業員、創設者、経営陣の全員がプロセスの改善にかかわり、顧客に寄り添う必要がある。トヨタのリーン生産方式では、工場労働者は不具合を見つけたらいつでも生産ラインを停止することができた。この継続的な改善（＝カイゼン）というリーンの基本原理は、工場労働者のスキル、問題解決、自己向上が重要だと説いている。
　次の現象について考えてみてほしい。一見するとバラバラに見えるが、共通点がある。

- リーンソフトウェア開発の熱烈な支持者たち――たとえばメアリー・ポッペンディーク――は、エンジニアにソフトウェア設計の権限を与えるべきだと訴えている。つまり、エンジニアの解決しようとしている顧客の問題とエンジニア自身を切り離してはならないということだ。

- Zapposは、コールセンターの電話時間を短縮したり、顧客にアップセルを行なったり、台本を使用したりしていない。「私たちは、顧客にとってオペレーターが期待以上の対応をしているかどうかを気にかけているだけです。どんな顧客に対応する際も、Zapposの社員は常に最善の判断をしてくれると信じているからです」[3]

- アメリカ陸軍は、兵士の現場での意思決定に重きを置くよう、訓練を一新している。

- セールスリーダーたちは、営業員が継続的に学びながら特定分野の専門家となり、単なる価値の伝え手ではなく価値の作り手になれるよう、さまざまな接客販売の手法を教えている[4]。

- 医師たちは、患者が医療上の意思決定に参加することを重視するようになっている。医師が治療の選択肢や影響について説明し、患者の希望を聞いたうえで、患者と一緒になって決断をするのだ[5]。

- マサチューセッツ工科大学、ハーバード大学、スタンフォード大学といった高等教育機関が、講義をオンラインで無料公開している。

- セス・ゴーディンは、「今日、成功する唯一の道は、独自性を打ち出し、話のネタになるものを作り、敬意を持って人々に接し、口コミを広げてもらうことだ」と主張している[6]。

　共通点にお気づきになっただろうか？　いずれも、学生、患者、顧客など、隅々の人々に力を与えている。社会的な構造の変化により、階層的で中央集権的なシステムから、分権的で個人主体のシステムへと、権力の担い手が移りつつあるのだ。

サイロを破壊する

チームを機能別に分けるのは、大量生産思考のなごりだ。目的は、製造単価を削減し、規模の経済性を最大限に働かせることだった。そこで、資本コストを削減する機械を製造し、100％の稼働率を目指すようになった[7]。

そうなると、労働そのものもできるだけ機械化しようという考えが出てくる。労働の専門化によって、労働力は予測や計画がしやすくなり、いわば使い捨ての機械部品のように扱われるようになった。

この考え方は、戦時中の飛行機の製造のように、製品の需要がわかっている場合や、プロセスのステップがそれほど多くない場合にはうまくいく。しかし、ステップが多ければ多いほど、仕掛り在庫も多くなり、生産ライン全体に影響を及ぼすミスも起こりやすくなる。

今日の情報中心の経済でも、同じことがいえる。部門のサイロは、経営者たちが職業の専門化に対応するために生まれたものだ。しかし、製造と同じで、プロセスの複雑性や関与する人数が増せば増すほど、事務的なバッチ式の処理方法は効率が悪くなる。顧客に直接の影響を及ぼす意思決定者と顧客との距離は、広がるばかりだ。マーケターとマーケター、エンジニアとエンジニアが肩を並べて座るようでは、それほど規模の経済性は期待できないのだ。

つまり、このやり方にはメリットもあるが、代償もあるということだ。

階層的な構造のもとでは、企業の目的に沿った形で生産性を測るのが難しい。従業員は、仕事をこなした数や時間で評価されてしまうことも多い。最悪の場合、オンラインの**虚栄の評価基準**と似たような基準で評価されてしまうこともある。

オンラインの虚栄の評価基準としては、ページビュー、アプリケーションのダウンロード数、クリック数がある。つまり、行動と直結しないデータだ。研究開発（R&D）部門は特許数で評価されることもあるし、エンジニアリング部門や製造部門は、コードの行数、製品あたりの部品数や機能数で評価される。マーケティング部門はPRのヒット数で評価されてしまう。

不思議なことに、部門同士を連携させ、部門ごとの評価基準を収益成長などの企業目標と結びつけるという壮大な戦略に取り組んでいる組織にかぎって、**企業目標を中心に組織を編成しようとは考えない**。それだけサイロ思考を捨てるのは難しいのだ！　サイロがもっとも効率的な構造だと信じ込んで疑わないからだ。

しかし、O2やIntuitをはじめ、KISSmetrics、Meetup.comといったリーンな企業は、違うやり方に従っている。企業目標を実行可能な目標へと細分化しているのだ。

従来型のサイロ化した企業では、企業目標は部門ごとの目標へと細分化される。そして、サイロごとに人材、予算、スケジュール、成果物の分析、交渉、約束が行なわれ、境界ががっちりと守られる。上級管理者は中間管理者を評価し、中間管理者は労働者を管理する。はしごの最下段に到達するころには、従業員の目標と企業目標は似ても似つかないものになっている。

企業を部門別に組織しないとすれば、どう組織するのか？　障害物をはっきりと特定し、その障害物を乗り越えることに専念する**機能横断的なチーム**を作るのだ。

もちろん、この方法がすべての企業やシナリオで有効だとはいわない。しかし、機能横断的なチームを組んだ方が、部門の手が空くのを待つよりもすばやく問題を解決できる分野もあるはずだ。そんな分野がないか、思考実験をしてみるのも1つの手だろう。

ここで、従来の部門割りの組織構造と比べて、リーンスタートアップがどのような手法を取るのかを見てみよう。

製品開発

リーン分野における**フロー**とは、次の工程から要求があった場合にのみ部品を作るという製品開発プロセスに従って製造を行なうことを指す。簡単にいえば、工程Cが工程Bに対して、「こちらが作ってくれと言うまで作るな」と伝えるわけだ。そうすれば、超過在庫や無駄な作業がなくなる。

フローの開始点は、プロダクトマネジャーでも、エンジニアリング担当副社長でも、CEOでもなく、顧客の要求だと理解することが大事だ。たとえば、

CASE STUDY

KISSmetrics

今日の企業には珍しくないが、KISSMetricsは分散チームで業務を行なっている。そして、分散チームにはありがちなように、コミュニケーションで苦労することもある。25人が4つの時間帯に分かれて仕事をしているため、電子メールや電話会議の効率は悪く、雑談も生まれない。そのため、生産性だけでなく士気にも問題が生じている。KISSMetricsのCEOのヒーテン・シャーとニール・パテルは、コミュニケーションの問題が企業の成長に大きな悪影響を与えていることに気づいた。

「左手が右手の動きをまったく把握していないようなものでしたからね」とシャーは言う。「遠くのオフィスで働く人々は、残りの従業員やチーム全体との一体感に欠けていました。たった25人の会社だというのに、従業員は狭いサイロに閉じ込められ、業務をこなすのに苦労していたんです。駆け出しの会社としては、致命的になりかねません」

経営陣は停滞を打ち破るため、名づけて「黄金運動(ゴールデンモーション)」というプロセスを打ち出した。会社にとって重要な指標を1つ選び出し、その指標を改善するために社内で競争を行なうのだ。分析会社であるKISSMetricsは、行動につながる評価基準のベンチマーキングや追跡を得意としている。行動につながる評価基準とは、企業の成功や成長に直接的な影響を及ぼすデータのことだ。

たとえば、KISSMetricsは、サイトを訪れた人々の割合、トライアルにサインアップして営業チームと話をした人々の数、いくつかのステップを経て最終的に製品を購入した人々の割合を細かく追跡している。これはオンラインとオフラインの両方のステップを含むとはいえ、ごく標準的なファネルだ。

黄金運動の第1ステップは、ファネルのボトルネックを見つけることだ。興味を持った顧客を満足した顧客へと変える過程で、もっとも人数が減少している部分はどこか?

「製品の導入を終える人が少ないことに気づきました。サインアップしてくれる人は山ほどいるのに、製品の統合までこぎ着ける人の割合が非常に低いわけです。でも、統合を完了しなければ、製品の価値は実感できません」

第2ステップは、具体的な目標を達成するチームを作ることだった。彼らは機能横断的なチームを3つ作り、一定の指標を3週間で25%改善するという目標を立てた。社内のほぼ全員が、営業担当者、マーケター、デザイナー、サポート担当者、エンジニアからなるチームに分かれた。

第3ステップでは、各チームが独自の仮説を立て、仮説を否定することに取り組んだ。「機能のスプリットテストのような実際の実験を行なう前に、顧客との会話、ミニアンケート、ユーザビリティテストなどの利用者調査を行ないます。その過程でチームの仮説が誤っているとわかったら、実験は行なわず、新しい仮説を立てるわけです」

成功のミソは機能横断的という点にあった。デザイン部門やエンジニアリング部門単体では、問題の解決は不可能だっただろう。たとえば、あるチームは、「トライアルにサインアップした人々は製品の価値をきちんと理解していないから、導入を急がないのだ」という仮説を立てた。この仮説を検証するため、営業担当者は利用者に登録した理由を訊ね、回答を記録していった。ふつうは営業担当者がこんな質問をすることはない。ところが、この仮説は間違っていた。顧客は製品の価値命題を理解しているようだった。

3週間後、黄金運動プログラムはある程度の成果を見せていたが、経営陣はチームへのアンケートや聞き取り調査の結果から、プログラムを改善することを決めた。どうやら、競争形式がうまく機能していないようだった。複数のチームが同じ問題の解決に取り組むのは難があったし、人材や予算が限られていたので、スプリットテストなどを使って実際の顧客で仮説を検証す

43

るのも難しかった。しかも、同じような仮説を思いつくチームが多かった。

そこで2回目は、問題チームと解決チームに分けてみることにした。問題チームは事業の分析や問題の特定だけを行なう。解決チームはさまざまな問題の解決策をテストする。

すると、統合率の低さの問題について、ある仮説が実証された。顧客はもっと早く統合したいと思っていたのだ。このニーズに応えるため、新規ユーザーにサインアップの段階でいくつかの選択肢を与えてみた。ベーシックな高速統合、高度なセルフサービスオプション、そして無料相談の申し込みだ。事前に統合手段を選んでもらうことで、統合率は上がった。

「結局、25％の改善目標を達成できました」とシャーは話す。「黄金運動の開始以来、事業が大幅に成長しただけでなく、コミュニケーション、士気、一体感も向上しました」

階層的な規則やツールを使ってコミュニケーションを改善するのは、対症療法に似ている。サイロ化した問題解決手法では、部門同士の接点でしかコミュニケーションが生まれない。しかし、すべてのビジネス機能に共通する目標を掲げれば、自然とコミュニケーションが改善するのだ。

Webベースの製品の場合、特定の機能に対する顧客の要望やニーズがあって初めて、その機能の開発、テスト、リリースを行なうのが、理想的なリーン開発プロセスといえよう。

どんな価値を創造するか、どのように価値を高めるかを学んでいる段階では、開発と実験は同じ意味を持つ。**継続的デプロイメント**と呼ばれるプロセスでは、機能横断的なチームが企業に目立った変化をもたらす機能について仮説を立て、その仮説の実証に取り組む。機能を一部の既存顧客にリリースし、利用状況を仮説と照らし合わせて評価するわけだ。

IMVUのエリック・リースのチームは、製品に1日50回もの変更を行なったという[8]。

実際、確たる需要もないまま開発を続けるのは危険だ。手探り状態で機能を開発し、製品と市場のフィットを実現できることなど、万に一つもない。むしろ、失敗する方が圧倒的に多いのだ。

それでは、製品開発では、新機能の開発ではなく何に取り組めばいいのか？　アジャイル開発チームの構築やリーンソフトウェアプロセスの導入について解説した文献はたくさんある。それらの内容は他書に譲るとして、本書では次の点について考えていこう。

・技術的負債を解消する。
・顧客の身になる。
・実験を行なう。
・新しいイノベーションを探す。

technical debt
技術的負債
新機能の開発など、ほかの優先事項に気を取られているうちに蓄積していく、製品開発上の未解決の問題。

ビジネスの針を動かすのは、書いたコードの行数でも、機能や製品の数でもなく、顧客の熱狂の大きさだ。あなたの製品開発プロセスの中で、顧客の熱狂を生み出すものとは何だろう？　考えてみてほしい。

マーケティング

一般的には、マーケティングは次の2つの性質を持つものと考えられている。

❶テレビ、ラジオ、雑誌、Web上で発信される軽薄なブランディング活動、グラフィックス、画像、メッセージ。魔法のように口コミを生み出し、認知度を高め、収益を増やすものと期待されている。

❷顧客を営業ファネルの入口へとおびき寄せ、製品の購入や継続的な利用を促すキャンペーンや事業活動。

一般的に、1つ目の活動は、クリエイティブな人材や心理学者まがいの人々の手が必要な、得体の知れない活動と考えられている。消費者の感情を操り、製品に対するニーズを生み出すためだ。

しかし、この考え方に基づく世界中の従来型の広告モデルはいわば砂上の楼閣であり、インターネット広告によってどんどん破壊されている。スーパーボウルのCMに数百万ドルをかけたり、スーパーボウルの放映権に数千万ドルを投じたりするのを正当化するためには、高度なデータ分析や、無数の暗黙の前提、フォーカスグループ、消費者調査が必要なのだ。

2つ目の活動は、Google Analyticsのアカウントさえあれば十分だ。

しかし、リーンスタートアップのアプローチでは、ターゲットセグメントがすでに製品に熱狂していて、見込み客を顧客に変える最適な方法が存在すると実証されないかぎり、どちらの方法も取らない。つまり、製品自体が最高のマーケティングツールだと言い切れるまでは、事業の拡大には着手しないわけだ。

2つ目のタイプのマーケティングの目的は、完璧に実行しさえすれば必ず成功する一連の既知のステップを築くことだ。しかし、各ステップには無限の可能性があるし、常に新しい可能性が生まれている。インターネットやソーシャルメディアのマーケティング専門家とやらの意見を聞く前に、または広告代理店に高額な報酬を支払う前に、うまくいきそうかどうかがわかったらどうだろうか？　その方が堅実だろう。

インフォマーシャルはどんな製品にも適しているだろうか？　もちろん、そんなはずはない。

つまり、製品や顧客セグメントによって、ふさわしいマーケティング活動は変わるのだ。代理店、コンサルタント、正規の従業員であれ、忍者、グル、ロックスターであれ、誰かがマーケティングのツールキット、秘伝の書、特効薬のようなものを売りつけてきたら、すぐに立ち去った方がいい。

マーケティングにも製品開発と同じ反復的な学習プロセスを利用できない道理はないのだ。ビジネスの段階に応じて、マーケティングチームの学習計画は以下の図のようになるだろう。

マーケティング学習 → 顧客セグメントへの深い理解 → メッセージ、ポジショニング、購入プロセス → コンバージョンファネル → 顧客獲得ファネル

営業担当者や販売チャネルの使い方を誤ると、雇うマーケティング担当者を間違えるのと同じくらいの悪影響を及ぼす。何か月たっても、時間、労力、投資に見合う成果は得られない。

> **ヒント**：収益は虚栄の評価基準にすぎないこともある。

逆の問題も起こりうる。売ったはいいものの、約束を果たせないケースだ。その原因はさまざまだ。

- 製品に関する意思決定の誤り。
- 製品機能に関する過大な約束。
- 「散弾銃」的な販売アプローチにより、ビジネスの拡張性が損なわれる。

製品を販売する前に、その製品の販売方法を学ぶ必要がある。すでにあるものを販売するだけでなく、販売を成功させるために製品に必要なものを明らかにするのが、正しい販売アプローチだ。これを製品の発売前に学べば最高だが、もしそれが手遅れなら、営業チームを組む前でもいい。

また、追求する市場セグメントやその追求方法をはっきりと定めることも重要だ。つまり、初期のセールスコールで、特定のセグメントへの販売パターンや、販売プロセスを早めたり自動化したりするのに必要なマーケティングを明らかにするべきなのだ。

法務と経理

法律事務所でもないかぎり、法務自体が顧客に価値をもたらすわけではない。ふつう、法務は価値を創造しない活動だ。必要ではあるものの、付加価値があるわけではないのだ（法務が顧客に価値をもたらすケースがまったくないとはいわない。たとえば、権利の付与など。しかし、そういうケースは少ない）。

法務は会社を守るために必要な活動であり、法務活動をまったく行なわなければ、価値を創造する活動自体を続けられなくなる危険性もある。しかし、法務と価値の創造が矛盾しないようにしなければならない。そうしないと、無駄が生じたり、企業のビジョンや価値観に害が及んだりしてしまう。

社内にスタートアップの文化を吹き込もうとしている大企業では、法務はいっそう難しくなる。この場合、企業はスタートアップ関連の活動について、積極的に法的保護を講じるべきだ。経理についても同じことがいえる。経理部の活動が企業の価値創造と矛盾すると、無駄が生じる。コストの削減ばかりに躍起になっている企業は、まずリーンとはいえない。リーン（贅肉がない）というよりも、**スキニー**な（やせ細った）企業といった方が正しいだろう。

真因分析

真因分析とは、組織が問題の根本原因を明らかにするために使う一連の方法論だ。その目的は、客観的な思考を用いて、物事がうまくいかなかった（または実行できない）理由を解明することであって、個人に責任をなすりつけたり、反対派の意見を鵜呑みにしたりすることではない。

現実的には、個人に責任があるケースもある。それでも、「どうしてその人を採用したのか？」「新入社員は適切な研修を受けているのか？」「障害を克服するのが現時点では不可能だとしても、代替策はないのか？」と考えるわけだ。

5回のなぜと呼ばれる手法は、トヨタ生産方式の一部として用いられて以来、主に製造やエンジニアリングの工程で使われてきた。トヨタは、工場の作業現場に油だまりができている根本原因は、部品の購買担当者が部品の購入コストの削減を求められていたからだと突き止めた[9]。IMVUのエリック・リースは、既存の顧客が新製品に満足していない根本原因は、管理者たちに新入社員の研修を重視するよう伝えきれていなかったからだと突き止めた。

リーンスタートアップの真因分析については、1つ重要な点がある。問題を解決するためのコストよりも、問題自体のもたらすコストの方が大きいということだ。研修不足によるミスが軽微なものばかりで、しかもめったに起こらないなら、研修に大きな費用をかけるのは無駄だ。しかし、急成長中には、研修不足が大惨事につながる可能性もあるので、研修にお金をかけるのは当然といえる[10]。

エンジニアリングチームが仲良くやっているのはうれしいことだが、その一方で、営業チームは商品を売れないマーケティングチームを責め、マーケティングチームはろくに機能を開発しないエンジニアリングチームを責め、エンジニアリングチームはできてもいない製品を売る営業チームを責めている。何とかみんな仲良くできないものだろうか?

組織全体で真因分析を使えない理由はない。原則は同じだ。

- 問題を特定する。
- 責任のなすりつけ合いはやめる。
- 行動につながる解決策を得る。

巨大で、古くて、しかもリーン?

「巨大で、すでに成功していて、市場を支配している企業も、成功を持続したり取り戻したりするために、スタートアップと同じ行動を取り入れるべきだ」と口で言うのは簡単だ。しかし、この考えには一理ある。

といっても、大企業が悪いというわけではない。どの企業よりも成功してきたのだから。だが、企業を成功に導いた戦術、戦略、ブランディングは、設立当時とはすっかり変わってしまっているのも事実だ。

したがって、企業に再び急成長をもたらすまったく新しい価値命題を見つけるためには、スタートアップの文化を吹き込む必要があるのだ。

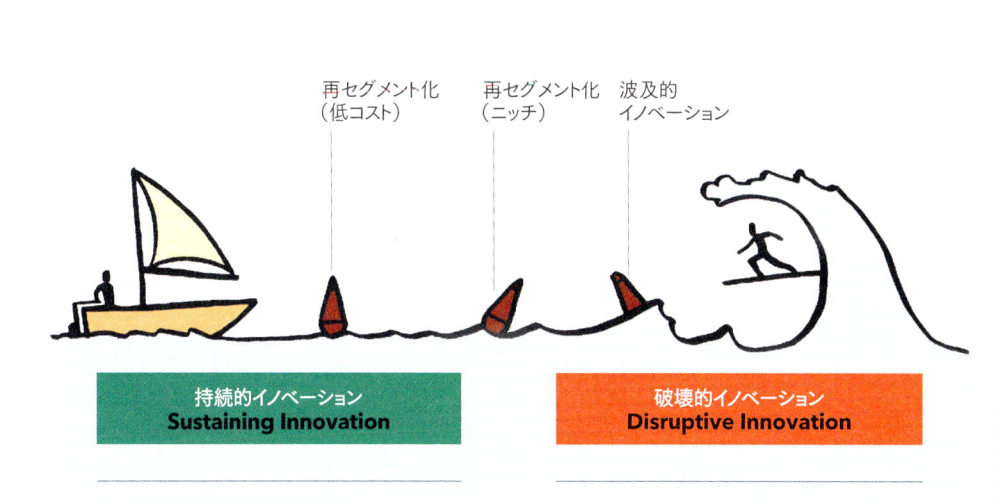

再セグメント化（低コスト）　再セグメント化（ニッチ）　波及的イノベーション

持続的イノベーション Sustaining Innovation	破壊的イノベーション Disruptive Innovation
問題が十分に理解されている	問題が十分に理解されていない
既存の市場	新規の市場
効率化、コストの削減、漸進的な変化を目的としたイノベーション	劇的で市場を一変させるイノベーション
顧客の話は信頼できる	顧客の話は信頼できない
市場は予測可能	市場は予測不能
従来型のビジネスモデルが通用する	従来型のビジネスモデルは通用しない
実行する組織	学習する組織
メインストリームに訴えかける	アーリーアダプターに訴えかける
市場調査	顧客開発
テストの目的はプロセスの最適化	テストの目的は学習

CASE STUDY

営業に関する真因分析

　新興メディア企業のA社は、非常にインタラクティブなプレゼンテーションやトレーニングを構築できるプラットフォームを開発している。ターゲット顧客は大企業や軍だ。

　A社は収益予測をベースに投資を惹きつけ、急成長した。A社が開発しているのはプラットフォームということもあって、投資家たちは販売パイプラインが確立するまで、時間がかかるのは覚悟していた。しかし、もちろんいつまでも待ってくれるわけではなかった。

　会社設立から2年後、そして1回目の投資ラウンドから半年後、経営陣と取締役会は、販売パイプラインの明白な問題に気づいた。潜在顧客は早い段階でパイプラインから抜け落ち、コンバージョンレートは低く、販売サイクルはあまりにも長期に及んでいたのだ。取締役会議の直前、90％確実と目されていた100万ドル超の契約をするりと取り逃すと、いよいよ問題を無視するわけにはいかなくなった。

　A社は問題を分析したが、B2B（企業間取引）のスタートアップにありがちな結果になった。経営陣は数日間部屋にこもって議論したが、責任のなすりつけ合い以外、これといった成果もなかった。彼らの出した結論は次のようなものだ。

- 営業チームはパイプラインの状況について正直に報告すべきだった。
- 営業チームは契約の規模、成約率、契約日について、もっと控えめに見積もるべきだった。経営陣はパイプラインをもっと厳しく管理すべきだった。
- 営業チームは見込み客の絞り込みをもっと厳密に行なうべきだった。

　CEOはリーダーの帽子をかぶると、「もっとてきぱきと働け」と檄を飛ばした。するとこんどは、帽子をするりと裏返し、まるで取締役会には逆らえないといわんばかりの態度で、「営業チームがちゃんと仕事をしてくれないなら、リストラもあるかもしれない」と軽い脅しをかけた。

　真の原因は突き止められなかった。よって、実行可能な解決策も得られなかった。

　その結果は予想どおりだった。パイプラインは小規模になった。管理や予測はしやすくなったが、業績は伸びなかった。

　半年後、再び取締役会から叱責を受けると、経営陣による会議の時がやってきた。しかし、今回はいくつか重要な変更が行なわれた。

　1つ目に、ビジネス開発担当副社長のスティーブン・デイビスの実践する真因分析に基づき、正式なブレインストーミングプロセスが定められた。2つ目に、新しいアプローチを全面的に支援する新CEOが就任した。デイビスはまず、問題を明確に定義した。「営業ファネルのプロセスの一部で、不適切な営業案件が作り出されている」。見込み客がいったんパイプラインに入ってしまえば、追跡プロセスに問題はなかったが、初期の見込み客を絞り込むプロセスに問題があったのだ。

　次に、彼らは原因についてブレインストーミングを行ない、原因を分類した。そのために使われたのが、イシカワダイアグラム（魚骨図）だ。

　重要なのは、イシカワダイアグラムと同じ地点から出発し、それ以上因果関係を追究できないところまで、原因をたどっていくことだ。そこにたいてい根本原因が潜んでいるからだ。たいていの場合、根本原因は複数あるので、たどる経路を変えながら、何回か繰り返すといいだろう。イシカワダイアグラムを使えば、潜在的な原因に着目することができる。

人材

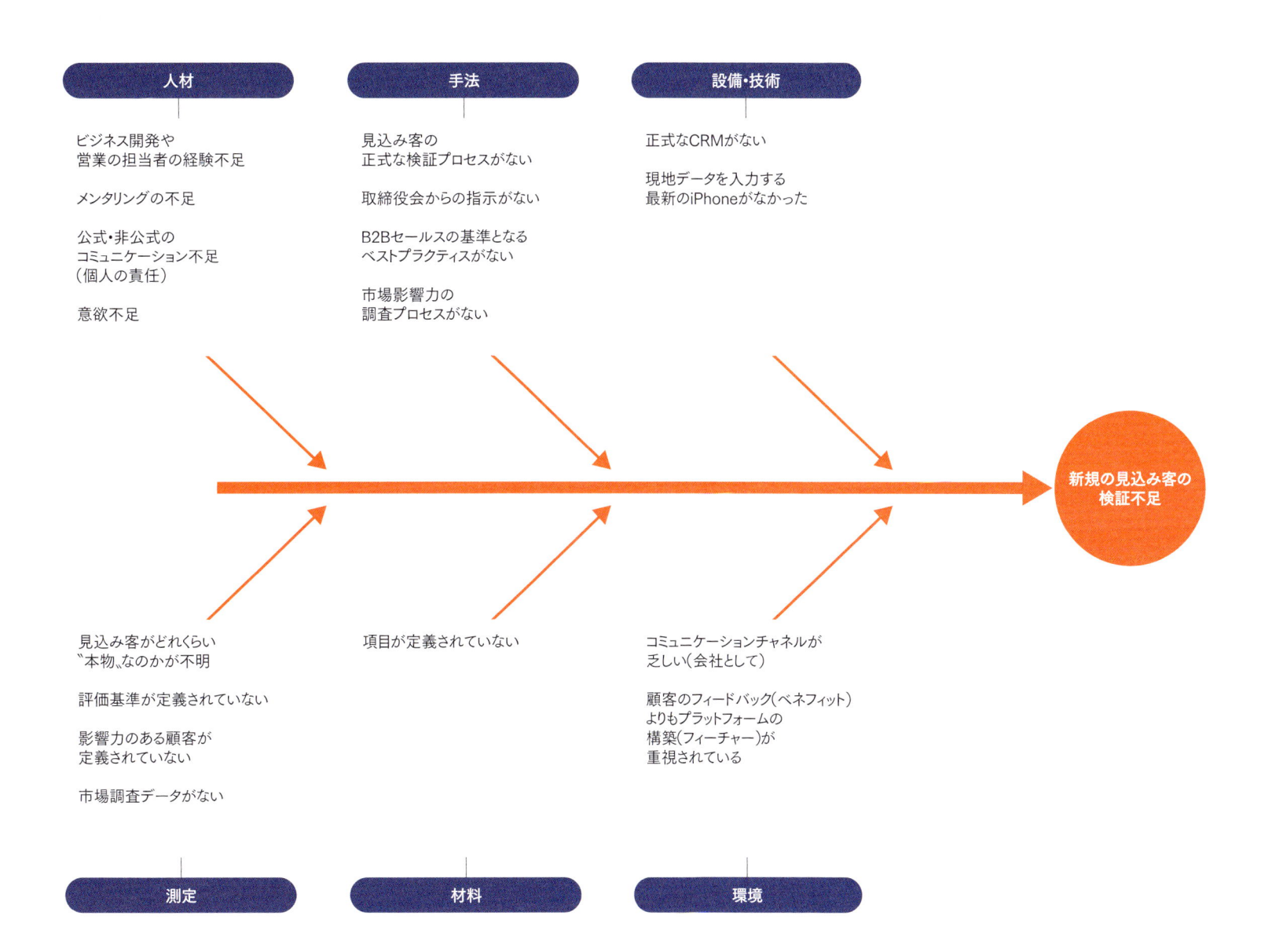

- ビジネス開発や営業の担当者の経験不足
- メンタリングの不足
- 公式・非公式のコミュニケーション不足（個人の責任）
- 意欲不足

手法

- 見込み客の正式な検証プロセスがない
- 取締役会からの指示がない
- B2Bセールスの基準となるベストプラクティスがない
- 市場影響力の調査プロセスがない

設備・技術

- 正式なCRMがない
- 現地データを入力する最新のiPhoneがなかった

測定

- 見込み客がどれくらい〝本物〟なのかが不明
- 評価基準が定義されていない
- 影響力のある顧客が定義されていない
- 市場調査データがない

材料

- 項目が定義されていない

環境

- コミュニケーションチャネルが乏しい（会社として）
- 顧客のフィードバック（ベネフィット）よりもプラットフォームの構築（フィーチャー）が重視されている

新規の見込み客の検証不足

例1

Q1：なぜ見込み客を適切に絞り込めていないのか？
A1：その影響を理解していなかったから。
Q2：なぜパイプラインに入ってきた見込み客の検証の影響を理解していなかったのか？
A2：取締役や営業担当者の経験不足。
Q3：なぜ経験不足の取締役や営業担当者ばかりなのか？
A3：営業担当者でなく技術スタッフの採用に力を入れていたから。
Q4：なぜ技術スタッフの採用ばかりに力を入れていたのか？
A4：プラットフォームの機能が豊富なら、販促活動を通じて自然と売上が上がると踏んでいたから。
Q5：なぜプラットフォームの機能が豊富なら売上が上がると踏んでいたのか？
A5：創設者の想定ミス、経験不足。

例1はかなり漠然としている。いちおう筋は通っているが、非常に後ろ向きだし、行動につながらない。根本原因は何だろう？ 創設者の経験不足のせいにすることもできるが、あまり建設的とはいえない。注目すべきは、機能が豊富なら自然と売上が上がるという仮説だ。ここに教訓が潜んでいる。

ここで終わってしまう組織も多いが、A社はイシカワダイアグラムに戻り、別の因果関係をたどった。

例2

Q2：なぜパイプラインに入ってきた見込み客の検証の重要性を理解していなかったのか？
A2：B2Bセールスの基準となるベストプラクティスがなかったから。
Q3：なぜB2Bセールスの基準となるベストプラクティスがなかったのか？
A3：営業戦略を立てていなかったから。
Q4：なぜ営業戦略を立てなかったのか？
A4：優先度が低かったから。
Q5：なぜ優先度が低かったのか？
A5：営業担当者は現場に出ていて、営業戦略を立てる時間が割り当てられていなかったから。

このような感じだ。もういちど、出発点に戻ってみよう。

例3

Q1：なぜ見込み客を適切に絞り込めていないのか？
A1：見込み客がもっとも効率的・効果的な方法で追跡されていないから。
Q2：なぜもっとも効率的・効果的な方法で追跡されていないのか？
A2：本格的な顧客関係管理（CRM）システムに投資していなかったから。
Q3：なぜ本格的なCRMシステムに投資していなかったのか？
A3：本格的なCRMシステムが営業組織に及ぼす影響を経営陣が理解していなかったから。
Q4：なぜ経営陣は本格的なCRMシステムが営業組織に及ぼす影響を理解していなかったのか？
A4：取締役や営業担当者の経験不足。
Q5：なぜ経験不足の取締役や営業担当者ばかりなのか？

おっと、先ほどと同じだ。この場合、根本原因はA3にあるかもしれない。理解不足に気づけば、組織は営業のベストプラクティスに関する研修を行なうだろう。A2の段階でやめてしまうと、本格的なCRMシステムの購入にはつながるかもしれないが、経営陣がその必要性を理解していなければ、大きな改善は望めないだろう。

詳しい分析を通じて出された解決策は次のとおりだ。

- 学習と実証を重視した営業戦略を立てる。
- 特にビジネス開発や営業部門の幹部全員に対してメンタリングを行なう。
- 適切なCRMシステムに投資する。
- 製品の全機能の評価を行ない、実際にメリットのある10％の機能を絞り込み、営業戦略に組み込む。
- 軍への販売に力を入れる。販売サイクルは長くなるが、いったんニーズが確立すれば、実証プロセスは容易になる。

　そう聞くと簡単そうでしょう？　それまでの企業の中にスタートアップを築く。「イノベーティブであれ」というモットーを掲げる。従業員がアイデアを提案できる会議を開く。全員に少しだけ自由裁量を与える。大企業はイノベーションの必要性を痛感している。イノベーションが少しもなければ、市場の競争に生き残るのは難しい。

　問題は、「イノベーション」という言葉の意味がぼやけつつあることだ。一種の流行語なのだ。多くの人は、**破壊的**イノベーションと**持続的**イノベーションを同一視するようになっている。今では、「X社はイノベーティブである」「X社はイノベーションリーダーである」「X社は新しいイノベーション手法を模索している」という言葉を聞かない日はない。これはブランディングによるイノベーションだ。発明を応用できる市場を見つけることではなく、発明自体が目的になりつつある。忠実な顧客の数よりも、特許の数の方が注目されてしまう時代なのだ。

　大学も似たような問題を抱えている。研究は山ほど行なわれているのに、応用までこぎ着けるものはほとんどない。多くのビジネススクールでは、マーケティングの4P——製品（Product）、流通（Place）、価格（Price）、プロモーション（Promotion）——やビジネスプランの書き方は教えていても、市場の見つけ方は教えない。

　市場が見つからなければ、技術のライセンスは大企業の手に渡り、企業の特許群をいっそう強化するだけだ。つまり、新技術のほとんどは日の目を見ないわけだ。

　政府も問題を悪化させている。インキュベーションオフィスで研究を行なう大学研究者ばかりのスタートアップに、お金をばらまいているのだ。研究者は研究こそするが、市場性のある製品を生み出すわけではない。

　問題の一端は、発明を行なう科学者、研究者、エンジニアがビジネスの専門家と手を組んだり、企業側に発明を提供したりしなければならないという古い考え方にある。もちろん、そうしたければそうするといい。

　しかし、私たちは発明者にアントレプレナーになる術（すべ）を教える方がずっと効率的だと思う。影響力のあるものを作りたいなら、発明者は問題や市場にもっと近づかなければならない。それが無理なら、起業家精神を持つ分野の専門家（ほかの科学者など）を探すのが次善策だ。ビジネスの専門家に頼るのは最後の手段だ。イノベーションの破壊的な部分をほとんどつぶしてしまうからだ。

ビジネスの専門家は、イノベーションの破壊的な側面を台無しにする2つの質問をよくする。

❶投資利益率はどれくらいか？
❷利益が出るのはいつか？

　企業幹部がこういう質問をするのが間違っているとはいわない。きわめて自然なことだ。特に大企業では、巨額の利益が出る可能性のもっとも高いプロジェクトに資金が投じられる。また、幹部には短期的な成果で報酬が支払われることも多い。企業を10年間守りつづけたことにボーナスを支払ってもあまり意味がない。短期的に見れば、既存顧客のニーズに応えるのが、もっとも収益性の高いプロジェクトなのだ。

　既存顧客のニーズを十分に理解する。マーケティングチャネルや営業チャネルを実証する。顧客のニーズを学び、その価値を届けるまでのサイクルを満たすビジネスプロセスを築く。これは持続的イノベーションそのものだ。イノベーション活動はすべて持続的な面に向けられる。成果は既存製品（最新製品）の実績で測られるからだ。

　しかし、スタートアップやスタートアップ風のベンチャーは、同じ基準では測れない。測られていないとはいわないが。

　だが、学習よりもベストプラクティスの実践を重視すれば、スタートアップはいとも簡単に死のスパイラルへと陥ってしまう。失敗に向かって一直線なのだ。

　スティーブン・ブランクは、経理屋がスタートアップを経営してはいけないと提言している[11]。また、エリック・リースは、「革新会計（イノベーションアカウンティング）」なる概念を提唱している。2人が示しているのは、スタートアップが拡張性のあるビジネスモデルを見つける段階まで、どれくらい進捗しているかを追跡する方法だ。スタートアップが学習すべきなら、新しい収益機会を探している大企業も学習すべきだ。収益性が低いからといって経営者がアイデアを拒否するようではうまくいかないし、未来を予測する能力に基づいて経営構造を築くべきでもない。それでも、実際にはそれが行なわれている。「占い」を「分析」という言葉に置き換えて。

　南カリフォルニアのある大手通信事業者は、社内のイノベーションを改善するため、2つの大胆な行動に出た。

　1つ目に、彼らは資金を投じて社内にスタートアップチームを築いた。その目的は、主力製品への需要を生み出す製品を開発することだった。

　2つ目に、彼らはリーンスタートアップの原理を採用した。その目的は、印象的なスプレッドシートや円グラフ、憶測的な計画を盛り込んだプレゼンテーションを作ることではなく、実現性のあるビジネスモデルを見つけることだった。

　そこで、私たちは早い段階で彼らにワークショップを実施し、市場セグメント、問題、解決策に関する仮説を立ててもらい、主なビジネスリスクを特定するよう促した。また、現場におもむいて顧客開発から教訓を学ぶにはどうすればよいか、事業の実現性を調べるためにどのようなテストが必要か、学習プロセスの中でどのようなデータを追跡すべきかを定めた。

　最終的に、チームは社内のベンチャー基金グループにプレゼンテーションを行なった。ところが、そのグループは、多くのベンチャーキャピタルと同じように、スタートアップチームが公表した実世界のデータではなく、自分の予測能力を信じて評価を下してしまったのだ。

　結局、プログラムはすべて中止された。これはしょっちゅう聞く話だ。主力事業で資金や人的資源が必要になると、真っ先に資源を奪われるのは社内スタートアップなのだ。

　スタートアップの文化を築くのは、大組織の中で真に革新的な製品を生み出すための正しい道だと私たちは考えている。そのためには、長期的な思考へと頭を切り替える必要もある。アメリカ企業の多くは、長期的な見方を周期的に好きになったり嫌いになったりするようだ。景気が良くなると（少なくともバブル状態になると）、とたんに短期的な株主利益が崇められ、幹部の報酬が自社株で支払われたりする。

　今日の経済の中で成功するためには、幹部や投資銀行家に表面的な価値を生み出すのではなく、顧客に真の価値を届けなければならないのだ。

　そのためには、どうすればいい？

「3ホライゾン」フレームワーク　Over the Horizon: A Framework

　2000年、McKinsey & Companyの経営コンサルタントのメルダッド・バグハイ、スティーブン・コリー、デビッド・ホワイトは、従来のパターンを打ち破る**3ホライゾンフレームワーク**を提唱した[(12)]。

❶ ホライゾン1は収益の大半を占める主力事業。ビジネスモデルが十分に理解されており、（現時点では）フル回転で実行されている。主な目標は短期的な業績だ。

❷ ホライゾン2は成長中の社内事業。すでに顧客を獲得し、製品と市場がフィットしていて、事業拡大の準備が整っている。会社の主力事業、つまりホライゾン1になる可能性を秘めている。

❸ ホライゾン3はアーリーステージのスタートアップ。一例を挙げれば、研究プロジェクト、プロトタイプ、発明、パイロット段階の製品、外部の新興企業への戦略的投資など。こうしたスタートアップの大半は、さまざまな理由により、結局は失敗する。

　これは合理的な見方だと思う。しかし、これらのグループにどうやって資金を割り振るか、グループ同士がどうかかわり合うかは、成功を大きく左右する。3つのホライゾンは、ピラミッド型でとらえるべきだ。底辺の活動ほど小額の投資をたくさん行ない、その中で勝ち残ったものが上段へと上がってくる。イノベーションの経済と仕組みは同じだ。

　マーケターのバイブル『キャズム』の著者として知られるジェフリー・ムーアは、ホライゾン式の計画を用いるのには1つ問題があると考えている。発明家が実験室にこもって開発したプロトタイプ製品とさほど変わらないホライゾン3のプロジェクトが、ホライゾン2のチームに丸投げされるケースが多いのだという。さらに、成功の保証もないホライゾン2の製品を売り込むために、ホ

CASE STUDY

リーンスタートアップのホライゾン　intuit

　リーンスタートアップの原理を取り入れ、独自のホライゾン計画モデルを編み出している企業として、真っ先に思い浮かぶのはIntuitだろう。ご存じのとおり、Intuitは並の企業ではない。設立以来、Intuitは顧客に新しい価値を生み出しつづけてきた。1990年代初頭はムーアの『キャズム』に出てくるような模範的企業であり、2000年代後半はデザイン思考の先進的な実践者であり、そして現在ではエリック・リースの提唱するリーンスタートアップの成功例として知られている。Intuitがここまで成功できたのは、共同創設者のスコット・クックの初期のビジョンやリーダーシップによるところが大きい。

　30年間の成功の間、Intuitは市販ソフトウェアの時代からモバイルアプリの現代まで、コンピュータの激動の時代を何度もくぐり抜けてきた。今日では、ホライゾンフレームワークのアプローチを活かして、四半期ベースの期待に応えつつ、実験や継続的な学習を通じて、将来的な成長の足場を虎視眈々(こしたんたん)と築いている。

　Intuitの定義する「3ホライズン」は次のとおりだ。

❶ホライゾン1では、主力事業を拡大し、守る。つまり、実績ある既存製品を引き続き成長させ、収益性を向上させる。

❷ホライゾン2では、新しい商品を開発する。製品チームはビジネスモデルや新製品を検証し、事業拡大の可能性があることを証明する。

❸ホライゾン3では、実現可能な選択肢を生み出す。利用者が製品を愛していて、ビジネスモデルの仮説に説得力があることを実証することで、スタートアップの構想を証明する。Intuitはホライゾンごとの状況を判断するのに収益データを使うのをやめ、**検証による学び**を評価基準にしている。

　多くの会社が勘違いしているのは、ホライゾン3の製品は実験用のおもちゃであり、市場でテストできないプロトタイプだという見方だ。つまり、市場でまだテストされていない製品がホライゾン3だと思っているのだ。

　Intuitのヒュー・モロツィはこう話す。「ホライゾン3のコンセプトモデルをテストするためには、市場に投入してみて、実際のユーザーの行動を観察しなければなりません。ですから、不完全な状態で提供されているものをホライゾン2の製品と呼ぶのは違和感がありました。実験の途中なのですから、まだホライゾン3なのです」

　収益データを基準にするのでは、新しい活動の価値を投資利益率で測る従来のやり方に逆戻りすることになる。そこで、Intuitは次の3つの評価基準に目を向けた。

❶Net Promoter Score。顧客が製品をほかの人に勧める度合いを評価する。

❷積極的な利用。製品に対する顧客のエンゲージメントを評価する。

❸顧客に対するベネフィット。製品の掲げる約束が果たされているかどうかを評価する。

　モロツィはこうも述べている。

各製品について、顧客にもたらすベネフィットを定義します。たとえば、時間やお金の節約など。そのうえで、「その約束を果たせているか？」を評価するわけです。ホライゾン3の製品なら、実験を通じてそれを証明します。

　ホライゾン2の製品なら、実験の対象はビジネスモデルです。ユーザーが製品を愛していて、積極的に利用していて、ベネフィットを得ているのはわかった。すると気になるのは、「事業は拡張性があって、持続可能なのだろうか？」という問題です。

　そこで、仮説を立てます。購読者に一定の月額料金を課すのでも、広告収入モデルを作ってみるのでも、何でもかまいません。ビジネスモデルについて何か仮説を立ててみて、証明に取り組むわけです。

主力事業を守る

　大組織では、恐怖が破壊的イノベーションの妨げになることが多い。その中にはごくまともな恐怖もある。先ほど話したように、社内のスタートアップを、主力事業の標準的な運営手順とは切り離すことが重要だ。しかし、それがあだになることもある。主力事業の事業部門は、それぞれ新しいスタートアップに対して当然の不安を抱いている。

営業：価値主体の組織では、営業担当者の報酬は価値のある製品を販売できるかどうかにかかっている。未完成の製品や中途半端な製品を売らざるをえなくなれば、営業担当者はその場しのぎに走ったり、仕事を辞めたりしてしまうだろう。

マーケティング：未完成の新製品や既存の主力製品とかけ離れた新製品を受け取れば、既存の顧客は混乱し、ブランドイメージに傷が付くかもしれない。また、中途半端な製品やサービスを売るためのマーケティング活動は、最終的には無駄になるだろう。

法務：プライバシー、コンプライアンス、知的財産の保護は、大企業が注意しなければならない法律上の問題だ。

人事：1人で何役もこなすようなカオスな環境が好きな人もいるが、役割がきちんと決められている整然とした環境が好きな人もいる。この点に対処する必要がある。

雇用保障：社内のスタートアップによって破壊されつつある事業にかかわる人々は、当然ながら無力感を抱くようになる。やがては、主力事業が社内スタートアップに飲み込まれるのを望むようになる。でなければ、外部の組織に飲み込まれるだけだからだ。こうして生じる文化的な問題にも対応しなければならないだろう。

　Intuitは、それぞれの事業部門がこれらの問題に対処できるよう工夫している。機能横断的なチームを築き、収益ではなく学習を評価基準にすることで、主力事業（ホライゾン1）の営業チームやマーケティングチームが、ホライゾン2や3で開発された未完成の製品を扱わずにすむようにしているのだ。

　従業員はイノベーションに参加できるし、ホライゾン間を移動することもできる。Intuitのベネット・ブランクは、「ホライゾン1のエンジニアがホライゾン2や3に参加するプログラムもたびたび実施しています。エンジニアがほかのプロジェクトに個人的な興味を持っているのも理由の1つですが、常にフレッシュな人材を送り込むためでもあります」と話す。

　さらに、Intuitでは、従業員が興味のあるプロジェクトに勤務時間の最大10%を捧げられるプログラムも設けている。「効果抜群です。新しいアイデアが次々と飛び出してきますからね」とブランクは言う。

　Intuitはブランドが傷つくのを防ぐため、Intuit Labsというサブブランドを作った。このブランドでリリースされた製品はまだ実験段階にあると顧客に知ってもらうのがその目的だ。また、Intuitは法的な問題に対処するため、基本的な法的文書やプロセスを定めた。ホライゾン3の人々がこのプロセス

に従っているかぎり、企業内弁護士はいっさい関知する必要がない。このアプローチのおかげで、ホライゾン3の業務は単純でスムーズになった。

　こうしてホライゾン3から生まれたSnapTaxやGoPaymentは、市場で見事に成功を収めている。

ライゾン1のマーケティング組織や営業組織が投入されることも少なくない。

　ホライゾン1の事業部門は、ホライゾン2の製品が事業として成り立つかどうかを証明しても何の得もない。成功が保証されているホライゾン1の製品で着実に儲ける方がよっぽどいいからだ[13]。

　未来の救世主になる可能性だって十分にある製品が、従来のビジネス指標で評価され、非難を浴びてしまうケースもよく目にする。

　「したがって、イノベーションは独立したスタートアップの中で行なった方がよい。少なくとも市場やサプライヤにアクセスできるし、投資家が公正な基準で判断してくれるからだ」とムーアは結論づけている。後半の主張については（今のところ）本当かどうかはわからないが、結論はおおむね正しいと思う。重要なのは、リーンスタートアップの方法論とホライゾンフレームワークを組み合わせ、ホライゾンの境界を正しく定義することだ。企業は営業やマーケティングといった主要な資源を統合する前に、スタートアップを築いて製品のアイデアやビジネスモデルを実証すべきだ。さらに、実験室や研究所はスタートアップの前段階と見るべきだ。つまり、技術開発の実験と、ホライゾン3で行なう実験は、まったくの別物なのだ。ホライゾン3のスタートアップが行なうのは、特定の市場セグメントにふさわしい技術の応用方法を開発するための実験だ。一言でいえば、研究所はホライゾン4の世界なのだ！

リーンスタートアップはホライゾン3や2だけのものではない。

　ホライゾン3は顧客が熱狂する製品を見つけるために、リーンスタートアップを実践する。

　ホライゾン2は拡張性のあるビジネスモデルを見つけるために、リーンスタートアップを実践する。

　しかし、ホライゾン1もリーンスタートアップを実践できる。リーンスタートアップのプロセスを使えば、既存の主力事業はいっそう成功できる。顧客に寄り添い、継続的に学習する機敏な組織となり、絶えず社内のプロセスを改善しつづけられるからだ。

　スタートアップもホライゾンの考え方を計画に利用できる。あるセグメントで製品と市場のフィットを実現したあと、同じセグメントに販売できる別の製品を探したり、別のセグメントを探したりするのに役立つだろう。

ワークシート

ずっと昔、私たちは「ビジョンステートメントを書けと勧めるのだけはやめよう」と誓った。その約束は守るつもりだ。そこで、代わりに、飛行機の機内の雑誌で見かけるような楽しい性格テストをやってみよう。さあ、好きなヨガのポーズを取って、次の質問に答えてみよう。誰に見せるわけでもないのだから、なるべく正直に答えてほしい。もちろん、正解はない。

1

あなたの製品やアイデアは
どのタイプのイノベーションに当てはまりますか？

a. 既存の製品カテゴリーに機能を追加するもの。

b. 既存の製品カテゴリーの新しい製品のコストを劇的に下げるもの。

c. ニーズが満たされていない市場に特化した機能を提供するもの。

d. 新しい巨大市場の既存の製品カテゴリー。

e. 新しい市場の新しい製品カテゴリー。

f. 既存の市場をひっくり返すようなもの。

2

事業資金をどうやって調達しますか？

a. 資金なしで始める。

b. 友人や家族。

c. 現金、クレジットカード、債券。

d. シードアクセラレータやエンジェル投資家。

e. ベンチャーキャピタリスト。

3

あなたがもっとも重視することは？

a. 自分がどうしてもサービスを提供したいと思える市場セグメントにサービスを届けたい。セグメントの規模にはこだわらない。

b. あらゆる人に製品を利用してもらいたい。

c. 私の開発した技術は画期的なので、あとは最適な応用方法を見つけたい。

d. 私のビジョンは画期的なので、ぜひとも実現したい。

e. 何が何でも世界を変えたい。そのためならビジョンなど二の次だ。

3 All the Fish in the Sea

海には色んな魚がいる

初めて起業する人に、「誰に製品を売るつもりなのか？」と訊いてみるといい。おそらく「そりゃ全員さ！」とはりきって答えるだろう。

もう少し冷静な人なら、世界征服とまでは行かずに、「金融サービス企業」（垂直的属性）、「Fortune 1000企業」（水平的属性）、「ミルクシェーキ好きの消費者」（製品）、「18〜73歳の女性」（人口統計学的属性）などと答えるだろう。残念ながら、新興企業にとって、このような**セグメント**の定義の仕方は、現実的でも効果的でもない。

segment

セグメント
同じ問題や情熱を抱えていて、同じ言語を話す一定の集団。

　18歳以上73歳以下の人々が買う製品はあるだろうが、18〜73歳の女性全員が買う製品なんてものは、この世にないのだ。では、買う人はなぜ買うのだろう？

　あなたが漁師だとしよう。魚を釣って売りさばくことで生計を立てている。だが、「どんな魚を釣るつもりなのか？」と訊かれて、「海にいるすべての魚」と答える人は、きっと漁師としてはやっていけないはずだ。

　海にいる魚は数が多いだけでなく、形や生態もさまざまだ。ある種類の魚にはうまくいく釣り方が、別の魚にもうまくいくとはかぎらない。

　競争をくぐり抜けてきたアントレプレナーは、魚の釣り方を熟知していて、「顧客は誰か」と訊かれたら、人口統計学的属性を答えたりはしない。具体的な顧客像や、買い手の悩み、情熱、ニーズについて語るだろう。

　誰が製品を買うかは製品そのもののすばらしさと同じくらい重要だ。製品を選ぶのは顧客だが、新規事業を立ち上げるとき、顧客を選ぶのはあなた自身だ。実際、価値観やビジョンによっては、顧客の選び方が製品アイデアよりずっと重要になってくる場合もある。

　あなたのビジネスアイデアでもっとも重要なのが、特定の市場セグメントにサービスを届けることであり、あなたのビジネスビジョンに一致する形でそのセグメントのニーズに応えられると思うなら、市場セグメントを**ピボット**（方向転換）の軸として考える手もあるだろう。つまり、セグメントのニーズに合わせて、製品アイデア、流通チャネル、マーケティングや営業の計画を変更するわけだ。

pivot

ピボット
ビジネスモデルのもっとも重要な側面に軸足を置いたまま、その他の側面を変更すること。

　たとえば、あるセグメントの問題を解決する（または情熱を満たす）のが目的なら、解決策にこだわるべきではない。

　著名なマーケターのセス・ゴーディンは、こう述べている。

　最高の顧客というものは、積極的にかかわり、発明をし、口コミを広めてくれる。ある顧客に見切りを付け、別のセグメントに目を移すのには、先見性と勇気がいる。そうして見つかった顧客は、最初こそ製品を売るのが難しいかもしれないが、やがては目的地へと導いてくれるのだ[1]。

　あなたの選んだセグメントが個人的にしっくりとこなかったら、ビジネスに対する情熱に悪影響が出るだろうか？　あなたの収益モデルでは、長期にわたる販売サイクルの時間やコストに対処するのは難しいだろうか？　予算を握っている見込み客は、あなたが解決しようとしている問題を解決できる代替策を持っているだろうか？　もしそうだとしたら、見込み客が今のところ使っている方法の具体的な欠点はどこだろうか？　その欠点は、時間、費用、市場シェア、リスク、顧客満足の面で、どのような悪影響をもたらしているか？

その欠点の少なくとも1つを解決するのが、あなたの仕事だ。そのためにはどんな解決策が必要か？　解決策のどの機能がどの欠点を解決するのか？　なるべく具体的に挙げてみよう。

　熱狂的な顧客は、事業として成り立つほど存在するのか？　市場が小さすぎることはないか？

　ビジネスモデルを突き動かすのは市場セグメントだ。アレックス・オスターワルダーは、著書『ビジネスモデル・ジェネレーション──ビジネスモデル設計書』で、ビジネスモデルを次の9つの要素に分類している[2]。

❶顧客セグメント──サービスを届ける相手。
❷価値提案──顧客セグメントに価値を生み出す製品やサービス。
❸チャネル──顧客セグメントへのコミュニケーション方法やアクセス方法。
❹顧客との関係──顧客との関係の種類（直接的、個人的、間接的、自動的など）。
❺収益の流れ──収益を得る方法。
❻リソース──必要な物的、経済的、知的、人的な資源。
❼主要活動──ビジネスモデルを機能させるうえでもっとも大事な企業の活動。
❽パートナー──ビジネスモデルを補うサプライヤやパートナー。
❾コスト構造──ビジネスの運営に必要な費用。

　この9つの構成要素を見てみると、価値観や顧客セグメントがいかにしてビジネスモデルを突き動かすかがわかる。顧客セグメントによって、好ましい支払い方法や、顧客と企業の関係が決まる。逆に、顧客との関係をみずから選ぶ企業は、いくつかのセグメントを顧客からあえて除外していることになる（これ自体が悪いというわけではない）。また、顧客セグメントによって、販売チャネル、顧客の支払える金額の上限、必要な解決策の種類、つまりコスト構造が決まるし、そのセグメントにサービスを提供するうえで必要なパートナー、活動、資源も決まる。

　顧客セグメントを選ぶ代わりに、具体的なチャネル、収益の流れ、主要活動を先に決める手もある。この場合もやはり、いくつかの市場セグメントをあえて考慮対象から除外することになる。

　しつこいようだが、この点は自身のビジネスモデルを理解するうえでとても重要だ。ビジネスモデルに関して一定の仮説を立てたあとで、その仮説に合う顧客セグメントを探すのか？

　それとも、解決すべき問題や満たすべき情熱を先に決めてから、それに合う顧客セグメントを探し、ビジネスモデルの残りの要素は流れに任せるのか？

　あるいは、サービスを提供するセグメントを先に決めてから、そのセグメントが抱えるもっとも切実な問題を探し、その問題を解決できるビジネスモデルを構築するのか？

　いずれにしても、市場セグメンテーションのプロセスは、今日のスタートアップ界ではもっとも理解の遅れている概念でもあり、もっとも強力な概念の1つでもあるのだ。

CASE STUDY

魚の行動学

　南カリフォルニア沖合の昆布棚には、数千種の魚がいるが、漁師にいちばん人気があるのは、カリフォルニアハリバットとホワイトシーバスの2つだ。どちらも底魚——つまり海底または海底付近に生息する魚——であり、10kg前後の魚がかかることもそう珍しくない。

　カリフォルニアハリバットはヒラメの一種だ。海草の群生する砂底に身を隠し、イワシがそばを通ると砂の中からパッと現われて捕まえる。身体の片側に両目があるので、獲物の待ち伏せはお手のものだ。漁師は、同じく砂底に住むエソがカリフォルニアハリバットを釣るための絶好の餌だと知っている。

　一方のホワイトシーバスは魚としてはありきたりな長い円筒形をしていて、イカやサバを探して昆布棚を泳ぎ回る。音に対してとても敏感で、無機的な音がちょっとしただけでも逃げてしまうので、水中銃で捕まえるのは難しい。

　釣りの素人でも、近所の桟橋のへりに座り、冷凍イカを付けた糸を垂らせば、サバやメバルが何匹か釣れるだろう。

　しかし、プロの漁師は、天気が良くても悪くても、毎日のように目的の魚を釣り、経費を上回る価格で売りさばかなければならない。それを利益の出る方法で繰り返し行なうためには、魚の行動学を深く理解しなければならない。釣りに最適な餌、道具、時間帯、目的の魚がもっとも釣れやすい漁場を学ぶ必要がある。魚に手が届かなければ魚は釣れない。漁船の300メートル下に魚群があるとわかっていても、釣り糸がそこまで届かなければ、何の意味もないのだ。

追求する市場セグメントは、ビジネスモデルのそのほかの側面と密接に関連している。

セグメントに応じて、将来的な顧客が製品を利用する方法、顧客へのマーケティング方法、顧客の購入方法が決まる。人々にメッセージを届ける方法、人々の期待する購入プロセス、人々の信頼を獲得する方法、適切な価格帯、もっとも効率的な流通、顧客を惹きつけるメッセージ——これらの要素すべてが、サブセグメントの違いとなって表われるのだ。

製品の価値命題、ベネフィットやメッセージ（餌）、価格構造やチャネル（釣り具）、販売サイクルの長さ（魚が餌にかかる確率）は？　巨大な網（大手新聞紙の全面広告）を用意して、小ぶりのイワシを一網打尽にするのか？　それとも、捕鯨船や船員を雇い、数か月がかりで海に出て、2〜3頭のクジラ（大企業）を一本釣りするのか？

海に撒き餌（**フリーミアム**）をするのか？　それとも、岩礁に水中銃を持っていき、10kgのハタを釣るか（カンファレンスでのB2Bセールス）？

freemium
フリーミアム

製品を〝無料〟版として提供し、プレミアムアカウント版にアップグレードした顧客から料金を徴収するシステム。

年配者向けのモバイルアプリを制作するのも、Fortune 100企業のCEOをターゲットにしたFacebookキャンペーンを実施するのも、屋台で25ドルのハンバーガーを売るのも自由だ。しかし、製品、戦術、価格設定、セグメントが一致しなければ、ハワイでの念願の隠居生活はずっと先の話になるだろう。

起業の多くの側面と同じように、市場セグメンテーションを行なうのは常識にも思えるが、見た目以上に難しい。だが、時間をかけて市場セグメンテーションをマスターしようとする人はほとんどいないのだ。

アントレプレナーは常に市場セグメントのことを頭の片隅に入れていて、目の前にいる顧客が顧客としてふさわしいかどうかを、直感で判断しようとする。ところが、収益を追うことで頭がいっぱいになると、誰もが絶好の顧客に見えてしまうものなのだ。

セグメンテーションでありがちなミスは次のとおり。

- 人々の集団を企業特性や人口統計学的属性で分類してしまう。
- 集団をアーリーアダプターやFacebookユーザーのような恣意的な特性で分類してしまう。
- 高級レストランや家電といった製品カテゴリーで分類してしまう。
- 医療や金融サービスなどの垂直市場別に分類してしまう。

顧客を理解する——セグメンテーションが重要なワケ | Know Your Audience: Why Segmentation Matters

リーンの考え方（リーン生産方式など）には**プル**という概念がある。

pull
プル
製品の製造や引き渡しプロセスにおいて、下流側の顧客（設計・製造工程にかかわる内部顧客も含む）から製品や中間成果物を要求されるまでは、文字どおり何もしない方式。

プル方式には主に2つの特徴がある。

❶ 需要の証明。需要があると思うから製品、部品、機能を作るのではなく、注文を受けてから初めて作る。

❷ 過剰生産の排除。ジャストインタイム（JIT）で作るので、在庫がない。1つ下流側から要求があって初めて製品、部品、機能を作る。

リーン手法の**フロー**という概念と**プル**を組み合わせれば、最終製品だけでなく中間部品の過剰生産も起こりえない。つまり、設計から引き渡しまで、原材料の状態から顧客の手元まで、製品が無駄なく流れるわけだ。活動、時間、原材料の無駄はゼロなのだ。

製品と市場のフィットとは、大規模なスケールでプルが実現した状態と考えられる。つまり、あなたの製品（または製品機能）を求めている顧客がたくさんいて、製品需要があるという明確なマーケットシグナルが発信されている状態だ。マーク・アンドリーセンは、初めてこの概念を説明するとき、リーンという言葉は使わずに「プル」という言葉を使っている。彼は「市場がスタートアップから製品を**プル**する（引き出す）のが理想的な市場だ」と述べている[3]。

product-market fit
製品と市場のフィット
製品と市場セグメントが一致し、急激な成長や高い需要が実現した状態。これは仮説ではなく、製品と市場のフィットによって顧客数が急増した状態を示す言葉だ。

これは通常の「市場プル」とは意味が違う。前にも話したように、スタートアップ以外の環境では、顧客自体も顧客に届ける価値もわかっている。企業はすでに製品の製造、マーケティング、営業、流通方法をはっきり理解していて、学習モードから実行モードへとギアをチェンジしている。リーンの考え方はその効率化に役立つ。

一方、スタートアップの場合、顧客や価値が未知だ。この場合の「プル」には2つの意味がある。

❶ 需要の証明。価値がすでに発見されている。
❷ 過剰生産の排除。価値の創造に役立つ機能のみが作られている。

　製品と市場のフィットとは、1つまたは複数のサブセグメントでこれが実現した状態だ。

　サブセグメントのプルを定義して理解するのは、製品と市場のフィットの達成度を測る唯一の道だ。熱狂的な顧客からの製品要求は、あなたが中心的な価値命題をすでに実現している（または実現しかけている）という兆しではあるが、その要求がいくつかのセグメントに分散していると、シグナルを誤解しやすくなる。

　一方、サブセグメントを深く理解していれば、共通のニーズを抱えたユーザー集団からの要求を測定できる。同じことは、マーケットシグナルのそのほかの測定基準についてもいえる。つまり、製品需要について市場が何を言っているかがわかるわけだ。ユーザー全体の月間成長率を見るよりも、セグメントごとの月間成長率を見る方が効果的だ。

　つまり、どのセグメントが急成長していて、どのセグメントがまったく成長していないかを理解する方が得策なのだ。

　たとえば、ユーザーの満足度を測定するなら、何割の顧客が満足しているかを漠然と調べるよりも、どんな顧客が満足しているのか、どうして満足しているのかを詳しく理解する方が、ずっと意味のあることなのだ。

　セグメンテーションを適切に行なわなければ、あなたの価値命題を試しているのが誰なのか、わからないままだ。企業が一定の前向きなマーケットシグナルを獲得すると、顧客はフィードバックを返してくれるようになる。どこが気に入っていて、どこが気に入らないのか。どこがうまくいっていて、どこがうまくいかないのか。自主的にフィードバックをくれる場合もあれば、そうでない場合もある。その中には貴重なものもあれば、そうでないものもある。そのすべてをひっくるめてマーケットシグナルなのだが、耳を傾けるべきシグナルと無視すべきシグナルをどう見分ければいいのだろう？

　多くのアントレプレナーは、"ビッグシンカー"

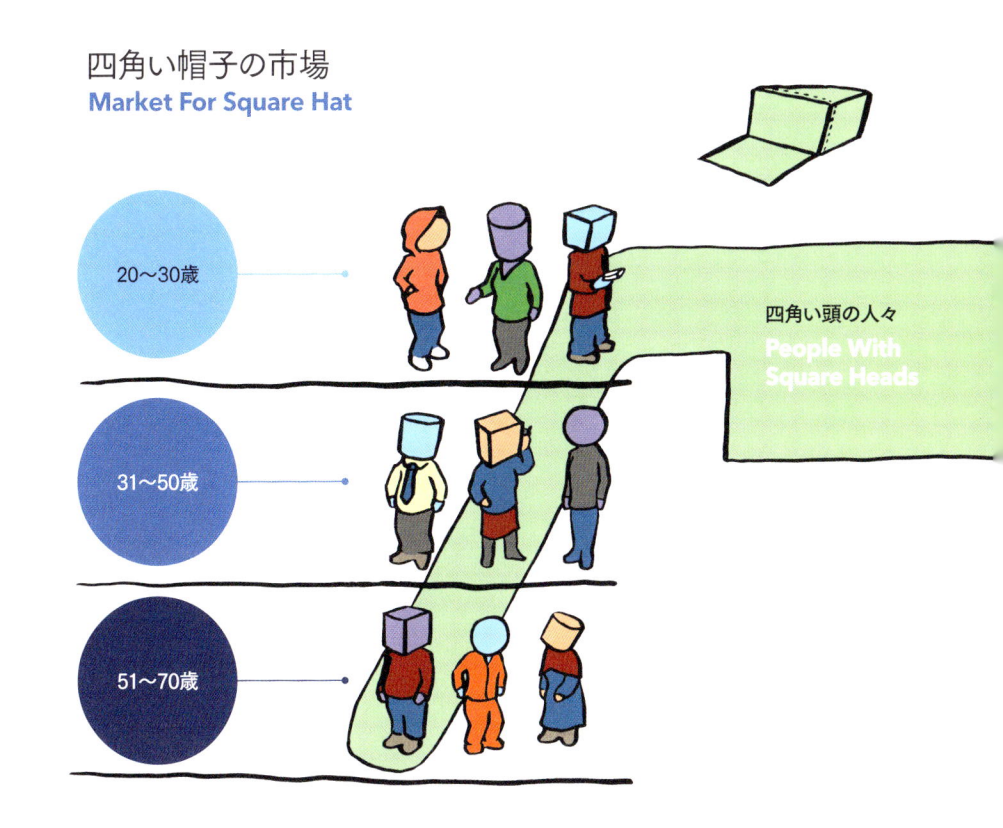

四角い帽子の市場
Market For Square Hat

20〜30歳

31〜50歳

51〜70歳

四角い頭の人々
People With Square Heads

になろうとして、巨大な市場を開拓しようとする。巨大な市場の一部だけでも顧客に変えられれば、巨大な収益を得られるので、投資を惹きつけられるのは目に見えているからだ。

しかし、創造する価値を探す際に、初めから巨大な市場全体に見合う価値命題を見つけることなど、まず不可能だ。むしろ、成功する製品は、少しずつ進化を繰り返しながら、アーリーアダプターを失うことなく新しいサブセグメントを惹きつけていく。または、アーリーアダプターをメインストリーム顧客の獲得に利用し、そのあとで見捨てるケースもある。

AppleのiPhoneやiPadは間違いなくその例だ。Appleは10年間以上にわたってタブレット業界やマイクロコンピューティングデバイス業界に早期参入した企業を観察し、教訓を学び取り、そしてみずからも少し業界に参入したあと、初代iPhoneを発売してアーリーアダプター市場を一気に飛び越えた。**アーリーアダプター**とは、エベレット・ロジャーズが考案し、ジェフリー・ムーアが広めた造語であり、特定の製品や技術を真っ先に導入する顧客を指す。アーリーアダプターは次のような理由で、未完成の製品や中途半端な製品でも進んで利用してくれることが多い。

・その製品で問題や悩みを十分に解決できるから。
・流行のリーダーと見られたいから。
・特定の分野で色々なものを試すのが好きだから。

よくある誤解は、アーリーアダプターはもともとそういう性格なのだという考えだ。つまり、アーリーアダプターになるような人は、どんなものでも真っ先に買いたがるという考えだ。この考え方は、たとえ業界別に区切って見たとしても、間違っている。

最新の電子機器を持っていないと気が済まない人であっても、すべての製品カテゴリーで商品を真っ先に買うわけではない。さらに、製品を買って試してはすぐに飽きてしまう人は、試し好きであって、アーリーアダプターとはいえない。あなたの価値命題を理解し、ほしいと思ってくれるのが、アーリーアダプターなのだ。

とりわけハイテク業界では、この誤解が問題に発展するケースが多い。スタートアップの多くはTechCrunchなどのオンラインメディアサイトで製品を取り上げてほしいと思っている。サイトの読者にアーリーアダプターが多いと思っているからだ。不幸にも、アクセス数や製品サインアップの急増を製品と市場のフィットと勘違いし、大失敗する新興企業が後を絶たない。

TechCrunchで取り上げられたあとの利用者急増は、かえって企業を破滅に追いやることもある。（偽者の）アーリーアダプターたちの最初の波が引くと、企業は当てもない顧客探しの旅を余儀なくされるのだ。

Appleの初代iPhoneの場合、偽者のアーリーアダプター（Appleブランドの熱狂的なファンではなく単なるテクノロジーマニア）が、機能の少なさやカスタマイズ性の低さを批判した。それはアーリーアダプターにとっては必要な機能でも、メインストリームの利用者にとっては邪魔な機能だった。

逆説的だが、大きく成長したいなら、小さな部分に目を向けた方がいい。個々の使用事例に着目した方が、成長する余地のある部分を見つけやすいのだ。

アントレプレナーが陥りがちな最大の落とし穴は、すべての人に何もかも提供しようとすることだ。巨大企業は多くの人々にいくつかポイントになるものを提供することで成長していく。機能の要望が次々と寄せられるのは、良いマーケットシグナルの証だが、要望が誰から来ているのか、どうしてそんな要望が寄せられているのかを理解しなければ、命取りになりかねないのだ。

ある南カリフォルニアのスタートアップのCEOは、つい最近会社を閉鎖した。そのきっかけは、会社のパートナー候補に挙がっていたある有力人物と面会したときに言われた一言だった。

私が彼のオフィスに座っていると、そのパートナー候補は唐突にこんな単純な質問をぶつけてきた。「ところで、おたくの会社の最大の価値命題は？」私はその場に座ったまま、この数か月間で追加してきたさまざまな機能を振り返った。どの機能も、顧客の詳細なインタビュー、自動的に寄せられた機能の要望、見込み客との会話をもとにして開発されたものばかりだった。しかし結局、

彼の質問には答えられなかった。

　私は自宅に帰り、その日のうちに1500人の顧客にメールを一斉送信した。「誠に残念ではありますが、製品の提供を中止します」と。

　あなたが適切に市場セグメンテーションを行ない、セグメント別に機能の要望を分類し、顧客がその機能を求める理由を深く理解していないとしたら、要望がまったく寄せられていないも同然だ。製品と市場のフィットを実現するにはほど遠いのだ。

　といっても、別の市場セグメントを追求してはいけないわけではない。ただ、いくつものセグメントを同時に追求するのは難しいのだ。特に、セグメントが多様ならなおさらそうだ。2011年にSkypeに買収されたグループメッセージングサービスのGroupMeは、有料サービスに乗り気だった企業セグメントをいっさい相手にしなかった。色々な理由で、GroupMeはフリーユーザーに的を絞ったのだ。あるセグメントにノーと言えば、短期的な売上をみすみす逃してしまうこともある。しかし、長期的なビジネスモデルを築くことができたり、GroupMeのように魅力的な買収ターゲットになったりするケースもあるのだ。

　目的以外の魚が釣れることを混獲という。たとえば、サバ（小さな魚）を釣ろうとしていて、偶然にもホワイトシーバス（巨大で美味しい魚）が釣れることもある。しかし、ふつうは、ヒラメを狙っているのにサメがかかるのはごめんだろう。

サメを食べる気がなければ、口から針を外し、海に放さなければならない。しかし、その間、サメは船の上で暴れ回り、機器を壊し、釣り糸を絡ませる。それに、針を外すために口の近くに手を伸ばすのも、いい気分ではないだろう。

　サメは釣りたくなかった。釣る準備もしていなければ、食べる気もない。それでも、サメが釣り針に引っかかれば、あなたや釣り仲間は、どうにかしなければならない。偶然サメが釣れるのは、興ざめ以外の何物でもない。

　一方、ヒラメの釣り方を学ぶうちに、同じ方法でキンムツも釣れるとわかったら、別のセグメントが見つかったということだ。キンムツとヒラメは行動が似ている。ヒラメは海草の群生する岩場、岩礁、岸壁近くの砂底が好きだし、キンムツは岩の中に住んでいる。どちらも餌の魚を待ち伏せして補食する。

　ヒラメを独占しはじめたら、別の漁船を海にやって、より深い場所に針を垂らすこともできる。そうすれば、道具、餌、釣り方をほとんど変えなくても、キンムツがたくさん釣れる穴場が見つかるかもしれない。

市場セグメント　Market Segment

　IT担当責任者と最高情報責任者（CIO）は、まったく同じ問題——たとえばネットワークセキュリティの問題——を抱えていても、話す言語は異なる。IT担当責任者はセキュリティ侵害と闘い、CIOは資産の潜在的なリスクを推定するかもしれない。CIOはネットワークセキュリティの問題の解決策を探すとき、ほかの組織のIT担当責任者を参考にはしない。IT担当責任者も、目の前の問題の解決に最適な製品を探すとき、CIOの意見を参考にはしない。つまり、お互いがお互いを問題解決の参考にはしない。この状態を「**話す言語が異なる**」と呼ぶわけだ。

　両者が解決策に求めるメリットは異なる。よって、製品の要件も異なる。情報源や解決策の承認方法、マーケティングや営業の手法も異なる。

　人々が別個の市場セグメントに属するサインとしては、次のようなものがある。

- 悩みや情熱の深さがまったく異なる。
- 集まる場所が異なる（FacebookとLinkedInなど）。
- 求める解決策が異なる（ファストフードとレストランなど）。
- 求める流通が異なる（オンラインと店舗など）。
- 求める販売方法が異なる（対面販売とオンラインショッピングなど）。

　クレイトン・クリステンセンは、「あなたの製品に期待されている仕事は何か？」と訊ねている。同じ製品でも、顧客によって製品に期待する仕事は異なる。マーケターの間では有名な例だが、あるファストフード店について調べた研究者は、朝にシェイクを購入する客の大部分が通勤者であることを発見した。

　通勤者は長くて退屈な通勤を前にして、運転が楽しくなるものを求めていた。まだお腹は空いていなかったが、10時までには空くとわかっていた。だから、お昼まで腹持ちするものを食べたかった。だが、色々と制約があった。急いでいる。スーツを着ている。せいぜい片手しか使えない (4)。

　この会社は、自社のシェイクの市場浸透率を高めるため、「通勤者」という具体的なセグメントの満足度を最大化することに力を入れるよう提案された。「製品の果たす仕事を明らかにする」というのはうまいやり方だが、この質問に答えるときには顧客を無視してはいけない。

　ファストフードチェーン並のマーケティング予算があるなら、顧客を理解しなくても問題にはならないだろうが、スタートアップの場合、製品を購入している顧客が通勤者だとわかれば、通勤者にアピールする方法や、通勤者を顧客に変える方法について、色々なことがわかるはずだ。

　つまり、あるセグメントに適した製品をいかにして設計するかだけでなく、そのセグメントに対してマーケティングや営業をいかにして行なうかも、市場セグメンテーションの重要な要素なのだ。

　ちなみに、人口統計学的属性（デモグラフィックス）に基づく分類は、あまり有効でないことがずっと前から証明されており(5)、そもそも市場セグメントとすらいえない。それでもどういうわけか、いまだにいくつかの人口統計学的属性の交わりが市場セグメントだと考えられているし、学校でもそう教えられている。

　シェイクの例に戻ろう。シェイクを購入するサブセグメントはほかにもあった。たとえば、子どもにご褒美をあげたいが、お腹いっぱいにはなってほしくないと考える親たちだ。そんな親たちのために、通常より薄めのシェイクが開発された。

　ファストフード店の来店客がシェイクを買う理由はいくらでも考えられる。

　実際、朝にシェイクを購入する層は、通勤者以外にもあったはずだ。また、シェイクを買わない通勤者もいた。彼らは何を買ったのか？　その理由は？　ほとんどの通勤者がファストフード店に寄りもしない理由は？

　顧客について深く知れば知るほど、セグメントやサブセグメントのことがわかってくる。サブセグメントについて深く知れば知るほど、その集団

や別の集団を惹きつける方法がわかるし、相手にしない方がいいセグメントもわかってくる。この話のキーポイントをまとめると、次のようになる。

・問題提起：通勤の退屈さ。
・今までの解決策：ベーグル、ドーナッツ、シェイク。
・新しい解決策：濃厚なシェイク。果物を加える。

ペルソナ：架空の顧客を描く　Personas: Create a Fake Customer

　何かしてほしい仕事を抱えている顧客の人物像を**ペルソナ**という。アラン・クーパーが2004年に広めたペルソナという言葉は、架空のユーザーの人物像や、ユーザーが実現したい物事を表現したものだ。「実現したい物事」は「してほしい仕事」と同じ意味だ。もともとはデザイナーがユーザーの共感できる製品を開発するための道具として考案された概念だが、使えるのはデザイナーだけではない。顧客を深く理解し、マーケティングや営業などの顧客エンゲージメントを高めたいと思う人なら、誰にでも役立つ考え方だ。

　つまり、人々が製品をどう使うかを探り、営業やマーケティングを流通の問題としてとらえ、人々が読んでいる雑誌を調べるのではなく、「人々が買いたいと思ってくれるようなすばらしい製品を作るには？」という問題として全体をとらえるのだ。そのためには、製品を利用する人々、その理由、目的、要求を理解しなければならない。

　クーパーは、ペルソナは実在のユーザーである必要はなく、実際のユーザーの原型でかまわないと述べている。私たちは、ごく代表的な人物像であるかぎり、実在のユーザーを用いるのは本質的に問題ないと考えている。ステレオタイプな人物像を用いるメリットは、一般の人々にとってわかりやすいという点だが、いちばん大事なのは正確を期することだ。実際にそういうタイプのユーザーが現われたとき、一目でそうとわかるような人物像でなければならない。

　人物像があいまいだと、どんどん機能が増え、どの使用事例が必須なのかわかりにくくなる。あのユーザーもこのユーザーも取り入れようとして、結果的に複雑な人物像になるのは避けるべきだ。

　むしろ、具体的な目標を持ち、お決まりの行動を取る人物を描くといいだろう。B2Bの環境では、ありとあらゆるユーザータイプだけでなく、購入の決定に影響を与える人々のペルソナも作ろう。どの市場にも複数のペルソナがあり、どのペルソナにも複数の使用事例がある。理想的には、もっとも魅力的な使用事例を持つペルソナを1つ定め、そのペルソナを中心にして製品を設計するといい。魅力的という言葉をグラデーションでとらえてみてほしい。人々にとって必須な製品とは、なくてはならない鎮痛剤のようなもので、あればうれしいビタミン剤のようなものではない。アドレナリンが駆け巡るような製品も、痛みを和らげる代わりに情熱を満たすという点が異なるだけで、鎮痛剤と意味は同じだ。

　アラン・クーパーは、「魅力的」のもう1段階上のものについて語っている。つまり、「欲求」を生み出すものだ。「ニーズが満たされると、欲求が何らかの形で必ず顔を出す。人は何かを必要としていれば、そのニーズを満たすために必要なことをするけれど、何かを欲していれば、それに対して忠実でありつづけるのだ」[6]

　欲求を掻き立てるような使用事例を見つければ、競争をリードできる。しかし、企業は何らかの形で欲求を生み出さなければならない。最終的には、単に問題を解決する以上の何かが必要だと気づくだろう。たとえば、製品＋サポート、期待を上回るカスタマーサービス、中毒性のあるゲーミフィケーション、抜群の使いやすさ、巨額の投資利益率などだ。

　スタートアップ設立のほかの段階でも同じだが、理想的な市場セグメントを見つけるために必要なのは、顧客との対話（顧客開発）、テスト（事業実現性の検証）、測定（データ）の3つだ。

CASE STUDY

究極のペルソナを探して――サリムの事例

　私たちのクライアントのサリムは、ある会社のCEOとして、レストラン向けのモバイルアプリの開発に取り組んでいる。材料の仕入れ情報をリアルタイムで自動追跡し、料理の提供の可否、食料の価格、レシピの原価計算といった観点から、メニューの効率を最大化するアプリだ。たとえば、あるレストランのメニューに新鮮なヒラメ料理があるとしよう。ある日、供給が少なくなり、ヒラメの仕入れ値が2倍になったとしたら、シェフは利益率を維持するために、メニューを変えたり、1皿の量を少なくしたりしなければならない。

　サリムは南カリフォルニアで人気のレストランを経営しており、自分の経験から今回のアイデアを思いついた。彼は情熱的で、てきぱきとしていて、親しみやすく、レストラン業界の人脈も広い。しかし、材料の仕入れの問題を解決するのに欠かせない機能を設計するためには、別の視点で市場を理解する必要がある。そこで私たちは、サリムが開発したいと言っていた機能について考えるのはひとまず後回しにして、レストラン経営者が抱える次の6つの日常的な問題に目を向けた。

❶食料と料理のコスト――食料と料理のコストを正確につかむのは難しすぎるので、「このくらいなら利益が出るだろう」と直感で判断している。
❷マスターメニュー――マスターメニューを作ろうとはしているが、更新に時間がかかりすぎる。
❸レシピ――料理のコストやメニューの価格を簡単に更新できないので、収益性を直感で判断している。
❹在庫――在庫の補充は時間がかかるので、本当なら週1回のところ月1回しかやっていない。
❺報告書――帳簿係や経理担当者のよこしてくるデータが簡易的なので、食料価格の変動の理由がわからない。
❻労働力――労働力が少なく、食料価格をきちんと管理する時間的余裕がない。

　この6つの問題は足がかりとしては最適だ。問題を解決するために、製品がどんな仕事をこなさなければならないかがわかってくる。その中で、もっとも切実な問題は？　もっとも簡単に解決できる問題は？　製品の購入を判断するのは誰か？

　私たちは、いくつものレストランを成功させ、市場を熟知しているサリムに、「この製品をほしいと思うのは誰だろう？」と訊いてみた。すると、実にアントレプレナーらしい答えが返ってきた。「そりゃ全員さ！　月99ドルだって喜んで払うだろうよ」

　誰もがサリムとまったく同じように感じているから、全員が製品をほしがるって？　それはウソだ。

　セグメントについて考えるときには、一見すると適切なセグメントのように思えるのに、製品を買いそうもない人々や組織を考えてみると、参考になることがある。そう話すと、サリムは家族経営者のペルソナを思いついた。つまり、1店舗しかない家族経営の中国料理店やインド料理店などだ。家族経営のレストランにとっては、利益を上げることももちろん重要だが、家族全員が一緒に働き、役割を分担することも同じくらい重要だ。そして何より、レストランの経営を維持し、家計をやりくりすることが先決だ。材料の仕入れ方や仕入れ先もサリムとは異なる。彼らは近所のコミュニティから材料を仕入れているのだ。また、昔ながらの習慣を守る傾向も強い。

サリムはすぐに別のペルソナも思いついた。保守的な自営業者タイプだ。たとえば、小さなイタリアンレストランのオーナー兼シェフだ。名前は仮にジョーとしておこう。ジョーはやや年配で、従業員を何人か雇っており、すでに子どもを大学にやって、自宅も持っている。もう金儲けにはあまり執着がない。家計をやりくりし、レストランを続けるのも大事だが、常連客との触れ合いも楽しんでいる。何より生き生きとした楽しい人生を送りたいと思っている。人々とのおしゃべりが生きがいだ。料理はシンプルだが、味は悪くない。メニューはめったに変わらない。レストランは彼の人格の一部なのだ。ジョーにはiPadアプリは売れないだろう。

一見すると顧客に見えるのに、製品を買いそうもないセグメントを2つ考えたことで、セグメンテーションに対する考え方が一気に変わった。

こうしていよいよ、私たちは製品を買ってくれそうなセグメントを考えはじめた。たとえば、単身独立型のシェフのジャックは、独身で、ニューポートビーチのシーフードレストランのオーナー兼シェフだ。今のところ1店舗だけだが、今後は店を広げたいと思っている。レストランは彼の生きがいであり、寝ている時間以外はほとんどレストランで過ごしている。大卒で、技術にも詳しく、最新のレストラン業界の動向にも気を配っている。高級料理のシェフという自己像を持っていて、新鮮な魚を提供することがレストランの差別化に欠かせないと思っている。彼にとって最新の在庫を把握することは重要で、毎日メニューを更新するのも苦ではない。最大の問題は、仕入れ先に電話して最新の供給状況について確認する時間がないことだ。

セグメンテーションのポイントはペルソナだけではない。問題点やほかのセグメントとの違いを明確にするのに役立つデータはほかにもある。

たとえば、レストランの構造も重要だ。ジャックは単身独立型のシェフなので、副料理長は雇っていない。つまり、材料の仕入れの判断は彼1人の責任だ。ジャック自身の時間を節約できなければ、製品には何の価値もないのだ。

製品のマーケティングや営業の方法に影響を及ぼすものなら、どんな細かな点も重要だ。たとえば、意思決定に影響を与えるのは誰か？ 意思決定者はどこからレストラン業界に関する情報を収集しているのか？ サリムは同じ要領で、ほかにも「独立型のチーム」「中小企業」「大企業」など、いくつかのセグメントを定めた。

市場セグメントの選定　Choosing a Market Segment

これまでに繰り返してきたように、どの市場セグメントを追求するかで、ビジネスモデルが決まる。製品のプラットフォーム、流通方法、もっとも効率的なマーケティングチャネル、製品の販売方法について、細かく計画を立てることもできるが、すべては市場セグメント次第なのだ。

（もちろん、先ほどのいずれかの基準に基づいて、市場セグメントを選ぶこともできる。たとえば、流通モデルを破壊し、インターネットでコンピュータを購入する顧客だけにサービスを提供することを選ぶなら、流通モデルに基づいてセグメントを選んだことになる）。

ただし、選ぶという言葉に注意が必要だ。もちろん、市場セグメントを選ぶのはかまわない。しかし、そうすれば事業の規模だけでなく、その事業に対する意識にも影響が出るだろう。大事なのは、ビジネスのビジョンがあなたの価値観と一致していること、そして市場セグメントがビジョンと一致していることなのだ。

CASE STUDY

夢の仕事、お探しします ── カーラの事例

　以前、私たちはある社会起業家（ここでは仮にカーラと呼ぼう）の相談に乗ったことがある。彼女の目標は失業した女性に夢の仕事を見つける手伝いをすることだ。カーラは職のない女性の人生を根底から変えたいと思っている。そのため、彼女は女性たちの夢の仕事と現実の雇用機会をマッチングする市場を作りたいと考えていた。

　そこで、彼女のチームはビジネスモデルについて1つの仮説を立てた。製品機能のうち、雇用機会の部分を大企業に提供してもらうというものだ。しかし、それにはB2Bのセールスモデルが必要だった。大企業を満足させる製品を開発しなければならないとなれば、自分自身のビジョンだけでなく、本来サービスを届けたいと思っているセグメントとの関係まで、脅かされるだろう。ずっと大企業を相手に仕事をするとなれば、今と同じ情熱を保ちつづけられるだろうか？

　私たちはそんな悩みを抱えるカーラに、いくつか指摘をした。

　1つ目に、ビジョンを決めるのはカーラ自身だ。結局のところは、彼女のしたいようにできる。ただし、彼女の決断によって、事業の規模も決まってしまうだろう。

　2つ目に、事業を最後までやり遂げようとするなら、長い時間が必要だろう。多くのアントレプレナーは、期間をぎゅっと圧縮しようとする。先ほどの戦略を採用し、成功したとしても、月単位ではなく年単位の時間がかかるだろう。彼女の価値観に近い別のセグメントに手を着けるのは、遠い先の話になる。その道を進むかどうかを早い段階で決めるのは、彼女自身だけでなく、顧客、従業員、投資家にとっても重要だ。

　3つ目に、やりたくないことをする覚悟がないなら、スタートアップを設立するのはまだ早い。といっても、ビジョンを捨てろという意味ではない。柔軟性を持ち、耳を傾け、ビジョンを実現するためならやりたくない物事でも進んでする意欲が必要なのだ。

　結局、カーラのチームは、雇用機会の部分に関して、彼女のビジョンに近い別のセグメントを選んだ。

　追求するセグメントを絞り込むには、ビジネス機会マトリクスを作るのも1つの手だ。行見出しにセグメント（またはペルソナ）、列見出しにセグメントの評価基準を書く。

　先ほどのレストランを例に取ると、左側の列にレストランのセグメント、残りの列にセグメントの評価基準を書く。たとえば、次のような基準が考えられる。

- 悩みの深さ──そのセグメントが抱える問題の深刻度は？
- 予算──そのセグメントが解決策にかけられる予算は？
- 到達しやすさ──マーケティングのしやすさは？
- MVP（実用最小限の製品）の作りやすさ──解決策の作りやすさは？
- 価値──そのセグメントにサービスを提供する価値は？

ビジネス機会マトリクス

	悩みの深さ A	予算 B	到達しやすさ C	MVPの作りやすさ D	市場規模 E	価値 F
単身シェフ	高	低	高	高	中	高
独立型のチーム	高	中	高	高	中	高
中小企業	中	中	高	中	中	中
大企業	低	高	中	低	高	低

　用いる基準は人や企業によって異なる。ただし、セグメント同士を明確に区別するような基準を選ぶのがポイントだ。たとえば、すべての評価が「高」になってしまうようなら、その基準を選んでもしかたない。ほかにも、次のような基準が考えられる。

・販売サイクルの期間——新規顧客の獲得にかかる時間は？
・営業コスト——外回りの営業スタッフが必要なのか、オンラインで販売可能なのか？
・技術的知識——そのセグメントが求めているのは問題の技術的な解決策なのか？

　もう1歩進んで、各基準に重みを付けることもできる。たとえば、「悩みの深さ」がもっとも重要なら、重みを1～4のうち4とする。しかし、「MVPの作りやすさ」は2くらいかもしれない。

次に、各基準を1（低）～4（高）で評価する。最後に、計算式を使って、もっともスコアの高いセグメントを評価するのだ。
　各行のスコアの算出方法は次のとおり。

（Aのスコア×Aの重み÷重みの合計）＋（Bのスコア×Bの重み÷重みの合計）＋……（すべての列について続ける）

　先ほどのレストランの例では、もう少しシンプルな方法を用いた。各基準を高、中、低で評価し、どのセグメントをターゲットにするべきかを見た目で比較したのだ。この演習を使えば、セグメントのどの特性——つまりマトリクスに書き込んだ値——を実証すべきかがわかる。その評価は本当に正しいのか？　市場に出て、顧客と話をしよう。単身シェフは本当にいちばん悩みが深いのか？　解決策をもっとも簡単に提供できるのか？

　ペルソナや市場セグメントの特性について立てた仮説を実証するために、各セグメントでアプローチできそうな人物や組織を5つピックアップするといい。
　私たちの最初の著書『顧客開発モデルのトリセツ』では、潜在市場に属する人々を見つけ、アプローチし、会話する方法を詳しく解説しているが、ここでは省略する。地球上の全員にアプローチするためには、ほんの10年前までは6桁ものつてが必要だったが、今では5つもあれば十分だ。顧客に通じる道は縦横無尽に走っているのだ。一例を挙げれば、

・Twitter、Facebook、LinkedInを使って人脈にアクセスする。
・同窓会組織を使う。
・売り込み電話をかける。
・友人や家族、そのまた友人や家族を利用する。

・オンラインコミュニティを訪れる。
・オフ会に参加する。
・Craigslistを利用する。
・アンケートを送信する。

　万人受けするビジネス本を書くつもりはさらさらないが、「とにかくやってみろ（Just do it）」というアドバイスには一理ある。アントレプレナーになるなら、やりたくないことや得意でないと思うことでも積極的に行ない、成功の保証なんてない個人的リスクも冒す覚悟が必要だ。それがアントレプレナーの絶対条件なのだ。

　まずはやるべきことを手頃なサイズに分割しよう。大企業の成功を見習うのは刺激にはなるかもしれないが、大企業が今使っている戦術は、成長後のものであって、成長に使われた戦術とは違う。どんな大企業も、最初は小さかった。だから、あなたも小さく始めるべきだ！　1000人目の顧客を獲得する前に100人目、100人目の前に10人目、そして10人目の前に1人目の顧客を見つけなければならないのだ。

　最初の10人の顧客を見つけるのに、壮大な戦略プランなんていらない。大海原に飛び出して、顧客を見つけてくればいい。

　どんな顧客を見つけるか？　わからないなら、人物像を描いてみよう。目を閉じて想像してみるといい。こうして立てられた仮説は、実世界に飛び出していったときの基準になる。さあ、実世界に飛び出して、顧客を探し、話をしよう。

本章のキーポイント

　人生の何事についてもいえることだが、セグメンテーションにも唯一の正解はない。しかし、深く潜らなければ、そのセグメントが抱える問題の解決策は理解できない。いちどに1つのセグメントを選び、とにかく深く潜って、失敗したら次に移るというやり方が好きな人もいる。また、有力な候補が現われるまで、たくさんのセグメントに少しずつちょっかいを出すのが好きな人もいる。

　あるいは、いくつかのセグメントに資源を割り振る人もいる。たとえば、あるセグメントについて深く学ぶのに資源の70％を費やし、別のセグメントに20％をかけ、残りの10％を自由に使うのだ。もちろん、どう割り振るかは資源次第だ。

　大事なのは、本章の最後にある「ワークシート」のようなテンプレートをたくさん記入することではない。仮説を明確にし、実証（または否定）することが大事なのだ。

　成功への道のりは、共通の悩みや情熱を抱える一握りの集団に、価値を届けることから始まる。こういう人々は、自分たちの悩みを解決したり情熱を満たしたりしてくれる製品やサービスを、お互いに勧め合おうとするだろう。

　この顧客集団を定義するには、顧客の原型を描くといい。1つの原型に使用事例が複数あってもかまわないが、その中でもっとも魅力的な使用事例は、顧客の目標、つまり欲求を表わしている。別の言い方をすれば、ユーザーがその製品にしてもらいたいと思っている仕事だ。

　うまくいけば複数のセグメントが見つかるだろうが、価値命題を実現するためには、たいていその中の1つに全力投球が必要だろう。そのセグメントがうまくいけば、やがて別のセグメントにも取り組めるようになるはずだ。

　セグメントに関する仮説を書き出すのは、仮説についてじっくりと考え、検証の必要な項目を明らかにするためだ。市場調査でどんな結果が出ようとも、仮説が証明されたことにはならない。仮説が正しいかどうかは、市場にしかわからない。しかし、仮説を明確にすれば、実世界に飛び出したときの判断基準が手に入るのだ。

CASE STUDY

名前どおりのブランド

βetabrand

　昔から、衣料品業界はシーズン単位で動いている。年に2～4回、大手衣料品会社は世界に向けて新商品を発売し、そのあとでオンライン販売する。衣料品業界は、人々がインターネット上で企業とやり取りするスピードと比べると、ずいぶんと動きの遅い保守的な業界ともいえるのだ。

　しかし、オンライン衣料品会社のBetabrandの創設者、クリス・リンドランドのビジョンは違った。念のために言っておくと、オンライン衣料品カタログではなく、衣料品会社だ。クリスはこう説明する。

「オンライン衣料品会社も、ブログやTwitterのルールに従うべきだと思いました。人々が企業とオンラインでやり取りするときに期待しているのは、ブログやTwitterのスピードです。ですから、商品をなるべく早く掲載するというのがBetabrandの理念なんです」

　エリック・リースの継続的デプロイメントの考え方に従い、IMVUがWebアプリケーションに1日50回以上の変更を行なったのと似たように、Betabrandは1日1つ、新商品を掲載することを目指している。Betabrandがいちどに生産する商品は少量だが、意思決定を下すには十分だ。

「まず100～200着を売り、マイナーチェンジを行なって改良し、再びテストします。その結果、商品ラインとして昇格させることもあれば、打ち切る場合もあります」とクリスは話す。

　Betabrandは机に座って理想の顧客像を描いたりはしないというが、最終的には、既存のオンラインコミュニティを探し、非常にユニークなセグメントに照準を合わせるのだという。

「私たちは、発信力のあるオンラインコミュニティに対して訴求する製品を重視しています。そうすれば、コミュニティの人々に製品の噂を流してもらい、トラフィックを引き寄せられますからね。

　たとえば、私たちは自転車の運転中にも仕事中にも穿けるバイカー向けのパンツを作っています。パンツの裾が光を反射するようになっていますし、腰にも光を反射する布が縫いつけられていて、運転中にめくり出して使うことができます。今まで、バイカー向けの本格的なファッション市場はなかったんです。

　自転車ショップに行っても、置いてあるのは実用的な自転車ウェアばかり。バイカーのライフスタイルに合うウェアを売っているところは皆無でした。ですから、バイカーのサブカルチャーに訴えかけるパンツを作ったわけです。何しろ、膨大な数の自転車ブログがありますし、自転車業界の最新事情についてツイートする人は無数にいますからね。私たちの作った商品には、自転車業界の熱烈なファンが集まりました。そこらじゅうのコミュニティに自称自転車ブロガーがいて、コンテンツを求めています。だからみんな、私の〝自転車通勤パンツ〟について書いてくれたわけです」

　この方法はうまくいくこともあれば、いかないこともある。

「失敗例もあります。Harvesterというブランドです。私たちは2つの商品をグルメ層に宣伝し、大成功していました。グルメ層もバイカー層と似たようなものでしたから。ファッション関係の面白いネタを提供すれば、フードブロガーがこぞって書いてくれる。ですから、〝これは簡単だぞ、グルメ向けの衣料品ラインを作れば、彼らが勝手に宣伝してくれる〟と思いました。そこで、地元で仕入れて染色した超オーガニックな衣料品シリーズを作りました。これを収穫カレンダーに合わせて発売し、グルメたちに注目してもらおうと思ったわけです。ところが、まったく注目されませんでした。

　価格が高すぎましたし、あまり魅力もありませんでした。ニンニクが市場に並んだその日にニンニクシャツを発売すれば面白いと思ったのですが、誰

も見向きもしてくれなくて。何とか完売はしましたが、最初のバッチだけで打ち切りになりました」

　問題は、このような実験好きの文化をどうやって築くかだ。クリスはその答えも握っている。

「以前、私はドットコム企業に勤めていました。たまたま近くの新聞社に友人が勤めていたもので、よく一緒に昼食に行っていたんです。彼女と話すうち、自分の職場が、古き良きニュース編集室と比べていかに退屈かに気づきました。ドットコム企業はアツくて華やかでワクワクするところだと言われていましたが、実際にはパーティションがずらりと並んでいるだけで、会議室もオフィスも静まり返っていました。

　そんなとき、ニュース編集室を見学したら、締切間近で大声が飛び交い、1日中カオス状態でした。でも、ほとんどのドットコム企業には締切がありません。そこで私は、〝よし、うちも締切を設けよう。1週間に2つ、商品をリリースする。これで創造力やパフォーマンスがぐっと上がるぞ〟と考えたわけです。その結果、エンジニアから生産の担当者まで、全員が毎週の締切に従うようになり、職場が活気づきました。この商品は人気が出るぞという予感がしたら、24時間以内に答えがわかるわけですから、こんなに楽しいことはありません。私たちの環境がうまくいっているのはそのおかげです。それから毎週、意見交換のセッションも開いています。テレビ番組の企画会議と同じで、アイデアを出しつづけていれば、いくつかはヒットする。だから、全員がどんどんアイデアを出してくれる。一言でいえば、アイデア工場といったところです」

最後に

これまで話してきたように、惹きつける顧客を間違うと、混乱が生じるどころか、最悪の場合にはビジネスが台無しになる。スタートアップの設立直後は、招き入れる客を慎重に選ばなくてはならない。

あなたがバウンサー【クラブの入口に立ってIDを確認したり迷惑な客を追い出したりする用心棒】だとしよう。あなたは高級パーティーが開かれているマンハッタンのナイトクラブで働いていて、クラブに見合う客のタイプをよくわかっている。話し方、歩き方、身なり、服装、金遣いで、パーティーにふさわしい顧客かどうかを見分けられる。パーティー客の（暗黙の）期待もわかっている。好きな音楽はThievery Corporation。曲をかけるのは地元のDJ。音量は大きい方がいい。ある銘柄の高級カクテルが好きで、アメリカ産のビールは飲まない（バドワイザーを渡しても突っぱねられるだろう）。

彼らは直感的にあなたのナイトクラブの薄暗い雰囲気に合う格好をしている。家具や照明も、常連客の暗黙の期待に合わせている。

バウンサーの責任は重大だ。あなたのクラブで楽しく過ごせるパーティー客を入店させるのはもちろんだが、パーティーにはふさわしくない人々の入店を断るのも、仕事のうちだ。つまり、音楽や料理の好み、服装がずれている人々だ。

よくよく考えてみれば、ずいぶんと上から目線な仕事だ。バウンサーは、自分では店に不釣り合いだと気づいていない客に代わって、判断を下すのだ。そういう客は、クラブに入ってもおそらく楽しめないだろうし、お金も使わない。彼らは安いアメリカ産のビールが好きで、14ドルの高級カクテルに大声で文句を言い、その場の雰囲気をぶち壊しにする。しつこい苦情でスタッフの時間を独り占めし、スタッフや常連客なら絶対にせがまないような音楽——たとえばPhoenixのヒット曲「1901」——をせがむ。そして最悪なことに、ちっともお金を使わない。

問題はこういう人々の方にあるわけではない。店に入れたことだ。客とクラブがフィットしていなかったわけだ。だから注意が必要だ。彼らが好きなのは、フランスのオルタナティブロック音楽を流すような明るいヒップスターズクラブだ。そこでパブストブルーリボンやイェングリングのようなアメリカのレトロビールを楽しむ。そして、高級クラブの客には理解できないブラックユーモアのセンスも持っている。そういう人々をあなたの店に入れるのは、時間とお金の無駄なのだ。

クラブなら、問題はすぐに自然と解決するだろう。場違いな客は退店するから。しかし、スタートアップの世界では、すべての人に何もかも提供しようとするアントレプレナーが実に多い。明確なアイデンティティや価値命題を失っているとも気づかずに。

ワークシート

1 市場セグメントを定める。顧客を想定するときは、「〜するすべての人々」と考えないこと。次の4つの疑問に答えよう。

  a. 人々の悩みや情熱は？ 「人々はなぜこの問題を抱えているのか？」と自問し、掘り下げよう。表面的な答えで満足しないこと。
  b. 問題を解決したり情熱を満たしたりしたら、顧客にどんな影響を及ぼすか？ あなたの製品は顧客の生活をどう変えるのか？ 影響が小さいなら、市場はない。より深い悩みを探すこと。
  c. 顧客の集まる場所は？ オンラインで見つけるとしたら、どのサイト、フォーラム、ブログ、Twitterのハッシュタグを探すべきか？ オフラインで探すなら、どの店舗、オフ会、イベントに着目すべきか？
  d. 顧客に影響を与える人物は？ 特定のブロガー、作家、有名人？ 配偶者やパートナー？ 両親？

2 理想的な顧客のペルソナを描く。あなたの製品にもっとも熱狂するのはどんな人か？ できるだけ詳しく描こう。顧客の集まる場所に行ったとき、一目で顧客が見分けられるようでなければならない。この段階では、ペルソナはステレオタイプでもマンガみたいでもかまわない。確信がなくてもいい。とりあえず試そう。

3 使用事例ごとに、さらにセグメントやペルソナをいくつか定める。

4 除外するセグメントを決める。一見すると理想的な顧客に見えるのに、絶対に買いそうもない人々とは？ 買わない理由は？ この結果を利用して、理想的な顧客像をさらに磨けないか？

5 セグメントのマトリクスを作る。セグメントを評価するもっとも重要な基準を選ぶこと。

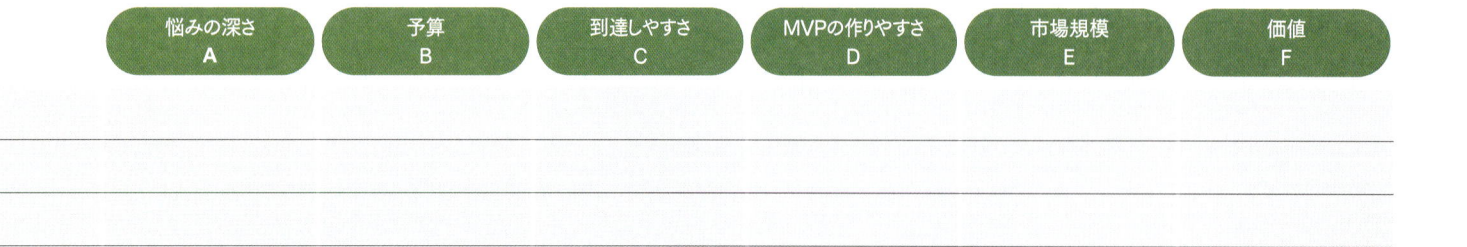

	悩みの深さ A	予算 B	到達しやすさ C	MVPの作りやすさ D	市場規模 E	価値 F
セグメント1						
セグメント2						
セグメント3						
セグメント4						

各種テンプレートをご希望の方は、fish@leanentrepreneur.coまでご一報を。

4 Wading in the Value Stream

価値の流れを進む

価値の流れを明確にする | Articulating the Value Stream

　リーン生産方式において、組織の**価値の流れ**（バリューストリーム）とは、顧客に価値を提供するためのあらゆる活動からなる。たとえば、製品コンセプトの立案から、製品の設計、エンジニアリング、製造、引き渡しまで、さまざまな活動がある。

　これまで話してきたように、リーンな企業における価値の流れには、付加価値のある活動（自動車の部品の組み立てなど）と付加価値のない活動（倉庫内でフォークリフトで部品を運ぶなど）の両方がある。リーンの目的は、顧客に届ける価値を失うことなく、付加価値のないプロセスをなるべく少なくし（ただし、付加価値がなくても必須の活動はある）、付加価値のある活動の効率を最大化することだ。

　プロセスの最適化や活動の廃止といった改善活動のせいで、生み出している価値に悪影響が及ぶようでは、元も子もない。本質的な価値を破壊してしまったら、時間、お金、原材料の非効率的な使い方をなくしても、かえって無駄は大きくなる。価値の創造とは無関係な無駄を排除し、プロセスを効率化しても、組織が成長するかどうかはわからない。効率化そのものが目的になっている組織もあるが、そういう組織は「リーン」ではないのだ。

　リーンスタートアップの場合、価値を創造して提供した実績がないので、創造する価値やそれを届ける相手が本当にわかっているわけではない。わかっているつもりになっているだけだ。自分のアイデアや能力を信じるのは簡単だが、顧客があなたとの取引に応じ、あなたの生み出した価値に何らかの対価を支払ってくれるまではわかっているとはいえないのだ。

　だからこそ、スタートアップの目的が何であれ、創造する価値や価値を届ける相手を発見し、あなたの思い描くビジネスを十分に支えてくれるだけの市場があるかどうかを確かめなければならない。

それはスタートアップだけでなく、大企業も同じだ。既知の問題に既知の解決策で取り組んでいるとしたら、製品を漸進的に改善しているケースが多い。その中には真のイノベーションもあるだろう。このやり方はこのやり方で問題はないし、既知の競争相手と戦うには必要だ。ただし、破壊から身を守ることはできない。破壊から身を守るには、未知の世界、つまり破壊的イノベーションの世界へと足を踏み入れる必要があるのだ。

　歴史はある教訓を教えてくれる。スタートアップを成功させるにしても、既存の事業を発展させるにしても、大成功につながる問題、製品、市場の正しい組み合わせを探すためには、実験と失敗を繰り返す覚悟が必要だということだ。

　不確実性を相手にするビジネスでは、コンセプトの発案から製品の提供までの間に、考えが大きく変わるだろうし、当初の仮説は間違いだとわかるケースが多い。それは悪いことではない。むしろ、そういうものとして受け入れるべきだ。そうして、前に進もう。

CASE STUDY

顧客の視点で見る

Sight Machineの創設者のネイサン・ウーステンドープは、20億ドル規模のマシンビジョン業界を破壊しようと考えた。そのためには、大量のハードウェアが必要だと考えた。カメラ、マウント、ブラケット、そしてブラックボックス装置だ。マシンビジョンとは、工場のフロアにカメラセンサー設備を設置し、画像解析を使って自動製造ラインで高品質な部品や製品が製造されているかどうかをチェックする品質管理プロセスだ。

従来のやり方では、顧客1人1人に合わせてカスタマイズされたソリューションや、緻密な専門サービスが必要だった。ネイサンは、顧客がまるでDellのコンピュータを買うような感覚で注文できるプラットフォームを開発したかった。会社がすべての部品を提供し、具体的な作業に特化した装置を組み立てるわけだ。価値命題は総所有コストの劇的な削減だ。ハードウェア、統合、カスタマイズのコストを下げることで、マシンビジョンシステムの導入や維持にかかる費用を劇的に抑えるのだ。加えて、システムはレンチ1本あれば誰でも設置できた。

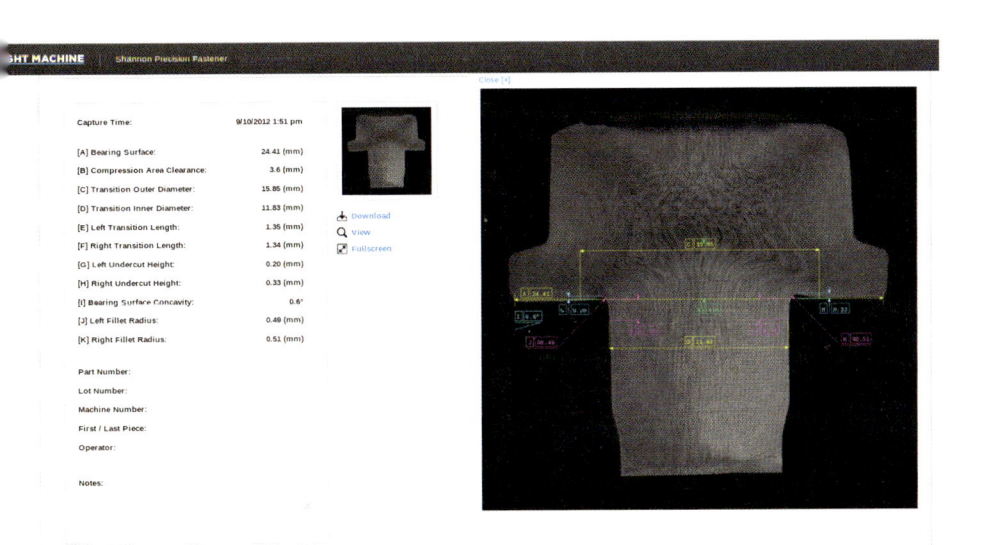

弱点は柔軟性だ。いったん設置すると修正は難しい。Sight Machineがこのモデルを採用した背景には、現在のモデルが高コストすぎるという事実と、顧客はできればシステムそのものにいっさい関知したくないという仮説があった。「私たちは顧客がテクノロジーにかかわりたくないと考えていました。そこで、画像を処理してデータ化し、データを一定のパラメータと比較し、光を点灯したり警告を発したりする装置を開発しようと考えたわけです」とネイサンは話す。

このプラットフォームの開発中、Sight Machineは初期の顧客を対象にパイロットテストを実施した。しかし、製品はまだ実験段階だったので、手動での設置作業がたくさん必要だった。そのときの顧客とのやり取りで、顧客が本当は何を求めているのか、はたと気づかされた。

「お客様に私たちのテクノロジーを実際に試してもらうと、お客様が意外にもテクノロジーに興味を持っていることがわかりました。もっと近くで見せてほしいと頼まれるほどでしたから」とネイサンは話す。つまり、柔軟性は総所有コストを下げるのと同じくらい重要な要素だったわけだ。顧客はカメラを移動させて厳しい環境に設置したり、ソフトウェアで独自のテストを作成したりしたいと思っていた。言い換えれば、高額なサービスモデルに匹敵

する柔軟性を求める一方で、システムの実装、管理、カスタマイズも自分でしたいと考えていたわけだ。

「私たちの現在の目標は、家電店がやっている商品設置サービスみたいに、車の後ろにハードウェア一式を積んでお客様のところに行き、カメラを取りつけ、その場でビジョンシステムを稼働させることです。現状ではすべての設備が完成するまでに4〜6週間かかりますが、誰でもすぐにシステムを稼働させることができるよう、全力で取り組んでいます」

顧客と深い対話をする前に想定していた価値

- 総所有コストの削減
- 即使用開始できるシステム
- システムへの関与がいっさい不要

顧客と深い対話をして実証された価値

- 設備投資が不要（ハードウェアは月額料金に含む）
- ソフトウェアアズアサービス（SaaS）（ブラックボックスの管理は不要）
- 顧客によるカスタマイズ性は必要

　これが従来のビジネス手法と異なるのはわかっている。成功したアントレプレナーの多くは、自分のビジネスアイデアの多くが推測にすぎないとなんとなくわかっていて、自分なりの方法でアイデアをテストしようとする。しかし、「ビジョナリーの神話」はほとんどのスタートアップのDNAに刻み込まれているようだ。

　事業を開始するのに多額の資金がいる場合、銀行員やベンチャーキャピタリストも含め、投資家は投資利益率や利益の出る時期をなるべく正確に知りたがる。かつて、投資の機会費用は高かった。ビジネスプランは一種の保証書のようなものだった。もちろん、見せかけの保証にすぎないのだが。

　大企業も同じような保証を求めようとする。破壊的イノベーションを促進したいとは言いつつも、「投資利益率は？　利益が出る時期は？」と訊ねることで、破壊的なアイデアを持続的で穏やかなイノベーションへと追いやっている。市場を予測したければ、既知の市場でじっとしていることだ。だが、何かを破壊したければ、新しい市場を生み出す必要がある。

　起業活動のコストが下がれば、機会費用も下がり、実験の資金が調達しやすくなる。皮肉なことに、ロボット工学、化学薬品や新素材の開発など、新技術を研究する科学者に喜んで資金を提供する人々も、いざその技術を商業化する段になると、急に不合理な行動を取るようになる。

　つまり、技術の開発中にテスト、失敗、試行錯誤をするのはかまわないのに、市場性のある技術の応用方法を探す段階になると、テスト、失敗、試行錯誤はくだらないと考える人が多いのだ。「この技術には市場性があるに決まっている。どう見たって画期的な技術なのだから！」と。

　科学研究の結果は目に見える。少なくとも、事実の問題だ。資金を投じれば、最終的に結果が返ってくる。成功するかしないかの2つに1つだ。

　しかし、「えーと、成功するかしないかは半々です」などと言うアントレプレナーは、あまり説得力がない。何とも頼りないかぎりだが、現実的

にはそう言う方が正確なのだ。いやむしろ、データだけを見れば、「やってはみますけど、おおかた成功しないでしょう」と言うアントレプレナーが、いちばん真実に近いのだ。

　リーン生産方式の価値の流れを見てみれば、価値の創造や提供にかかわるステップを俯瞰（ふかん）的にとらえられるだろう。原材料の調達から顧客への商品の提供まで、製造プロセスの流れを図式化すれば、その製品に対する知識がそれほどなくても、おそらく付加価値のある活動と付加価値のない活動を、はっきりと見分けられるはずだ。

　しかし、価値が未知な場合はどうだろう？　リーンスタートアップの目的とは、価値の発見の過程で無駄をなくすことだ。とすれば、無駄を見分けるには？　実際、創造している価値がわからなければ、無駄のなくしようがない。発見のプロセス自体、無駄が付きものだ。製作したプロトタイプが失敗作だったら、そのプロトタイプの製作時間は確かに無駄だろう。しかし、製品をまるまる作って失敗するよりは、無駄は少ないのだ！

　そういうわけで、エリック・リースはリーンスタートアップに新しい評価基準を取り入れている。リーン生産方式では、未使用の超過在庫を生産したり、付加価値のない活動を行なったりするのは、時間、お金、材料、労働力の無駄とみなす。リーンスタートアップの場合、学習につながらないものを無駄と考える。「顧客の望みを学ぶためにどうしても必要なもの以外の努力はなくてもいい」とリースは記している。検証による学びは、スタートアップにとってもっとも重要な尺度に照らし合わせて、必ず改善につながるものだからだ⁽¹⁾。

　ただし、必ずしももっとも重要な尺度が収益とはかぎらない。むしろ、最初のうちは、収益はほとんど無関係だといっていい。もっとも重要な尺度とは「顧客が望むものは何か？」だ。といっても、顧客が自分の望みをわかっているとはかぎらない。1000万ドルの資金を調達したのに、誰も望んでいない製品を作ってしまい、痛い教訓を学ぶという話はよく聞く。

　だからこそ、リーンの概念では資金調達の額については言明していない。確かに、資金が多いほど早く学べるだろう。しかし実際には、①資金が豊富なほど節操がなくなり、無駄が多くなる、②大企業でありがちなように、投資家が結果を早く求めるようになる、というケースが多い。有名なたとえだが、9人の母親で力を合わせたからといって、赤ちゃんを1か月で産めるものではないのだ。

　目的は学ぶことだ。しかし、学びといってもピンからキリまである。量より質が勝（まさ）るのだ。大事なのは、ビジネスの成功にとって不可欠なものを最小限の労力で学ぶこと。そして、学ぶなら失敗は覚悟すること。失敗したプロトタイプは方向性を見直すきっかけになる。製品の開発と発売に1000万ドルを投じて失敗したとすれば、1回の巨大な実験が失敗したことになる。方向転換（ピボット）や学習の余地はない。

　大きな無駄を見分けるのは簡単だ。

・誰も望んでいない製品を1年がかりで作る。
・誰も望んでいない製品を1年がかりで作る資金を出資してくれる投資家を半年がかりで探す。
・誰も望んでいない製品を1年がかりで作る資金を出資してくれる投資家を納得させるために4か月がかりでビジネスプランを書く。

　小さな無駄の方がずっと見分けにくい。当てもなくビジネスモデルのアイデアを模索している状態だ。

・場当たり的で「散弾銃」的な営業。
・製品の機能にこだわる。
・くだらない製品のマーケティングに全力を注ぐ。

　それでも、こんな疑問が残る。「検証による学び」を基準に測ることができるリーンスタートアップの価値の流れを、どうやって築けばよいのか？

　成功する事業では、必ず一定数の顧客が製品の存在に気づき、製品を体験し、製品体験に満足し、最終的に忠実なファンになるという一連のステップを踏む。成功する企業は、顧客を獲得し、収益を上げ、製品の基本的な約束を果たすというプロセスを通じて、解決すべき問題、提供すべき製品やサービス、必要なマーケティング、営業、製品開発、サポートなどの活動を学んでいく。その目的は、もっとも効率的な顧客体験の流れを生み出

すことだ。

　このプロセスは常に改善できる。販売プロセスを効率化し、顧客の期待により近づけることもできるし、マーケティングを拡大して販売活動の一部を自動化し、隣接するセグメントを取り込むこともできる。エンジニアリング部門は機能の開発において付加価値のないステップを減らし、〝機能在庫〟を減らすこともできるし、製造部門はリーン生産方式を採用することもできる。価値が失われないかぎり、どれもリーンな活動だ。継続的な改善はリーンの基本精神なのだ。

　しかし、リーンスタートアップでは、価値の流れが未知なので、改善よりも学習と実証が重視される。学習と実証を通じて、価値を創造・提供し、ビジネスを成功させるのに必要な内部のビジネスプロセスを明らかにするのだ。

　従来、スタートアップの価値の流れは次のようにとらえられていた。

> ビジネスプラン→投資→製品開発→マーケティング→販売→フィードバック

　しかし、この考え方のせいで数々のスタートアップが失敗し、大きな無駄が生まれてきたのも事実だ。

　製品の開発コストが激減し、ほとんど資本なしで事業を興せるようになった今では、この価値の流れは見直されているどころか、短縮されている。

> 製品開発→マーケティング→販売→フィードバック→成長への投資

　純粋に数の点からいえば、失敗するスタートアップが増えているのは不思議ではない。しかし、明確なビジネスプランがないとすれば、失敗する率が増えてもおかしくない。

　「この製品を作るべきか？」という疑問は、問う価値すらないと考えられている。そう訊ねたとしても、データではなく、説得やごり押しで応じられてしまうからだ。

　では、リーンの手法はどう役立つのか？

　誕生以来、リーンプロセスはもっぱらエンジニアリングの世界で用いられてきた。デザイナーや社内の顧客の代弁者（プロダクトマネジャー）などがプロセスに加わることも多いが、実際問題として、顧客との直接的な対話がリーンプロセスに含まれることは少ない。企業の収集したデータが事業部門の効率、IT部門の書いたコードの品質、マーケターの測定する顧客満足度と結びつけられることは多いが、製品や製品開発者を顧客満足や製品ロイヤルティと結びつけるものはほとんどない。

　トヨタ生産方式では、エンジニアやデザイナーが顧客と直接対話し、何を作るべきかを学ぶ。トヨタの営業担当者は自動車の訪問販売を「リーン」の一部ととらえていた。リーンな販売プロセスやリーンなマーケティングプロセスを築く活動はよく聞くが、顧客と企業の関係のライフサイクルを1つのリーンな流れで構築しようとしている組織はほとんどない。

　横方向のチームで価値を創造するのではなく、縦割りのサイロの中でリーンを目指しているうちは、スタートアップは成功できないし、大企業はせいぜい持続的イノベーションを生み出すことしかできないのだ。

　エンジニアリングやデザインを主体とするリーンプロセスの多くとは違い、私たちはマーケティングと営業を価値の流れに含めている。マーケティングや営業は本質的に悪であり、付加価値のある活動ではないと感じている人は多い。完璧な世界なら、マーケティングも営業も不要だと。そういう人々は、最高の製品を作りさえすれば、顧客の方から勝手にやってくると思っている。

　確かに一理ある。製品は最高のマーケティングの道具だ。すべてのマーケティングは口コミに頼っている。人々に製品のいい噂を流してもらえれば、それだけで1歩リードしたも同然なのだ。

　しかし、その逆もまたしかりだ。要するに、人々に製品やサービスを知ってもらえなければ、価値を届けることはできない。顧客にもなってもらえない。あなたが心から価値を届けたいと思っているなら、潜在顧客に価値を知ってもらうことの重要性も、決して無視してはいけない。ただし、買い手が望むプロセスに従って、人々を顧客へと変えること。これは製品の価値を人々に届け、熱狂的な顧客を生み出すうえで重要だ。

　価値を届けるためのマーケティングや営業と、

収益を生み出すためのマーケティングと営業では、意味合いが根本的に異なる。前者の目的は、リピート客、長期的な顧客維持、紹介によって、持続的な事業を築くことだ。一方、後者の目的はふつう、収益を最大化するために、1回限りの購入をなるべく多く獲得することだ。つまり、顧客を最大限に満足させて、いい口コミを広めてもらうことではなく、入ってくるお金を最大化し、出ていくお金を最小化することなのだ。そして、そろそろ潮時というころになったら、別の製品を別のブランドで発売するわけだ。

> 「今日、成功する唯一の道は、独自性を打ち出し、話のネタになるものを作り、敬意を持って人々に接し、口コミを広げてもらうことだ」[(2)]
> ——セス・ゴーディン

本書で目指しているのは、顧客が喜んでお金、時間、大きな注目を捧げてくれるような価値あるビジネスを築くことだ。セス・ゴーディンも指摘しているように、これは底辺への競争では実現できない。むしろ、頂上への競争が必要だ。言い換えれば、他者がしていることをより低コストでやるのは、価値の創造とはいえない。より有意義なプラスアルファを提供しなければならない、というわけだ。

しかし、ゴーディンの指摘は正しい面ばかりではない。競争によって価値を破壊することなくコストが下がれば、〝剰余価値〟を生み出せる。今までその価値を手に入れる余裕のなかった顧客が、手に入れられるようになる。これは明らかに顧客にとってプラスだ。「安かろう悪かろう」であってはならないが、「安いうまい」なら大歓迎だ。これこそ、良い意味での自由市場資本主義の自然な結果なのだ。

> 新製品→企業は独占を目指す→競合他社が市場に参入する→顧客は多くのものが安く手に入るようになる

企業は自然と独占を目指そうと（維持しようと）努力する。自由市場では、価値を絶えず付加していくことになる。すると、高品質、多機能、社会的利益、環境保護、パッケージの改良など、さまざまな形で価値が上積みされていく。スティーブン・スピアーは、コアコンピテンシーを絶えず強化し、市場でのリードを維持する組織を、「高速組織」と呼んでいる。私たちはこれを「影の強み」と呼んでいる。外部の人からは必ずしも見えない強みだからだ。

最終的には、人々があなたの製品に気づいてから、顧客ライフサイクルが終了するまでの全段階を網羅（もうら）する価値の流れを見つけなければならない。では、顧客ライフサイクルの終わりとはいつか？

「なあに、顧客から代金をちょうだいしたときさ」と言う人もいるだろう。いやいや、そんなに早くはない！ 顧客ライフサイクルはループなのだ。顧客獲得ファネルの入口の部分に対して、顧客が何か貢献をしてくれるまでは、ライフサイクルは終わりとはいえないのだ。顧客の貢献の仕方は2通りある。どちらも重要だ。

1つ目は、その顧客自身が忠実な顧客でいつづけてくれること。たとえば、

- 購読を更新する。
- 常連客になる。
- 長期契約にサインする。
- あなたの会社でほかの製品を購入したり、アップグレードを行なったりする。

2つ目は、製品の擁護者になってくれること。たとえば、

- 友人を招待する。
- プレスリリースや事例研究に協力する。
- 推薦文を書く。
- 個人的な推薦者（リファレンス）になってくれる。
- 他人に製品を紹介する。

つまり、「製品が約束を果たしていたので、満足した」と顧客が思うだけでは不十分だということだ。

それでは、マーケティングや営業を含めた活動を学習と結びつけ、「そもそも製品を作るべきか？」という疑問に答える価値の流れとは、どのようなものなのだろう？

> 「ニーズが満たされると、欲求が何らかの形で必ず顔を出す。人は何かを必要としていれば、そのニーズを満たすために必要なことをするけれど、何かを欲していれば、それに対して忠実でありつづけるのだ。それが選択の余地のある買い物だとわかっていれば、自分が幸せになれるものを選ぶので、合理的に判断するとはかぎらない。消費者が製品やブランドに対して欲求を抱えている場合、ロイヤルティがビジネスの最大の原動力になることも少なくないのだ」[(3)]
>
> ――アラン・クーパー

価値の流れの発見 | Value-Stream Discovery

俯瞰的に見ると、価値の流れは次のようになる。

アイデアの実証→製品の実証→マーケティングと営業の実証→成長エンジンの実証

各ステップには、計画と顧客フィードバックが含まれている（投資を含むこともある）。

一般的な製品でいえば、アイデアの実証段階では、解決しようとしている問題、その問題を抱える顧客セグメント、解決案の3つの要素を検証する。

製品の実証段階では、問題を最低限解決するのに必要な具体的な製品機能を明らかにする。

マーケティングと営業の実証段階では、ターゲット顧客を見つけ、満足した顧客へと変えるのに必要なチャネルを明らかにする。

成長エンジンの実証段階では、事業の拡大が可能なレベルのコストで、満足した顧客を熱狂的な顧客に変える方法を明らかにする。

ここで、一般的な顧客獲得・コンバージョンファネルを見てみよう。ここでは、Webベースの事業を例に取り、デイブ・マクルーアの考案した指標[(4)]を利用する。

獲得――ユーザーがGoogle AdWordsやFacebookの広告などを通じてあなたのWebサイトを訪れた状態。

アクティベーション――顧客がサインアップし、製品を試している状態。

維持――顧客が製品に満足し、定期的に利用している状態。

収益――ユーザーや顧客が製品に対して料金を支払っている状態。

紹介――顧客が製品に熱狂し、口コミや製品紹介を通じてファネルの入口に新しい人々を連れてきている状態。

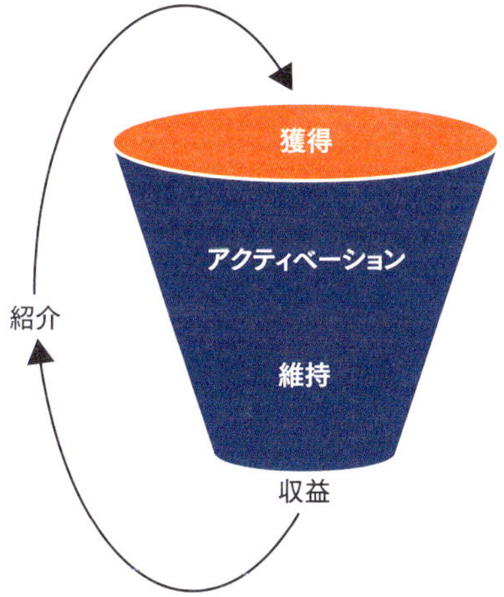

すべてのビジネスに同じようなファネルがある。B2Bでは各段階の呼び名は変わるものの、中身は同じだ。

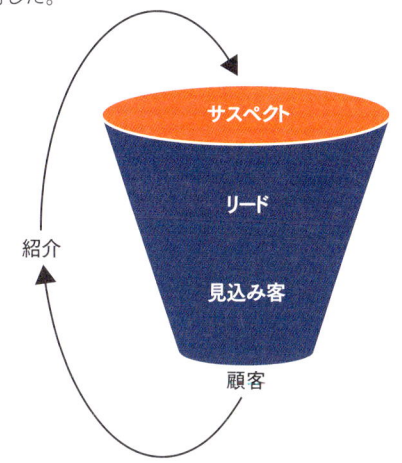

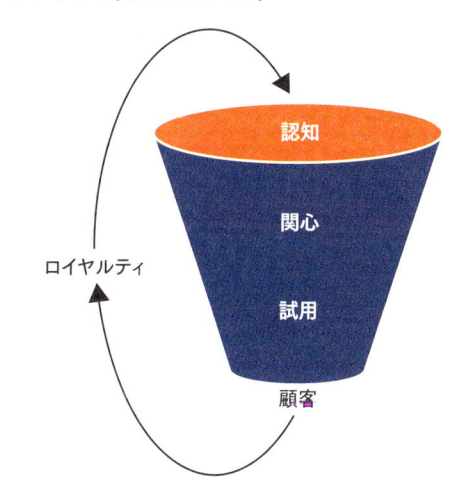

このファネルでは、顧客が「認知」から「リピーター」へと変遷していく様子がわかりやすい。ファネルの上段から下段に行くにしたがって、人数が減っていくのが思い浮かぶだろう。また、顧客を次の段階へと進めるのに必要な活動も想像しやすい。したがって、このファネルは価値の流れの貴重な一部ではあるが、これで十分とはいえない。

このファネルは一見すると顧客の状態を表わしているように見えるが、実際には売り手側の視点から見たものにすぎない。顧客の視点から見たファネルを表現するには、顧客の心理状態を用いた方がいい。すると、マクルーアのファネルは次のようになる。

パッケージ商品を販売している小売店の場合、ファネルは次のようになる。

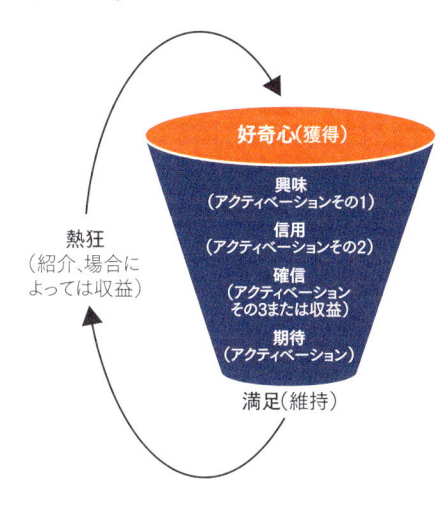

このファネルは、顧客のコンバージョンプロセスと製品体験の両方を表わしている。各段階に顧客の心理状態が存在する。言葉の選び方は人それぞれでかまわないが、この方法は顧客の感情を理解するのにとても効果的だ。あなたの実行したいプロセスについて考えるのではなく、顧客の体験したいプロセスについて考えるには、打ってつけの方法なのだ。

内容を簡単に説明しよう。

- 顧客が広告、ソーシャルメディア、友人を通じてあなたの製品を知り、**興味**を持てば、もっと知りたいと思う（獲得）。

- 顧客が情報を収集するうち、アイデアを気に入れば、製品を**信用**する。こうなれば、アクティベーションに向かうゲートをくぐったことになる。

- 顧客が推薦文を読んだりして、製品や会社が自分に合っていると**確信**すると、製品を購入する（収益）。

- 購入後、顧客はいい買い物をしたと**期待**する。次に、製品の約束する価値命題を実現しようとする（アクティベーション）。

- 一定期間、製品を使ってみて、製品に**満足**する。価値命題が実現すると、顧客は製品を使いつづける（維持）。

- 満足しただけの顧客は製品を他人に紹介しない。**熱狂**した顧客ならする。

ほとんどのビジネスでは、顧客維持やアクティベーションの前に収益が発生するが、収益を上げる前に規模の拡大が必要なビジネスモデルでは、顧客維持を実現するまで収益は生まれない。たとえば、Facebookでは、顧客に利用料はかからない。つまり、よくいわれる言い方をするなら、顧客（ユーザー）自身が製品なのだ。Facebookの場合、人々が友人全員を招待してくれ、しかもその友人の一定割合が顧客となり、自分の友人を連れてきてくれる必要があった。1人の顧客が連れてくる友人の人数をウイルス係数と呼ぶ。ウイルス係数が1.0を超えると事業は指数関数的に成長する。収益は規模の拡大に成功するまでは発生しない。

ビジネスモデルに無料の要素（フリーミアムとも呼ばれる）が含まれていて、顧客がプレミアムアカウントにアップグレードしないかぎり収益が出ない場合、その無料の要素は顧客獲得の要素ととらえられる。この場合、顧客が有料サービスにお金を払う価値があると確信した段階で、ようやく収益が発生するのだ。

繰り返すが、無料（フリー）とフリーミアムは同じではない。無料とは、製品に有料の要素がないという意味だ。この場合、収益はユーザーそのものからではなく、他社への個人データ販売や広告など、その他の方法で得ることになる。たとえば、Facebookのケースでは、Facebook上で動作する有料アプリが1つの収益源になっている。

これもまた注意してほしいのだが、フリーミアム自体はビジネスモデルではない。フリーミアムのビジネスモデルは、無料版よりも高度なプレミアム機能を販売することで成り立っている。無料というのは一種の餌である。ユーザーに製品を試してもらい、製品なしではやっていけない状態にして、有料の機能を使ってもらうわけだ。または、単なるマーケティング活動にすぎないこともある。アントレプレナーは価値命題を複雑にしすぎないこと。これは私たちが起業家に何度も言ってきていることなのだが、帽子を販売するとき、帽子を求めている市場を見つけたのなら、先にサンバイザーを無料で配って、あとで帽子にアップグレードしてもらおうと考えるのは、まるで意味がない。初めから帽子を売ればいいのだ！

一方、本来なら有料の製品を無料で提供することで、既存の市場を破壊できるケースもある。この場合、収益を得るためには、無料版の中に価値を見つけ、その価値を提供しつづけなければならない。ただし、すでに無料版が市場に存在する場合は、無料版で有料モデルを破壊することはできないので注意が必要だ！

ファネルに戻ろう。各段階での目的は、顧客に次の段階に進んで具体的な行動を取ってもらうことだ。事業を運営するなら、顧客にその行動を

取ってもらうための何かを提供しなければならない。企業が各段階で行なえる活動や、価値を届けるために作れる製品機能は、それこそ山ほどある。それがかえって、最善策を見つけるのを難しくしている。大事なのは、最善のシナリオを1つ仮定し、そのシナリオの実証に取り組むことだ。うまくいけば、市場を獲得する方法がつかめるかもしれない。

顧客の心理状態

　価値の流れ全体について1つのシナリオを作るとき、便利な方法がある。終わりから始めに向かって作業するのだ。つまり、ファネルを上下逆さまにするわけだ。まず、熱狂した顧客がいると仮定し、「その顧客はなぜ熱狂しているのか？」と考え、時系列をさかのぼっていく。

- 熱狂──顧客はあなたの企業を愛している。つまり、忠実な顧客だ。彼らが熱狂するワケは、製品が期待を満たす以上の何かをしてくれたからだ。

- 満足──顧客の期待は最低限満たされている。最低限といっても、悪い意味ではなく良い意味でだ。つまり、製品は約束をちゃんと果たしている。

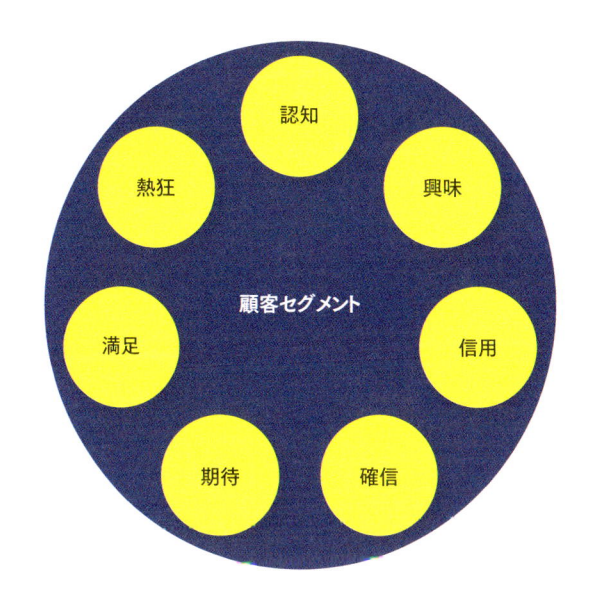

- 期待──製品の掲げる約束を実感するために、顧客は初めて製品を体験する。製品が自分のニーズを満たし、望みどおりの仕事をしてくれると期待している。

- 確信──顧客は製品が自分の解決しようとしている問題にぴったりだと確信している。確信の理由は合理的な場合もあればそうでない場合もある。確信の根拠は製品以外にあるケースもある。

- 信用──顧客は製品が仕事をしてくれると信じているだけでなく、あなたの会社と関係を築く価値があるとも信じている。

- 興味──下調べで、製品が自分にとって大事な問題を解決してくれそうだとわかり、興味を持っている。

- 認知──顧客は自分の問題を解決してくれそうな製品があると初めて知る。

　製品によっては、確信、期待、満足の境界線があいまいなこともあるが、どうでもいいわけでは

ない。目標は、顧客の心理状態の変化を測定することだ。心理状態の数が少なければ、測定対象も少なくなる。もっと心理状態の数が多い製品もあるだろう。B2Bの場合、すべての擁護者、反対者、意思決定者、そして顧客が製品の購入に至るまでの社内プロセスを網羅した、完全な意思決定ツリーを作ることもできる。いや、企業にセールスを行なうなら、必ず作った方がいい。

顧客の行動

次に、こんな疑問について考えてみよう。顧客がそれぞれの心理状態にあることを示す行動とは何か？ 熱狂の段階から製品を初めて知る段階まで、プロセスをさかのぼっていくのがコツだ。

顧客の心理状態	説明	顧客の行動例
熱狂	あなたの製品や会社を愛している。	購読を継続し、製品や会社のことを友人に話す。
満足	一定期間、製品を使ってみて、製品に満足する。価値命題が満たされたので、引き続き製品を使いたいと思っている。	毎日のログイン、レポートの実行、ダッシュボードの閲覧、文書の作成。（顧客は製品を具体的にどう利用するか？ その行動をどれくらいの頻度で取れば、製品に満足している証拠なのか？）
期待	良い買い物をしたと期待している。次に、製品の価値命題を実現しようとする。	ログイン、作成、アップロード、設定、閲覧など。（初めて製品の価値命題を実現しようとするときに最低限必要な製品とのやり取りは？）
確信	製品が問題の解決にふさわしく、企業が問題を解決してくれると確信している。	製品を購入する。
信用	製品が問題の解決にふさわしく、企業と取引する価値があると信じている。	試用版にサインアップする。
興味	製品について調べているうち、製品アイデアを気に入り、興味を持つ。アクティベーションへと向かうゲートをくぐる。	Webサイトや推薦文で、製品のメリットについて詳しく読む。
認知	広告、ソーシャルメディア、友人を通じて初めて製品を知る。	深く知るため、Webサイトのトップページを訪れて動画を視聴する。

これはもちろん、架空のソフトウェアアズア サービス（SaaS）アプリケーションの例だ。あなたも自社の製品について、ぜひ自分なりの仮説を立ててみてほしい。

企業の行動

価値の流れを明らかにするこの手法は、製品やサービスに応じて多少の工夫は必要だとはいえ、どんな事業でも使える。シナリオを肉付けしていくうちに、シナリオを機能させるには企業側に何らかの行動が必要なことがわかるだろう。

顧客はあなたの企業について何と言うだろう？
顧客に影響を及ぼすさまざまな方法を探るため、まずはそれぞれの心理状態にある顧客が考えそうなこと（言いそうなこと）を思い浮かべてみよう。

顧客の心理状態	顧客の行動例	顧客にその行動を取ってもらうために、企業が取るべき行動の例
熱狂	購読、紹介。	基本的な約束を果たす製品＋アルファ。 ・顧客体験 ・カスタマーサービス ・サポート ・完成度の高い製品
満足	一定期間、一定の方法で製品を使用する。	価値命題を実現する最低限の機能を提供する。 ・機能X ・機能Y ・機能Z
期待	一定の方法で製品を試す。	顧客に使用を促す。 ・ドリップキャンペーン ・フォローアップコール
確信	購入。	購入機能。 行動喚起（コールトゥアクション）。
信用	製品の試用。	試用版の提供。 推薦文の提供。 チュートリアルの提供。
興味	トップページを読み、動画を視聴する。	Webサイトでのメッセージやポジショニングの提供。動画の制作。
認知	第三者のブログ記事を読み、企業のWebサイトを訪れる。	顧客に対し影響力を持つ第三者のブロガーに接触する。

● 熱狂している顧客
- 「使いやすいし、エレガントだ。使わずにはいられないね」
- 「この製品は期待以上のことをしてくれる」
- 「このゲームは病みつきになるなあ！」
- 「絶対にジャックポットをゲットするぞ！」
- 「カスタマーサポートに電話したら、CEOが出たんだよ！」
- 「何も訊かず靴の返品を受けつけてくれた。おまけに送料まで負担してくれたんだ」
- 「不良品を返送する前に新品が届いた」
- 「メガネが1つ売れるたびに、困っている人にメガネを1つ寄付するんだってさ」
- 「パッケージがかっこいい！」
- 「パッケージが新しくなって、ずいぶんと注ぎやすくなったなあ」
- 「これを買ってから、毎月収支が改善している」
- 「理由はわからないけど、なんとなく好き」
- 「この製品のおかげで気づきもしなかった問題が見つかった。今じゃ僕は職場で英雄扱いだよ」
- 「このジーンズはサイズもぴったりだし、超イケてる」
- 「この店の店員はなんて親切なんだろう」

● 満足している顧客
- 「ああ、美味しかった」
- 「やっと私の身体に合うジーンズが見つかった」
- 「新しいアンケートを10分もかからずに作成して共有できるなんて」
- 「この侵入検知システムはネットワークの異常をすばやく正確に報告してくれるんだ」
- 「この靴はサイズもぴったりだし、なかなかいいね」
- 「システムを構成し終わって、ようやくマーケティングキャンペーンの成果を追跡できるようになったよ」
- 「このゲームは面白いなあ！」
- 「この製品のおかげで見込み客が増えた」

● 期待している顧客
- 「この製品で問題が解決するといいんだけど。よし、試してみよう」
- 「宣伝どおりの効果があるといいんだけど」
- 「同種製品の中ではいちばんだって？　どれどれ……」
- 「ここの特上リブは最高らしい。早く食べたいな」
- 「実装がスムーズに行くといいんだけど。このウィザードが役立ちそうだ」
- 「本当にうまくいくのかドキドキするなあ」
- 「まず何をすればいいんだろう？」
- 「組み立て不要だとは書いてあるけど……」
- 「電池は付いているのかな？」

● 確信している顧客
- 「うわあ、あの有名人が勧めているんだって」
- 「デモを見るかぎり、役に立ちそうだ」
- 「試す価値はありそう」
- 「30日間使ってみれば、効果は出そうだ」
- 「試食品、美味しかったなあ！」
- 「思ったほど高くないね」

● 信用している顧客
- 「まるで私に訴えかけているみたい」
- 「Webサイトの推薦文は信頼できそうだ」
- 「データアナリストが勧めていたんだ」
- 「ずいぶんとオンラインの評判がいいね」
- 「へえ、5人に4人の医者が推奨しているんだって」
- 「業界誌でべた褒めだ」
- 「満足保証付きだって？　試しても損はない」
- 「ダメでも返品すればいいや。返送料負担と書いてあるし」
- 「商業改善協会のお墨付きだってさ」
- 「事例研究の状況がうちとそっくりだ」
- 「友だちがいいと言っていた」
- 「評価は5点中4点か」

● 興味のある顧客
- 「キャッシュバックがあるのは魅力的だ」
- 「面白そう」
- 「うわあ、このデモはイケてるね」
- 「スペック的には良さそうだ」
- 「よくできた動画だなあ」
- 「ちょうどこんなのがほしかったんだ」
- 「そうそう、私にも同じ悩みがある」

- 「高性能で、高速で、おまけに安い」

● 認知している顧客

- 「あそこの見本市のキャンペーンガール、イケてたよなあ」
- 「あのセールスマン、ちょっと強引だったけど、製品はなかなか良さそうだったな」
- 「例の製品の噂、聞きたいか？」
- 「あれ、本当なのかなあ」
- 「うん、調べてみよう」

- 「ん？　なんだこれ？」
- 「かっこいいパッケージだな」

測定基準

ソフトウェア業界の大きな強みは、顧客がどの段階まで進んでいるのかを簡単に測定できる点だ。ソフトウェア万能の現代では、価値の流れにかかわる行動の大部分も測定することができる。そのためには、オンラインで顧客と対話することが重要だ。創造力さえあれば、何でもできるのだ。

もちろん、顧客を観察して対話するのは、誰でも使える数少ない戦術の1つだ。

顧客は、ファネルの次の段階に進んだことを、何らかの行動をもって示すはずだ。つまり、企業は何らかの方法で顧客の心理状態を測る必要があるのだ。それは簡単な分析ツールで測れることもあるが、もっと知恵を絞らなければならないこともある。

次に一例を紹介しよう。

顧客の心理状態	顧客の行動例	企業の行動例	測定基準／対策
熱狂	購読、紹介。	基本的な約束を果たす製品＋アルファ。 ・顧客体験 ・カスタマーサービス ・サポート ・完成度の高い製品	・MustHaveScore（製品が提供中止になったら、顧客はどれくらいがっかりするか？） ・Net Promoter Score ・友人の招待数 ・推薦者を引き受けてくれるかどうか
満足	一定期間、一定の方法で製品を使用する。	価値命題を実現する最低限の機能を提供する。 ・機能X ・機能Y ・機能Z	・「顧客は毎日ログインし、週に1回機能Xを利用し、Yをアップロードし、Zを共有している」 ・製品に測定機能を付ける
期待	一定の方法で製品を試す。	顧客に使用を促す。 ・ドリップキャンペーン ・フォローアップコール	・「顧客は使用を開始するのにX、作業を完了させるのにYを行なう必要がある」 ・X、Yの測定機能を付ける
確信	購入。	購入機能。 行　動　喚　起（コールトゥアクション）。	収益
信用	製品の試用。	推薦文の提供。	デモ版のサインアップ数
興味	トップページを読み、動画を視聴する。	ポジショニングや動画の作成。	動画の視聴数
認知	製品を初めて知る。	第三者のブロガーに接触する。	リンクを通じたWebサイトの訪問者数

このプロセスを終えれば、真っ先に検証の必要なビジネスモデル仮説が明らかになる。

価値の流れは次のステージに分類できる。

- 成長エンジン
- 実用最小限の製品（MVP）
- コンバージョン
- ファネル
- 顧客獲得チャネル

それぞれのステージについて、具体的な顧客の行動と、その行動を顧客に取ってもらうのに必要な企業活動に関して、仮説を立てよう。また、その達成度を測る評価基準についても考えよう。

成長エンジン

熱狂的な顧客や忠実な顧客が取る行動は、成長エンジンに火を点ける。ネットワーク効果【製品やサービスの利用者が増えることで、それ自体の価値が増す現象。Facebookなどが代表的な例】に依存するビジネスでは、熱狂的な顧客が友人や同僚などを招待することで、顧客体験を盛り上げてくれる。オンラインやオフラインの取引に頼るビジネスでは、主に満足した既存顧客の事例研究、推薦文、紹介、定期的なリピート購入、時には定期保守やサポートなどのサービス手数料が鍵を握る。購読モデルに頼るビジネスでは、紹介と購読の継続、つまり解約率の低さが重要になる。

実用最小限の製品（MVP）

実用最小限の製品（Minimum Viable Product; MVP）とは、価値命題を実現するために必要な最低限の機能を指す。**価値命題**とは、あなたが特定の顧客セグメントに届けたいと思っている価値を指す。顧客は悩みを解決したり情熱を満たしたりするために、一定の方法で製品を使う。ここで注目すべきは、全体的な点ではなく具体的な点だ。製品のダウンロード数やFacebookの「いいね！」の数は関係ない。むしろ、顧客が製品に期待す仕事をこなすために、製品をどう使うかを具体的に理解するべきだ。解決策によって違いはあるが、注意すべき点は次の2つだ。

❶ 作り込みすぎると、製品に必須な機能がわかりづらくなる。ただし、MVPを作ればもう完成という意味ではない。MVPは最初のバージョンにすぎないのだ。

❷ 製品を逆方向からとらえる。つまり、問題が解決された状態を起点に考える。そうすれば、解決策や設計にこだわらずにすむ。

コンバージョン

顧客にお金を払ってもらうには？　顧客にクレジットカードを取り出してもらうのは、価格が高いか安いかにかかわらず、思いのほか難しいものだ。何かにお金を払うという判断が、理性だけで行なわれることはめったにない。コンバージョンとは、「買いたい」を「買った」に変えるステップといえる。そのためには何が必要か？　適切な価格設定？　信頼？　買いやすさ？　試供品？

ファネル

あらゆる営業活動にはファネルが存在する。ファネルは、企業の活動に関連して顧客が取るいくつかの行動からなる。ここでいう**活動**とは、非常に広い意味だ。つまり、パッケージ、小売店の陳列スペースの確保、Webサイト上の推薦状やセキュリティマークといった信頼の提供まで、あらゆるものを含む。

顧客獲得チャネル

顧客獲得チャネルとは、顧客に初めて接触する方法を指す。そのために利用する手段は、市場セグメントの行動によって変わってくる。ここで、「顧客の集まる場所は？」という疑問の答えが重要になってくる。最終的に、事業を拡大する手段になるからだ。いったん価値命題を実現し、自分自身を顧客獲得チャネルにすることができれば、顧客生涯価値が顧客獲得単価を上回っているかぎり、ほかのチャネルを見つけ、検証し、成長させる準備は整ったといえよう。

この時点では、特定の市場セグメントに対して取りうるステップを1つ残らず明確にする必要はない。まずは、有望だと思うファネルと顧客獲得戦術を1つずつ明らかにしよう。

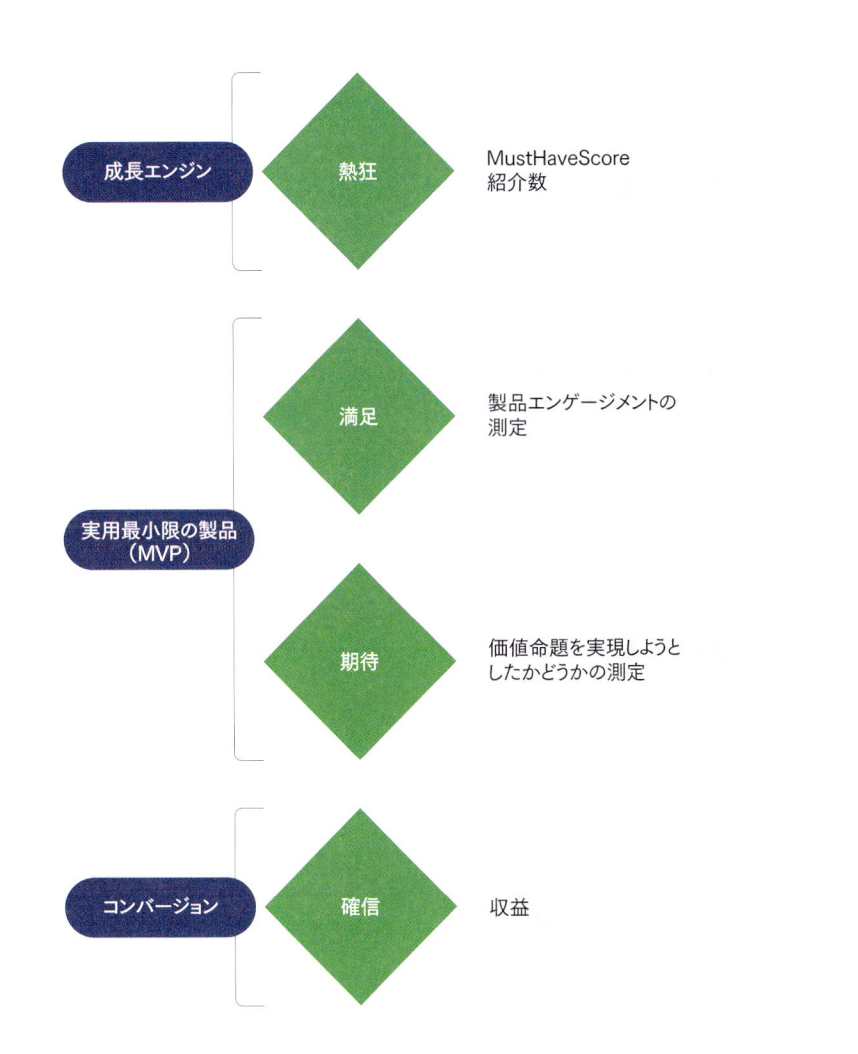

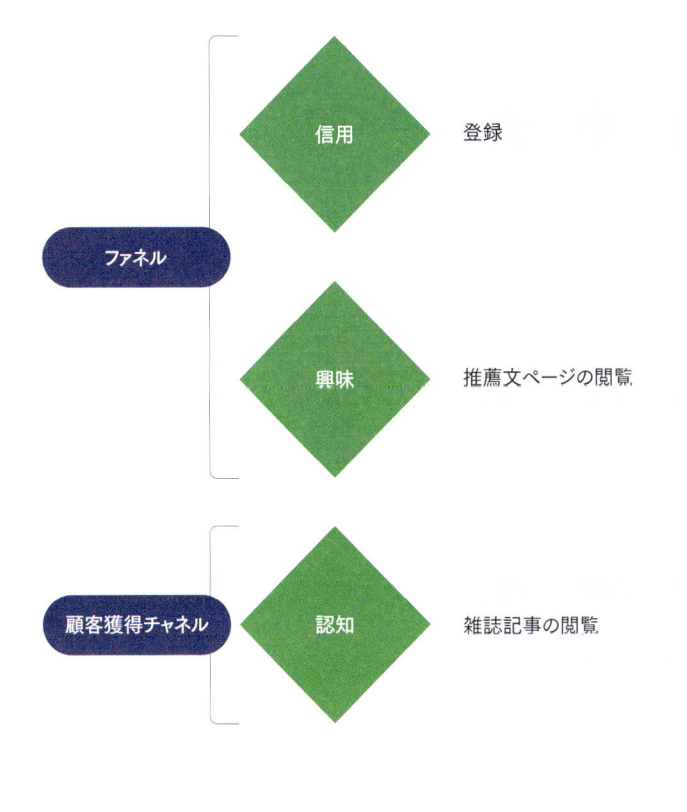

カテゴリ	段階	指標
成長エンジン	熱狂	MustHaveScore 紹介数
実用最小限の製品（MVP）	満足	製品エンゲージメントの測定
	期待	価値命題を実現しようとしたかどうかの測定
コンバージョン	確信	収益
ファネル	信用	登録
	興味	推薦文ページの閲覧
顧客獲得チャネル	認知	雑誌記事の閲覧

CASE STUDY

高いハードルを超えて
——AppFogの事例

　ルーカス・カールソンはオレゴン州ポートランドを拠点とするAppFogのCEO兼創設者だ。AppFogとは、Webアプリケーションやモバイルアプリの開発者が、iPhoneアプリのインストールと同じくらい簡単に、クラウド上でアプリケーションの配備、展開、実行を行なえるプラットフォームアズアサービス（PaaS）だ。AppFog上に配備されたアプリケーションの数は、2011年初頭の600から、2011年末には2万5000まで増加。最近では、1000万ドルの資金調達にも成功している。

著者：初めて聞いたときにびっくりしたのですが、AppFogはたった1つのランディングページから、たちまち急成長を遂げたそうですね。詳しい経緯を聞かせてもらえますか。

ルーカス・カールソン（以下、カールソン）：ええ、そのとおりです。簡単に経歴を述べておきますと、私は1996年からソフトウェア開発にかかわっています。
　長い間スタートアップの世界にいたもので、ずっとスタートアップに興味がありましたし、自分でもスタートアップを立ち上げたいといつも思っていました。アイデアもたくさんあって、あれこれと小さなアイデアを試してきました。その経験から2つの事実に気づいたんです。PHP Fogの設立に当たって大いに参考になりましたよ。
　1つ目は、エンドユーザーへのアピール方法がわからないのが、自分の最大の欠点だという点です。たとえば、WordPressプラグインに手を出しても、WordPressプラグインを最終的に利用してくれる人々にどう話しかければいいのか、どうアピールすればいいのか、まったく見当も付かない。困ったものです。
　2つ目は、私にとってサイドプロジェクトはビジネスではなく小遣い稼ぎでしかなかったという点です。なので、あるところまで行くと興味を失っていたんですよね。私にとっては、目的を達する手段でしかありませんでしたから。

著者：つまり、製品自体には情熱がなかったと。名前を付けるとすれば、「創設者と市場のミスフィット」とでもいうのでしょうか。

カールソン：ええ。そんなある日のことです。私は前々からHerokuを観察していて、なかなかイケてるツールだと思っていました。そこで、自分のサイドプロジェクトをすべてHerokuに移行することにしたんです。ところがある夜、Herokuに移行できないPHPプロジェクトが大量にあることに気づきました。HerokuではPHPがサポートされていませんから（PHPとは、開発者が製品の開発に使うソフトウェア開発言語の1つ）。それに気づいたのは私が初めてではありませんでした。それまでにもPHP Herokuを望む声は多かったですし、PHPの市場はRubyよりもずっと巨大ですからね。（上位100万Webサイトのうち、3分の1がPHPで、競合するソフトウェア開発言語のRubyは5000しかない）。
　あれは確か、夜の10時くらいだったと思います。10時といえば、私がい

つもアイデアをひらめき、開発を始めるゴールデンタイムです。私は昔から夜型人間なので、サイドプロジェクトに取りかかるのは決まって夜なんです。でも、その夜は疲れていて、プラットフォームアズアサービスのプロトタイプの製作に取りかかるのも億劫だったので、ランディングページ（閲覧者に具体的な行動を呼びかける1ページのみのWebサイト）だけ作ることにしました。といっても、バックエンドプログラムを作る気さえしなかったので、メーリングサービスを使って私宛てのメールを収集することにしました。それからPHP Fogという名前を考え、ドメインネームを登録し、1ページだけのランディングページを立ち上げました。1段落だけ文章を載せ、Hacker Newsにリンクを貼って、そのまま眠りました。翌朝、起きてみたら、800人がサービスにサインアップしていたんです。

著者：目を覚まして800人もサインアップしているなんて、どんな気分でしたか？

カールソン：そりゃ興奮ものですよ。血が騒ぎましたね。今までのプロジェクトに欠けていたピースはこれなんだと思いました。それまで10年間も起業しようとがんばっていたのに、「自分の製品を使ってくれる人をどうやって見つけるか？」という、いちばん大事なピースを見落としていたわけです。でも、捕まえてくれるのを待っている人々が目の前にいる。そして、私には捕まえ方がわかる。彼らは私自身でしたからね。彼らは私と同じことをしようとしている分身みたいなものでした。

著者：考え方も理解できるし、集まる場所もわかっていると。Hacker Newsは特にスタートアップ系の開発者がよく集まる場所ですよね。

カールソン：Hacker Newsのスレッドに、参考になるコメントがいくつか付けばうれしいと思っていたのですが、実際にはいくつかどころではありませんでした。大議論になっていたのです。明らかに、大勢の人が関心やニーズを持っているのだとわかりました。

著者：次のステップは？

カールソン：その日の夜、私は「よし、すぐに開発しなければ。800人が待っている」と自分に言い聞かせ、プライベートベータ版の開発に取りかかりました。コードはまったく未完成でしたが、800人がベータ版を待ち望んでいると思うと、やる気が湧きました。最初は従来のやり方で開発を進めていました。最高にイケてるテクノロジーを頭に思い描き、プロトタイプの製作を始め、理想の製品の開発を続けました。連日連夜、働きづめでした。時には朝まで働くことも。でも、製品らしい製品もできないまま、1週間が過ぎていきました。

著者：「800人が待っている。責任を果たさなければ」という使命感に燃えていたわけですね。

カールソン：そうです。でも、1週間がたつころには、「このままじゃ何も完成しない」と思うようになりました。そこで、1週間分の作業をいったん白紙に戻して、一からやり直すことにしました。こんどは、少なくともユーザーに見せられるものを作ろうと決心してね。そこで、まずフロントエンドを作ったんです。

著者：どうしてそう思ったのでしょう？　「よし、完璧な製品を作るぞ」から「よし、とりあえずユーザーに見せられるものを作ろう」へと頭を切り替えたきっかけは？

カールソン：このペースで開発を続けていたら、できあがるまでに数か月はかかると気づいたからです。それでは間違いなくユーザーをがっかりさせてしまう。だから、先にフロントエンドを作り、それを意思決定の参考にしよ

うと決めたわけです。最初に作ったのは、私が顧客の立場として期待するような顧客体験です。つまり、最小限の労力で製品を使用開始できることです。そのために、ごくシンプルな静的HTMLだけを使いました。私はデザインが苦手なので、デザインには手を出さず、基本的な機能だけを整えました。

　ステップ1：フレームワークを選択する。ステップ2：ドメインネームを指定する。以上。たったそれだけで、動作するアプリケーションの完成です！　それを目標に、開発を進めました。

　私は常々、優れたデザインとシンプルな体験が大事だと思っています。最初の60秒でユーザーの想像を掻き立てることができなければ、負けも同然なんです。デザインは信頼性を映し出す鏡みたいなものです。特に新しいアイデアの場合、初期のユーザーをファンへと変えるためには、信頼はあればあるだけ有利です。そこで、少しでもデザインを洗練させるため、数千ドルでデザイナーを雇いました。

　4週間くらいたつと、ユーザーを招待する準備ができました。そのころには4000人近くがサインアップし、使用開始を待っていました。4000人をいっぺんにプラットフォームに招待するのは無理でも、何らかの形で関係を保つ必要はあると思いました。契約のような形でね。

　それがモチベーションになったのかどうかはわかりませんが、一晩で800人のサインアップを獲得したあの日から、私は完全に牽引力の虜になってしまったんです。牽引力はスタートアップにとっては血液のようなもので、できるだけ早く、できるだけ多く得るに越したことはありません。

　われわれには4000人のユーザーがいる。この段階で全員を招待するのは不可能。私が夜な夜な行なっていた副業にすぎないし、完璧な代物でもない。でも、ユーザーとの関係を維持しなければならないし、牽引力も必要。さて、どうしたものか？

　そうして思いついたのが、VIP制度です。といっても自分で思いついたわけではなく、アイデアを盗んだだけですが。他人のアイデアを観察して、自分のプロジェクトに応用する方法はないか？　そう考えるのが私のやり方です。そのアイデアがたまたまVIP制度だったというだけで。私はアンケートへのリンクを貼った電子メールを4000人に一斉送信し、「このアンケートに回答してくれた方から、優先的にプライベートベータ版にご招待します」と書きました。

　アンケートといっても、回答するのにかなり時間のかかる複雑なアンケートでした。自由記述式の質問が多くて、きちんと答えようとすると手間がかかる類のものです。たとえば、「PHP Fogにサインアップした理由は？」「PHP Fogに期待する内容は？」「あなたの主な悩みは？」など。

著者：つまり、野次馬ユーザーと真のアーリーアダプターをふるい分けるために、あえて面倒なアンケートを作ったわけですね。

カールソン：そうです。わざわざ時間を割いてニーズを教えてくれる人は、せいぜい数十人くらいだろうと踏んでいました。数十人くらいなら、なんとか対応できますからね。そういうわけで、4000人にメールを送ったのですが、なんと2000通近い回答があったんですよ。

著者：へえ、2人に1人ですか！

カールソン：金脈を掘り当てたような気分でしたよ。一晩で800人のサインアップがあったときの勢いも相当なものでしたが、今回のはまるまる会社が築けるような勢いでした。それ以来、製品を引っ張りつづけてくれたのは、そのときの勢いです。

著者：彼らは最新のiPhoneを求めてAppleに集まるテクノロジーマニア、という意味でのアーリーアダプターではなかったんですね。お話を聞くかぎり、もっと価値のあるアーリーアダプターに思えます。つまり、あなたの製品に特化したアーリーアダプターです。

カールソン：ええ。正直、サインアップしたユーザーの半数がそのアーリー

アダプターになってくれるとは思ってもみませんでしたよ。彼らが時間や労力を割いて問題や悩みを教えてくれたおかげで、私が取り組もうとしていた問題がどれだけ深刻なのか、痛感したんです。文字どおり文脈を提供してくれたわけですから。彼らはずっと悩みを抱えていたのに、市場にはその解決策がまったくなかったのです。

著者：2000件の自由記述式の回答にたった1人で対応したのですか？　ものすごい量に思えますが……。どうやって対応したのでしょう？

カールソン：自分で1通残らず目を通しましたよ。それから、私のチームメイトが全単語を解析して、出現頻度が多いものをピックアップしました。何が上位に来るのかは、だいたい予想が付いていました。スケーラビリティ。使いやすさ。信頼性。2000件の回答を解析し、単語の頻度を調べてみると、ユーザーの期待や優先事項が明らかになりました。びっくりしたことに、彼らのニーズは予想とまったく違っていました。文章に出てきた単語を解析しただけで、私がもっとも大事だと思っていたものは、いちばんどうでもいいことだと判明したわけです。

著者：結果は？

カールソン：2011年初頭の時点で、およそ600のアプリケーションがシステム上に配備されました。2011年末時点では、それがおよそ2万5000まで増えたと思います。つまり、2011年初頭から末にかけて、600から2万5000まで増えたことになります。現四半期末には、この数字を大きく上回る予定で、順調に成長しつづけています。

著者：指数関数的な成長に突入したといっていいでしょうか？

カールソン：ええ、もう1年以上、そういう状態です。収益、アプリケーション数、ユーザー数、エンゲージメントなど、どの面から見ても、今のところ指数関数的に成長しています。

　私たちがこうして成長してこられたのは、顧客の声に耳を傾け、顧客の悩みを解決するものを作ってきたことも一因ですが、それだけではないと思っています。市場そのものも成長の要因の1つです。私はたまたま需要の高波に乗り、それにしがみついているにすぎません。結局のところ、私たちが市場を動かしているんじゃなく、市場が私たちを突き動かしているんですよね。

ワークシート

1 次のページのテンプレートを使って、価値の流れの草案を作成しよう。

2 前章で作成した理想的な顧客プロフィールを使って、顧客が初めて製品を知ってから、製品に熱狂するまでの理想的な道のりを描こう。

3 「熱狂」の段階からさかのぼって空欄を埋めていくのがオススメ。

4 各段階について、次の内容をまとめよう。

a. 企業が提供する機能や行なう活動。
b. 顧客がその心理状態に陥る理由。
c. 顧客がその心理状態に基づいて取ると思われる行動。
d. 顧客の行動を測る基準。

5 できれば企業の活動は1〜2つ、顧客の行動は1つに絞ること。少ないほど良い。

セグメント:		
顧客の心理状態	説明	顧客の行動例
熱狂		
満足		
期待		
確信		
信用		
興味		
認知		

5 Diving In

流れに飛び込む

　傲慢で強欲なシーシュポスは、ギリシア神・ゼウスを怒らせてしまった。その罰として、彼は険しい山の頂上まで岩を運ぶよう命じられたのだが、もう少しで頂上というところで岩が斜面を転げ落ち、再び麓（ふもと）から運び直すはめになるのだった。永遠にだ！　ギリシア神話では、これが価値の創造ではなく蓄財に励む人々にお決まりの顛末なのだ。

　アルベール・カミュは、シーシュポスの人間性や苦難の原因はいったん脇に置き、岩を転がす苦行を人生の肯定ととらえた。そして、シーシュポスが最後にはそこに満足を見出したと考えた。おそらく、シーシュポスは苦行から教訓を学んだはずだ。そして、来世に持っていくことのできない物質的な富よりも、重労働の中に慰めを見出さざるをえなかったのだろう。

　アントレプレナーの物語も、このギリシア神話に通じるところがある。シーシュポスと同じように、アントレプレナーの仕事も険しい山の頂上まで岩を転がすのと同じだ。富を得ることだけを目的にすれば、岩は必ず山道を転がり落ちてしまう。しかし、価値を創造することに専念すれば、岩はやがて山頂に到達し、反対側へと転がるかもしれない。

　岩が山の反対側を転げ落ち、スタートアップが大成功するのを目撃した人から見れば、そのアントレプレナーが一晩にして成功し、いとも簡単に勢いに乗ったかのように見える。そのアントレプレナーはビジョナリーであり、ビジョンを忠実に実行した見返りに、成功があるのだと。

　しかしその人は、アントレプレナーが山頂まで岩を転がしながら、試行錯誤を繰り返し、教訓を学んでいく様子を見ていないのだ！

> 「私はシーシュポスを山の麓に置いていくことにしよう！　あの岩の原子1つ1つ、闇に包まれたあの山の結晶1つ1つが、それだけで世界を形作る。頂上を目指す努力そのものだけで、人間の心を満たすには十分なのだ。そう、シーシュポスは幸福と言わざるをえないのである」
>
> ——アルベール・カミュ著
> 『シーシュポスの神話』より

顧客の声を聞くべきか、聞かざるべきか？ | Listen to Your Customers—or Not

　起業の世界では、「イノベーション活動における顧客の適切な役割とは何か？」ほど意見の分かれる話題はない。顧客から収益を得るには、顧客から直接料金を徴収するか、顧客の数の力に頼って、料金以外の方法で収益化を図るしかない。この点については、（ほとんど）誰もが認めるところだろう。しかし、顧客とビジネス上の意思決定との関係となると、アドバイスはさまざまだ。無数の書籍、ブログ、カリスマ経営者が、顧客について似たような決まり文句を繰り返している。「お客様は神様です」「お客様第一」「顧客は常に正しい」など。だが、意外性を狙ってか、その逆の記事見出しもしょっちゅう見かける。「顧客は無視せよ」、「顧客の声は聞くな」[1] などなど。スティーブ・ジョブズは、「われわれは市場調査など行なわない」と言ったそうだ。

実際には、どちらも正しい[2]。

　イノベーションにはこんな法則がある。解決策が破壊的であればあるほど、顧客の話すニーズや行動は信頼できない。イノベーションというと使い古された言葉の感があるが、ここでは「有意義な変化」を指すとしておこう。マーケティングで使われる流行語のような意味合いは、いったん忘れてほしい。

　クレイトン・クリステンセンは、既存の市場の既存の製品を改善する有意義な技術のことを**持続的技術**と呼んだ。この場合、問題や解決策は既知である。価値の流れは十分に理解され、具体的なプロセスへと変換され、実行されている（さらに、継続的に改良されていれば理想的だ）。その中には、顧客と対話し、顧客にとってもっともメリットのある製品の改善点を理解するプロセスも含まれている。

　改善点の中には、顧客に訊くまでもないほど明らかなものもある。性能の向上、容量の増大、総所有コストの削減が目的なら、先に顧客の反応をうかがう必要はない。とはいえ、顧客にそうしてほしいかと訊ねれば、信頼できる答えが返ってくるだろう。または、単に「何がほしいですか？」と訊ね、お望みどおりのものを作れば、収益を上げられるだろう。クリステンセンは主に技術的なイノベーションについて話しているが、有意義な

変化は必ずしも技術と直結したものとはかぎらない。たとえば、新しい流通方法やパッケージ、既存の技術を用いた新機能、画期的なユーザー設計なども、十分にイノベーションになりうる。つまり、「持続的イノベーション」とは、既存の市場をほんの少し改善する方法すべてを指しているわけだ。

持続的技術と対極にあるのが、クリステンセンのいう**破壊的技術**だ。持続的イノベーションと同じで、破壊的といっても技術的な破壊である必要はないので、本書では破壊的技術に話を絞るのではなく、破壊的イノベーション全般について話そう。破壊的イノベーションは巨大な変化を巻き起こし、まったく新しい市場を生み出したり、既存の市場をひっくり返したりする。（一見すると）突然、新しい会社が食物連鎖の頂点に躍り出たり、市場の大半の企業が新しい競合企業に屈したりしてしまうのだ(3)。たとえば、次のような例がある。

- iPhoneは、大手通信会社と手を組んでさまざまな携帯電話向けのモバイルサービスを提供しようとしていた新興企業を次々と破滅に追い込んだ。すべての会社が、無料や99セントのアプリを提供するiPhone（のちにAndroidも）に飲み込まれてしまった。また、いくつかの大手携帯電話メーカーも長らく下降の一途をたどり、消滅の危機に瀕している。

- iTunesは音楽業界を破壊しつつある。

- Salesforce.comはCRM（顧客関係管理）システム業界を一変させただけでなく、ソフトウェアアズアサービス（SaaS）ビジネスモデルとして初めて大成功した。

- Priusは自動車業界を破壊した。

- Amazonは出版業界を破壊しつづけている。

破壊的イノベーションは偶然の産物であるケースも多い。変革の性質や規模は、ナシーム・N・タレブのいうブラックスワンだ。タレブは次の3つの特徴を持つ事象をブラックスワンと呼んでいる(4)。

❶ふつうに考えられる範囲の外側にあること（まれであること）。
❷とても大きな衝撃があること。
❸人間の生まれつきの性質のせいで、事後的に適当な講釈を付けたり、説明や予測が可能だったことにしたりすること。

破壊的イノベーションの場合、（市場に参入するまで）市場は未知であるばかりか、不可知でもある。占星術師や占い師と同じで、未来の鮮明な〝ビジョン〟を抱いていると、わかったつもりになるが、実際には市場が姿を現わすまで、市場は未知なのだ。あなたにわからないなら、顧客にはもっとわからない。破壊的イノベーションの場合、顧客に要求を訊いても無駄だ。既存の知識の外側にあるものなど、訊かれてもわからないからだ。

スティーブン・ブランクの**新規市場**はクリステンセンの破壊的イノベーションと対応している。また、スティーブンは**ニッチによる再セグメント化**と**低コストによる再セグメント化**という2つの造語も生み出している。いずれもイノベーションが連続的であることを示す言葉だ。既存の破壊的イノベーションを新規市場に応用する例はたくさんある。私たちはこの種のイノベーションを**波及的イノベーション**（rippling innovation*）と呼んでいる。

- **低コストによる再セグメント化**では、既存市場の中でもっとも価格に敏感なサブセグメントをターゲットにする。

- **ニッチによる再セグメント化**では、具体的なニーズに特化した製品の方が、より良いサービスを提供できるサブセグメントをターゲットにする。

- **波及的イノベーション**では、破壊的イノベーションの恩恵をまだ受けていない既存市場をターゲットにする。

---
*この言葉は『アントレプレナーの教科書』にある言葉ではなく、著者オリジナルの造語（http://market-by-numbers.com/2010/12/innovation-disruptive-sustaining-rippling/）。

顧客の話を額面どおりに信じられるかどうかは、あなたがどのタイプのイノベーションを目指しているかによって決まる。先ほども話したが、既存の顧客に「性能を向上させてほしいですか？」と訊ねれば、たいてい信頼できる答えが返ってくるだろう。1990年ごろ、「5.25インチのディスクの容量を増やしてほしいですか？」と訊ねたら、間違いなくイエスという答えが返ってきただろう。しかし、同じ顧客に「3.5インチのディスクはほしいですか？」と訊ねたら、「何のために？ 文鎮代わりにするため？」と訊き返されるかもしれない。

　代わりに、3.5インチのディスクの新規市場、つまりアーリーアダプターを見つけなければならない。アーリーアダプターはあなたの意図をずばり見抜く力を持っている。たとえば、「3.5インチのディスクがあったらうれしいですか？」と訊ねたら、「どうして？　持ち運びのできるコンピュータでも作る気かい？」と返ってくる。ビンゴだ！

顧客の話を信じるべきか？

　顧客の話を信じるべきか、信じないべきか？ 判断するコツは次のとおりだ。

> **ヒント**：顧客を信じるといっても、顧客の言いなりになるという意味ではないので注意。

- 顧客がよく理解し、愛している既知の製品の改良について話をするときは、信じてよい。
- 新製品について顧客と対話していて、顧客が話をきちんと理解していると感じた場合は、一部信じてよい。
- 既存の顧客にまったく新しい製品がほしいかどうかを訊ねる場合、回答を鵜呑みにはしない方がよい。
- 潜在顧客に「このアイデアにお金を払ってもいいと思いますか？」と訊ねる場合、答えがイエスであってもノーであっても、当てにならない。
- 大叔父にアイデアを絶賛されたとしても、それを信じて行動してはいけない（大叔父がターゲットセグメントに属しているとかならまだしも）。

　あなたのターゲット市場に属する顧客は、製品にのめり込めば込むほど、持続的イノベーションを求めるようになる。新製品を発売する場合、アーリーアダプターはすでにその段階に達しているので、貴重な存在だ。重要なフィードバックを返してくれるからだ。

　顧客は製品にある程度満足すると、持続的イノベーションを求めるようになる。そして、製品にのめり込み、熱狂するにつれて、どんどんその傾向は強くなる。

　顧客の声を聞くべきなのは、こういうときだ。製品に熱狂している顧客がいるなら、顧客の不満、機能の要望、評価に耳を傾けよう。これは市場プルの状態であり、製品と市場のフィットを実現する原動力になる。しかし、話を聞くことと言いなりになることは同じではない。顧客がそう要望している理由を理解し、最善の決断を下すのは、あなたの役目だ。いちばんの問題は、「顧客の要望に応えるべきか？」「応えるとすれば、どの要求か？」だ。

　その答えは、あなたが自分の市場セグメントを理解しているかどうかによる。

　市場セグメントに関する章を思い出してほしい。

　顧客の要望に応えるべきなのは、その顧客があなたの市場セグメントに属する場合だ。市場セグメンテーションを適切に行ない、セグメントごとに顧客エンゲージメントやフィードバックを追跡していれば、どの機能を優先すべきかがわかるはずだ（ここでいう機能とは、あなたの事業のあらゆる特性や、顧客に価値を届けるありとあらゆる活動を指す。たとえば、流通、パッケージ、メッセージ、製品機能など）。

　顧客の声に耳を傾けるのは、あなたの仮説を実証し、ビジネスを成長させる方法の1つにすぎない。ほかにも、顧客の行動を観察し、測定する民族誌学的な方法もある。

　リーンスタートアップでは、仮説の妥当性を検証するため、主に3つの方法を用いる。

❶顧客との対話。
❷実験。
❸データの分析。

顧客との対話 | Customer Interaction

顧客との対話は、顧客と関係を築き、情報を学び取る無数の方法を示す、キャッチフレーズのようなものだ。顧客と対話する方法として、次のようなものがある。

- スティーブン・ブランクの顧客開発
- 観察
- ユーザー中心のデザイン手法
- 接客販売
- 顧客の生活の再現

私たち著者がこれほど熱心に顧客開発を勧めるのは、ハイテク系のスタートアップで働いていたとき、あいまいなプロセスに苦しめられた経験があるからかもしれない。スティーブン・ブランクは著書『アントレプレナーの教科書』で、このようなあいまいなプロセスを解決する手法を提案している。繰り返しになるが、その目的は主に次の2つだ。

❶学習する。大事なのは、製品、価値、市場に関する仮説を忠実に守ることではなく、仮説を実証したり否定したりして、現実的なゴールに向かって前進しつづけることだ。

❷無駄をなくす。大事なのは、ワークシートを記入したり、新しい成果物を生み出したり、仮説を文書化したり、面接を効率化したりすることではない。ビジネスの針を動かす（ビジネスに目立った変化をもたらす）ために、何を学ぶかだ。

リーン関連の書籍ではお決まりのネタだが、トヨタの関係者はアメリカやカナダのドライバーの日常生活を体感するため、主にミニバンでアメリカの50の州、カナダの13の州と準州を回ったという(5)。世界最大の自動車メーカーでさえ、こんな顧客開発の方法を実践していたのだから、あなたの企業にもできないはずはないのだ！

顧客開発

顧客開発の基本的なステップは次の8つだ。

❶主な仮説をまとめる。

- 顧客（市場セグメント）は？
- 解決しようとしている問題は？（悩み、情熱、顧客の目標、果たすべき仕事など）
- その（理想的な）解決案は？（機能ではなく価値命題）

❷そのほかのビジネスモデル仮説についてブレインストーミングする。

- パートナー、流通など。
- 製品プラットフォーム、デザイン、機能。
- 営業・マーケティングファネル。

❸対話する見込み客を探す。

- ソーシャルネットワーク（Facebook、LinkedIn、Twitterなど）。
- Craigslist、アンケート、オフ会、フォーラムなど。
- 対話する相手がわからない場合は、まずは対象を広く取る。そして、あなたの解決しようとしている問題の理解者（アーリーアダプター）へと、対象を絞っていく。

❹見込み客に接触する。

- 電子メールや電話を使う。
- 製品開発や情報収集の前に売り込む。
- 計画しすぎない。とにかくやってみる！

❺見込み客を惹きつける。

- 顧客、問題、解決策に関するプレゼン。

- 自由形式の会話を利用する。
- 相手の時間や専門知識を尊重する。

❻構築－測定－テストを行なう。

- 顧客、問題、解決策に関する仮説の検証を繰り返す。
- 実用最小限の製品（MVP）をテストする。
- ビジネスモデルに根本的な欠陥がある場合、方向転換する（ピボット）。

❼ 問題と解決策をフィットさせる（MVP）。

- 市場で採算性を実現できるよう、製品を繰り返し改良する。
- 顧客に届ける価値を定量化する。
- 営業・マーケティングのロードマップを調べる。

❽MVPを完成させる。

- 市場での採算性を実証したら、そのほかのビジネスモデル仮説を実証する。
- うまくいかない場合、それまでの仮説に戻る。
- 解決策に関する仮説に根本的な欠陥がある場合、方向転換する（ピボット）。

　簡単そうだな。2〜3か月もあれば終わるだろう。そう考えたのなら、大間違いだ。延々と試行錯誤や方向転換を繰り返すスタートアップは少なくない。もはや実用最小限とはいえないような製品で、何年間も製品と市場のフィットを目指しつづける企業は多いのだ。

　先ほど紹介したステップは、顧客開発を実践するときに役立つアプローチの1つにすぎない。現実的には、組織はそれぞれ異なるので、あなたの直面している不確実性、製品開発の段階、利用できる資源に応じて、最善の方法を判断するのはあなたの仕事だ。

　目的はステップを完遂することではない。学ぶことだ。プロセスが数珠つなぎで進むことなどめったにない。市場セグメントに関する仮説を検証しながら、コンバージョンファネルについて学ぶことだってできる。嘘じゃない！　B2Bの営業方法を学ぶのに、ステップ15まで待つ必要なんてないのだ。

CASE STUDY

屋外どころか国外に出よう

embrace

　2008年、ジェーン・チンを筆頭とする優秀な人材たちが、世界を変えるために力を合わせた。彼らはインド工科大学、ハーバード大学、スタンフォード大学、マサチューセッツ工科大学といった世界の一流大学出身のMBA、弁護士、エンジニアだったが、起業や製品の商品化という意味では、ほとんど実世界での経験がなかった。しかし、自分が何を知らないのかも知らなかったし、恐れるものはほとんどなかったので、彼らはオープンな心で世界と向き合った。シリコンバレーやウォールストリートでキャリアを追求する代わりに、デザインコンサルタント会社D2Mのアンディ・バトラーの力を借りて、社会的起業の世界へと飛び込んだのだ。

　彼らが取り組んだ問題とは何か？　開発途上国の未熟児を救うことだ。解決策は？　貧しい国々の人々でも買える超低価格な保育器を届けることだ。

アンディ・バトラー：彼らは最初、"昔からある保育器をたたき台にして、ありとあらゆるコスト削減策を講じよう"、と考えていました。専用の部品ではなく既製の部品を使えば、コストを下げる方法はいくらでもあります。そこで、まずは固定型の保育器のコストを大幅に削減する方法を考え、一定の成果を挙げました。

　リーンの「現地現物」（自分で現地に行って確かめること。『ザ・トヨタウェイ（上）』66ページ）の精神に従い、チームは屋外どころか国外にまで出た。彼らはインドを訪れ、病院で働いたり医者の話を聞いたりした。その結果、すぐに1つの現実がわかった。解決策が求められているのは、未熟児そのものというよりも、低体重児だったのだ。早産かどうかは関係なかった。栄養不足で低体重の子どもたちのために、どこでも実践できる解決策を考える方が、効果は大きそうだった。

　社会に目を向けてみると、確かに早産が原因で亡くなる子どもはたくさんいた。しかし、人数や長期的な社会的影響という点でいえば、栄養不足の母親が栄養不足の子どもを産むことの方が、深刻な問題だった。そうして産まれた子どもは体脂肪が少ないので、母親が仕事に出ている間、低体温になりやすい。できれば赤ん坊をなるべく長く抱っこして身体を温めるべきだが、仕事中は抱っこしていられない。そのため、1日のうち何時間か、子どもは自力で体温を上げなければならない。低体温になりやすいのはその間だ。死には至らないまでも、生理的な面で色々な問題が生じる。発育の遅れ、神経の損傷、生理学的な障害など、深刻な健康問題を抱えて育った子どもたちは、社会に長期的な負担をもたらすのだ。

　Embraceのチームは問題を深く理解したところで、ギアをチェンジした。彼らは持続的イノベーションを追求する――つまり既存のものを効率化、高速化、低価格化する――代わりに、今までにない解決策を模索したのだ。母親が屋外、工場、自宅で働いている間、子どもをそばに置いておき、身体を温められる方法はないか？

バトラー：理論的思考から離れ、現実を深く理解したことで、彼らは発想の転換ができたのです。彼らは保育器メーカーでもなければ、解決策にこだわっていたわけでもなかった。オープンな心で臨んだのが、成功の大きな要因でしょう。

　チームは次々とテストを重ね、「早めにたくさん失敗する」の精神で、提案された解決策を次々とプロトタイプにしていった。どんどん学び、アイデ

アを進化させていった。インドの農村に残り、現場におもむいた。助産師の話を聞き、低体重の子どもを持つ母親や、電力供給の安定しない地方の病院で働く医師と一緒になって考えた。この経験から生まれたのが、現在の解決策だ。

　破壊的イノベーションに取り組むなら、顧客にほしいものを訊ねるわけにはいかない。栄養不足の赤ちゃんを持つ母親にほしいものを訊いても、「そうねえ、仕事場に持っていって肩から背負える最新式の保育器がほしいわ！」とは答えないだろう。解決策を見つけるためには、イノベーター側の熱意や創造力が必要なのだ。もちろん、そもそも解決策があればの話だが。

バトラー：悩みを訊くのは簡単です。苦労、心配事、望みを訊くのも簡単です。でも、どうすればその問題を解決できるかは、本人にはわかりません。ですから、人々の情報に耳を傾け、創造力を働かせるのは、デザイナーやイノベーターの仕事です。解決策を考えても、受け入れられることもあれば、拒絶されることもあります。でも、その両方から学ぶことが大事なんです。拒絶されたことで、自分でも気づいていなかった価値が見つかることもある。いわば、拒絶は宝の山なのです。

　Embraceチームが思いついたのは、電力供給源のいらないシステムを作ることだった。そのアイデアをもとに、すべての設計を見直した。しかし、そのためには、野外や電気のない場所でも使えるエネルギー貯蔵メカニズムを考えなければならなかった。

バトラー：パラフィンを色々な温度で溶けるようにできることがわかりました。パラフィンは固体から液体になるときにエネルギーを吸収し、液体から固体に戻るときに少しずつエネルギーを放出します。ですから、密封パック2〜3枚分くらいのパラフィンでも、数時間分の熱エネルギーを十分に蓄えておけるわけです。

　たとえば、あなたが母親だとしよう。自分自身も栄養不足なのに、栄養不足の子どもを産んだばかりだ。毎日、屋外で仕事をしている。赤ん坊を仕事場に連れていく必要がある。そこで、あなたは出勤前にパラフィン袋を火にかけるか、黒い鉄板の上に置いて溶かし、Embrace特製の〝寝袋〟のポケットに入れる。仕事場に着くと、あなたは子どもを少し抱いてあやしたあと、しぶしぶ仕事に取りかかる。穀物の収穫だ。そこで、あなたは赤ん坊をEmbraceの〝寝袋〟に入れ、寝かしつける。脇にあるポケットに入れたパラフィンは、少しずつ凝固し、エネルギーを放出する。身体が温まるので、赤ん坊は低体温にならずにすむというわけだ。

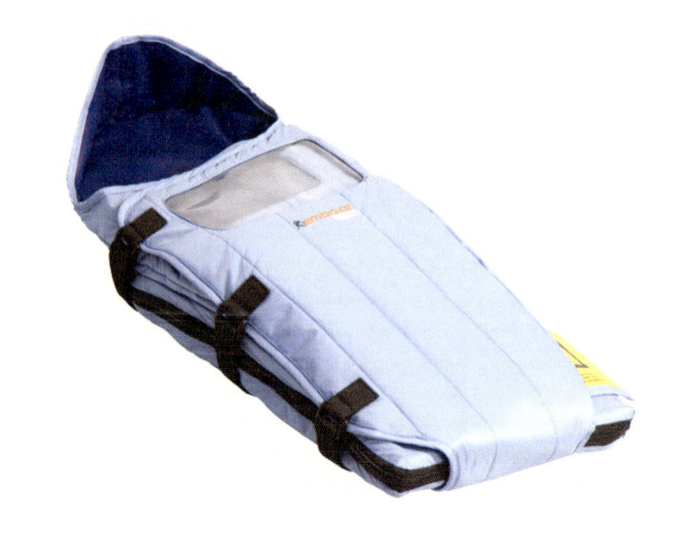

顧客との対話の仕方は、顧客から何を学ぼうとしているのかによって、次第に変わっていく。初めのうちは、顧客に共感し、長期的な関係を築くのが最大の目標だ。

　アントレプレナーが顧客と初めて会話するときに犯しがちなミスは、解決策を売り込んでしまうことだ。せっかく苦労して顧客と面会する機会を得たのに、会ったとたんに開口一番、「実はいいアイデアがあるんですよ！」と言ってしまう。これは良くない。そして、返ってくるフィードバックも役に立たない。顧客はせいぜいうなずいて、「それは名案ですね！　がんばってください」と言い、あなたを早く追い返すくらいだろう。あなたとアイデアの欠点について真剣に議論しても、「わかっていませんね。そうじゃなくて……」などと延々と話を聞かされるのがオチだからだ。

　ターゲット顧客の悩みや情熱を深く理解していなければ、解決策について話しても意味がない。顧客にとっては、あなたの製品、機能、プラットフォーム、アーキテクチャなどどうでもいい。顧客にとって関心があるのは、ずばり問題の解決だ。本当に顧客の問題を解決したいなら、顧客の視点で、なるべく詳しく問題を理解することだ。

　問題を深く理解したら、次は解決策の具体的な点を質的に検証する番だ。人々が求めるマーケティングや販売の方法とは何か？　また、製品の初期のバージョンを渡して、使い方を観察するのもいい。製品を顧客の環境——自宅、休暇先、社会的環境、職場など——で使えるようにするには、何が必要なのか？　顧客の今までの生活や仕事の流れの中で使える製品は？　さらに、必須の機能とは？　人々を単なる満足した顧客でなく、熱狂的なファンへと変えるには？

動物学者になる

　顧客を自然な生息環境の中で観察するのは、顧客の日常生活を理解する大きな助けになる。つまり、顧客に共感できるようになるわけだ。アントレプレナーのリース・パチェコは、スポーツの試合動画の管理・共有を支援する会社HomeFieldを共同創設したとき、技術に詳しくない人々に技術的な解決策を提供することがいかに難しいかを思い知った。

　パチェコはこう話す。「コーチの部屋を訪れてようやく、自分たちの解決しようとしている問題がぼんやりとわかりはじめました。私たちがコーチの縄張りを訪れるのと、コーチを連れてきて私たちの製品を見せるのでは、ワケが違います。壁にかかっている写真がどうとか机に積んであるDVDがどうとかだけでなく、対話の仕方がまるきり変わるんです」

　蓋を開けてみると、コーチ（＝HomeFieldのターゲットセグメント）を支援するのは技術的に難問だった。コーチはIT部門に言われたとおりのブラウザーを使っているだけで、デスクトップアプリケーションの電子メールとWebベースの電子メールの違いさえ理解していなかった。

　パチェコはこう言う。「あるとき、電子メールクライアントがLotus Notesだったせいで動画にアクセスできない顧客がいました。動画ファイルをアップロードしようとすると、アップロードが完了する前にコンピュータがスリープ状態になり、タイムアウトしていたのです。ですが、これは顧客ではなくわれわれの責任です。成功したければ、顧客の環境を理解し、正しくわかりやすい指示を出し、驚くほど使いやすい製品を作らなければいけません」

　スコット・アンソニーは、P&Gの面白い例をいくつか紹介している。P&GのCEOのA・G・ラフリーがある女性を観察していたところ、Tideという食器用洗剤の箱を開けるのにドライバーやハサミを使っていた。それなのに、その女性は「パッケージが気に入ってます」なんて言っていたのだ！　また、P&Gの簡単お掃除商品であるSwifferシリーズは、女性が床にこぼしたコーヒーの出し殻を片づける様子を観察していて生まれた。ジーンズメーカーのVF Corporationは、女性客が腕いっぱいにジーンズを抱えて更衣室に向かうのを見て、ジーンズのラベルや店内の陳列を改めた。それまでのラベルでは、体型にフィットするかどうかがわからなかったのだ[6]。

　スティーブ・ジョブズは、顧客の要望を訊くためではなく、顧客を観察するために小売店を訪れた。話によると、茂みに隠れたりもしていたらしい！[7]

　顧客の観察は直感的な問題だ。観察を通じて顧客のニーズや欲求を探り出すわけだが、そうして

見つかった問題の解決策を描くのは、あなたの仕事だ。悩みを抱えるのが顧客なら、そこからビジョンを導き出すのがアントレプレナーなのだ。

医者になる

　医者は患者に質問したり話を促したりして、患者の感じ方（心と身体の両方）だけでなく、その原因まで理解しようとする。患者は病気への恐怖、現実の否定、自覚症状のなさなどから、なかなか真実を言おうとしないことも多い。患者への共感は、医師が患者と関係を築くうえでとても重要な要素だ。効率的に意思疎通を図るためだけでなく、患者の健康をむしばんでいる根本原因を理解するためにも、必要なものなのだ。もちろん、共感力のない医者はいくらでもいるが。

　それでも、アントレプレナーは医者を見習うべきだ。共感は起業を成功させる第一歩なのだ。解決しようとしている問題を深く理解しなければ、問題は解決できないし、解決策を利用する人々を深く理解しなければ、解決策は設計できない。また、不特定多数の人を理解するのは無理だとしても、特定のサブセグメントのニーズや要求を理解し、価値ある体験を築くことならできるかもしれない。加えて、追加の必要なものや不要なもの、それぞれのセグメントに対するマーケティングや営業の方法も学べるだろう。

　共感力は、ほとんどのスキルと同じで、生まれつき持っている人もいればそうでない人もいる。だが、あとから身に付けることは可能だ。**他者への共感**とは、相手の靴を履いて歩いてみることであって、相手と同じ靴を買うことではない。「自分が相手と同じ状況ならどうするか」ではなく、相手の視点に立って、その行動を取る理由を理解することなのだ。

　見込み客とそういう深い会話をするのは難しい。その1つの理由は、解決する側が、解決しようとしている問題を簡潔に説明できないからだ。自分の説明できない問題を解決することなど、どうしてできるだろう。

　根本的な問題を理解していない問題提起の例をいくつか挙げてみよう。

・**われわれは企業のコストを削減します。**

　確かに、企業は製品を購入するとき、プラスの投資利益を求める。しかし、企業が製品を買うのは、プラスの投資利益を実現するためではなく、問題を解決する（製品に仕事をしてもらう）ためだ。投資利益は、製品が購入代金、移行コスト、ブランドリスク、セキュリティコストといったハード面やソフト面のコストを上回る仕事をしてくれたときに初めて、結果として付いてくるものなのだ。

・**友人とのコミュニケーションを効率化します。**

　確かに、人々は友人同士でコミュニケーション

を取るのが好きだ。熱狂しているといってもいい。しかし、人々はもっとコミュニケーションを取れるクールで新しいモバイルアプリを求めているかといえば、そうではない。モバイルソーシャルアプリの開発者が解決すべき問題は、モバイルアプリ不足ではないのだ。

・**中小企業に必要なのはWebプレゼンスです。**
確かに、多くの中小企業の弱点はオンラインプレゼンスだ。多くの企業にとって、オンラインでプレゼンス（存在感）を確立するのは難しいし、コストがかかりすぎる。少なくとも、そう思っている。しかし、Webプレゼンスを確立するためだけにWebプレゼンスを求めるのは、誇大宣伝に踊らされた愚かな企業だけだ。Webプレゼンスを確立するだけなら、真のビジネスニーズを満たしたとはいえない。顧客がWebプレゼンスを求めている理由は？　本当にWebプレゼンスはそのニーズを満たす最善策なのか？

問題を真に理解するためには、先に解決策を提案してはいけない。そうでなければ、解決策自体へのフィードバックは得られても、問題が存在するかどうかはわからないからだ。

顧客に話をさせる

顧客の抱える問題について仮説を立て、正確に述べられるようになったとしよう。すると、次のように会話を始めることが考えられる。

こんにちは、〈あなたの名前〉と申します。私は〈あなたの業界〉市場について調査しています。〈ターゲット顧客〉の話をうかがっていると、〈問題1/問題2/問題3〉といった声をよく耳にします。御社にも心当たりはありませんか？

> **例：**
> こんにちは、ブラント・クーパーと申します。私はスタートアップ業界について調査しています。スタートアップの創設者の話をうかがっていると、「顧客を正確に理解するのが難しい」「製品アイデアの実証方法がわからない」「顧客とのコミュニケーションの仕方がわからない」といった声をよく耳にします。御社にも心当たりはありませんか？

さて、中身を見てみよう。会話の中心はあなた自身ではない。ただし、相手はあなたが誰なのか気になるかもしれないので、簡単に自己紹介し、話をしている理由をおおまかに説明しよう。そうしたら、なるべく早く会話の中心を相手に持っていく。そのためには、相手の心に響くと思う問題を1～3つ簡単に挙げ、心当たりがあるかどうかを訊ねるといいだろう。

起こりうる最悪の結果は、次のとおりだ。

・「お引き取りください」と言われる。そう言われた場合は、いちもくさんに去ろう。こういう相手は潜在顧客でもないし、話を聞く気もない。

・「問題提起に間違いがある」と言われる。学習の絶好のチャンスだ！

・「そういう問題はありがちだが、うちの企業には当てはまらない」と言われる。これも学習の絶好のチャンスだ！　どのように問題を克服したのか？　現在抱えている問題は？

いずれにしても、話しかける相手が間違っていたか、色々と勉強になるかの2つに1つだ。話しかけた相手が間違っていたとしても、学習のチャンスはある。同じ問題を抱えている人に心当たりはないか訊ねてみよう。相手がターゲットだと思っていたのに、実際にはそうでなかった理由を探ってみよう。その回答を参考にすれば、市場セグメントの定義を狭めたり、今後の見込み客の絞り込みに役立つ質問のリストを作ったりできるはずだ。

こういう教訓は、黙々と考えたり漠然と何かをやったりするだけでは得られない。実際に会いに行くしかないのだ。どんなに悪い結果になろうとも、せいぜい目の前でバタンとドアを閉められるか、ガチャンと電話を切られるくらいだろう。

もちろん、笑われるかもしれない。でも、そう、それだけのことだ。

CASE STUDY

起こりうる最悪の結果は?

Simple Energyは、ワイヤレスの温度調節器を使って、自宅のエネルギー消費量を抑え、電気料金を節約するサービスを提供する会社だ。賢明にも、Simple Energyは大幅な時間と資金を費やして一からワイヤレス温度調節器を開発する代わりに、いくつかのプロトタイプを製作した。

創設者のヨアブ・ルリーはこう話す。

シンプルな温度調節器でした。付いているのは上下ボタンと小さな画面だけです。しかし、Wi-Fi経由でルータとつながっていて、iPhoneやiPadでコントロールできる点が特長でした。しかも、他社の開発者がうちの製品をベースにエコシステム全体を築けるというのもウリでした。

彼らは数種類のプロトタイプを作った。さまざまな家やインテリアデザインなどに合うよう、デザインに工夫をこらした。電力会社と手を結び、顧客に温度調節器を配ってもらうつもりだった。彼らはやっとのことで大手の電力会社の幹部と面会を取りつけたものの、気まずい歓迎が待っていた。

この温度調節器を持っていったら、文字どおり笑われました。でも、製品に自信があったので、笑われる理由がわからずにいました。すると、向こうが引き出しから500ドルの高級な温度調節器を取り出して、こう言ったんです。「うちでは、これを配るために訪問販売のセールスマンを雇っています。そして、家庭に無料で1個受け取ってもらうたびに、セールスマンに60ドルの報酬を支払っているんですよ」

同じような経験があと2回続くと、彼らはようやく問題を悟った。「問題は消費者を助けるツールそのものにあるのではなく、人々の無関心なのだと気づきました」

しかし、たとえ最悪の状況になっても、学習のチャンスはある。彼らはいちどの失敗ではあきらめなかった。代わりに、問題を別の角度から見つめ直したのだ。彼らは家庭のエネルギー消費量を削減するというビジョンは貫くことにした。でも、どうやって?

もし顧客に、「電気代を節約したいですか?」と訊ねれば、ほとんど全員が「イエス!」と口を揃えるだろう。お金を節約したくない人なんていない。もし「エネルギー消費量を抑えたいですか?」と訊ねれば、やはりおおむね「イエス」と返ってくるだろう。アンケートで「新しい温度調節器を無料でもらえるとしたら、ほしいですか?」と訊ねたとしても、ほとんどの人がイエスと答えるのではないかと思う。

残念ながら、この問いは現実に即していない。現実に即すなら、「エネルギー消費を抑えて、お金をほんの少し節約するために、行動を大幅に変える気がありますか?」と訊くべきなのだ。自宅にやってきたセールスマンに「無料の温度調節器はいかがでしょう?」と訊かれると、その現実が大きくのしかかる。

「何のために?」と家長が訊ねる。

「これ、Wi-Fiとつながっているので、iPhoneでエネルギー消費量をチェックできるんですよ」

「結構です!」(バタン!)

覚えておくべきなのは、潜在顧客との対話の仕方が、学習にとっては重要だということだ。この場合、ニーズを検証することはできる。消費者は電気料金を下げたいと思っているし、エネルギー消費量も抑えたいと思っている。

しかし、その解決案を一定の精度で検証するのは難しい。消費者は節約のために行動を変えるかどうか、自分自身でもうまく予測できない。それに、お望みの解決案を考えてほしいといわれても、斬新なアイデアは思いつかないだろう。

イノベーションはアントレプレナーの仕事だ。電力会社はエネルギー消費量を追跡できるツールをすでに持っていたのに、顧客に使ってもらうことはできなかった。

「人々に関心を持ってもらう方法はないか——そのヒントを教えてくれる人を探しました」とルリーは話す。「そうして見つけたのが、ダン・アリエリーです[8]。彼は人々が不合理な行動を取る理由や、人々に思いどおりの行動を取らせる方法について、ベストセラーを2作も書いています。結果的に、私たちは温度調節器メーカーから、ソーシャルゲーム企業へと転身しました。私たちのアプリケーションの根底にあるゲームシステムを設計できたのは、ダンのおかげです」

アイデアの実証には2つの段階がある。

● **顧客との対話を通じて顧客の問題について学ぶ**

・最重要事項：あなたの製品や解決策が対象とする顧客の悩みや情熱を1〜3つ挙げる。
・現在、顧客はその悩みにどう対処しているか？　今までの代替策や解決策ではうまくいかない理由は？
・その問題が及ぼす影響は？
・悩みや情熱の深さは？
・顧客を獲得するうえで最大のハードルは？　人々が製品を購入しない理由は？
・顧客が関連製品（競合製品とはかぎらない）を買うときの習慣は？　つまり、顧客の期待するマーケティングや営業の方法は？

● **顧客との対話を通じて問題を実証したあと、解決案について学ぶ**

・顧客はあなたの解決案を新規市場のものとしてとらえるだろうか？　言い換えれば、顧客はすぐに市場の別の解決策と比べようとするだろうか？（だとすれば、新規市場とはいえない）
・現在、顧客には、あなたの製品を今までの仕事の流れや日常生活に取り入れられる環境が整っているか？
・顧客は自分の生活の中であなたの製品を利用するところを想像できるだろうか？　できるとすれば、どういう状況で？
・顧客は製品に1ドル払ってくれるだろうか？　100万ドルなら？

CASE STUDY

非営利組織の
リーンスタートアップ

ROL Road of Life

不確実な状況のもとでイノベーションを行なう難しさを感じているのは、ビジネス系のスタートアップだけではない。非営利業界のイノベーターも同じだ。数々のスタートアップを創設してきたロブ・エムリックは、試行錯誤の末に自身の非営利組織を成功に導いた。彼はどのように建物から飛び出して、ビジョンを進化させていったのか？　話をうかがった。

著者：非営利組織の名前は？

ロブ・エムリック（以下、エムリック）：Roadoflife.orgというWebサイトを運営していて、これをプログラムの名称として使っています。非営利組織の正式名称はKeren Emrich Foundationといい、学校や教師に健康教育のカリキュラムを提供しています。

著者：始めたきっかけは？

エムリック：私は小さいころ、妹をがんで亡くしました。神経芽細胞腫という予防不能ながんです。まだ幼いころに妹を亡くしたことで、私はずいぶんと影響を受けました。大学4年になると、こんどはいとこが脳腫瘍で亡くなり、母親に乳がんの疑いが見つかり、おばが乳がんになりました。
　そこで、私は4年生のときにがんの撲滅に一石を投じようと決心しました。そのためにたくさん資金を集めようと。

著者：最初にしたことは？

エムリック：最初にしたのは、いわゆる建物から飛び出すことです。スタートアップでいう顧客開発ですね。私たちはオハイオ州保健局のがん部門の責任者にアポを取ったのですが、それが大きな転機になりました。
　すぐにわかったのは、問題はお金ではないということでした。もちろん、初志貫徹して、資金集めに走ることもできたでしょうが。

著者：ほう、どういう意味でしょう？

エムリック：がん研究に投じられるお金はふんだんにあるということです。仮にがんばってがん研究のために5000万ドルを調達できたとしても、政府が毎年がん研究に投入する補助金や、慈善基金の助成金の合計に比べたら、すずめの涙みたいなものです。私たちが資金を集めても無駄だったわけです。

著者：つまり、いざ建物を飛び出して現場に行ってみたら、「君たちの熱意には感服するけれど、これが現状だ。この世界はこういう風に回っているんだ。お金の問題じゃないのだよ」と言われてしまったわけですね。

エムリック：オハイオ州保健局の人たちのおかげで、問題は研究にあるわけではないと気づきました。そして、資金調達、アイデア、資金配分など、どこをどう工夫してみても、研究にはたいした影響は及ぼせないこともわかり

ました。

　むしろ、弊害も多いのです。寄付する側にも問題はあります。成果の期待できない研究にお金を寄付しても、仕方がありませんからね。本当に大事なのは、病気の予防、特に子どもの病気の予防です。ほとんどのがんは、食生活の改善、禁煙、運動といった簡単な行動で予防できますから。それに、子どもの肥満、糖尿病、生活習慣病も蔓延しています。私たちはその線に力を入れることにしました。

　その結果、子どもの病気予防に大きな課題が潜んでいると気づきました。大人に近づけば近づくほど、行動を変えるのは難しくなっていきますから。

　そこで、次に私たちは子どもの健康教育について詳しく調べました。その結果、アメリカがん協会から、喫煙防止プログラムまで、色々な機関がカリキュラムを提供しているとわかりました。でも、見てください。世の中はいまだに肥満の子どもばかりです。みんな病気の予備軍です。どうして一向に効果が上がらないのでしょう？

著者：実情を詳しく調べた結果、「どうやら、現在の手法はうまくいっていないらしい」と思った。そこで、一種の懐疑的なアプローチを取ったわけですね。単に正しいアイデアを実行するだけじゃなく。

エムリック：そうです。子どもをどうにかしなければと気づくと、次は教育の現場が知りたくなりました。そこで、実際に教師の話を聞きに行きました。これも〝建物から飛び出す〟の一例ですね。

著者：話した教師の人数は？

エムリック：教員会議に何十回と参加しました。ですから、初期の段階では50人くらいでしょうか。すでにカリキュラムが手元にある教師もいました。でも、ここが重要なポイントです——カリキュラムは持っているのに、使っていなかったのです。

カリキュラムを持っているのに、なぜ使わないのか？　それがわからなかったので、こんどは教室を訪れました。棚にはアメリカ心臓協会のカリキュラムが置きっぱなしになっていました。

著者：アメリカ心臓協会はどうやってカリキュラムを教師に配付したのでしょう？

エムリック：補助金で学校に配っているんです。カリキュラムを使用するかどうかを判断できる立場の人はたくさんいますから、ふつうは学区が一括で判断します。非営利部門に商品を届けるのが難しい理由は、ここにあるんです。学区も、校長も、教師も、ノーと言える立場にあるわけですから。

　色々なレベルでノーと言われる可能性がありましたので、私たちはノーを言われる可能性を極力抑えるために、学区と校長をすっ飛ばして、教師に直接イエスかノーかを訊いたわけです。

著者：そのために、教師と時間をかけて話をしたわけですね。

エムリック：ええ。カリキュラムはどうやって教室に届けられるのか。教える許可はどこから出るのか。教える内容をどう選ぶのか。それを訊きました。

　その結果、かなり個人の裁量に任されているとわかりました。学区は具体的な指導要綱を定めているつもりでいますが、実際には教師はおおむね自分の好きな内容を教え、生徒の年末試験の結果で評価を受けます。たくさんの教師と話してみて、ほかのカリキュラムを使わない理由がわかりました。日中は別の内容を教えている時間がないうえに、学習指導要綱に沿って教えなければならないという大きなプレッシャーがあったからです。

　ここが重要なポイントです。ほかの非営利組織も、教師と話くらいはしたかもしれません。でも、小規模なコホート研究でプログラムの有効性を証明しなければと思い込み、そうしてできたプログラムを教師に押しつけていたのです。でも、教師にとって、50回分もあるカリキュラムをこなすのは重

労働です。ですから、50回の授業をこなすか、何もしないかの二者択一になってしまうわけです。

このやり方はどう見ても非現実的でした。そこで、多少プログラムの忠実性を犠牲にしてでも、採用率を優先することにしました。

著者：忠実性とは？

エムリック：教師が授業を何回完了したかとか、プログラムをどれだけ忠実に守っているかとか、そういうことです。

著者：つまり、教師の悩みも理解した。教師の日々の仕事の仕方も理解した。そのうえで、「よし、何かしよう。何もやらないよりはいい。採用率を上げるために忠実性を多少犠牲にするのはしょうがない」と考えたわけですね？

エムリック：そういう考えもありましたが、実はもう1つあります。私たちは教師のところに行き、その場で返事をもらいます。ですから、教師の前に実物を持っていき、「これで十分ですか？」と訊いていました。しかし、私たちの持っていった教材は、学習指導要綱に沿っていなかったので、教えるのは難しいとわかりました。当時は今と違って、すべての州に独自の学習指導要綱がありました。連邦議会の議決した「落ちこぼれゼロ法」の一環により、学校で教える内容が標準化されていたんです。

ですから、日中は、学習指導要綱に沿った内容や年末試験に出る内容以外、教える時間がなかったわけです。

そこで、私たちは保健と数学の学習指導要綱に沿って、レッスンの内容を見直しました。これこそ、私たちのプログラムを大きな成功に導いた大改革だったんじゃないかと思います。

この方向転換がターニングポイントになりました。単に健康について教える代わりに、割り算の筆算の知識をもとにして、BMI（ボディマス指数）の話をするようにしました。こうして、教材のすべての内容を、生徒がすでに持っている知識と結びつけ、学習指導要綱の範囲内で健康について教えられるようにしたわけです。

著者：それが今まで行なわれてこなかったのは、どうしてだと思いますか？

エムリック：実際に建物から飛び出して、教師と話をし、授業を観察した人がいなかったのでしょうね。たぶん、論文用に小規模なコホート研究をすることで頭がいっぱいの医者か何かが、プログラムを考え、研究室の中で有効性を証明していたのでしょう。教師にその内容を教えるよう強制すれば、うまくいくのでしょうが。

私たちはプログラムを開発し、教師がオンラインで利用できるようにしました。ところが、それでも利用は進まず、理由は不明のままでした。そこで、もういちど現場を訪れてみると、「教室で教えるので本にしてほしい」という声が多く寄せられました。どの教室にも、最新の電子黒板があります。でも、教師はまだ使い方を理解していなかったわけです。

著者：つまり、電子黒板という技術的イノベーションはあるのに——

エムリック：それからコンピュータも。

著者：それでも、導入は思ったほど進まなかったわけですね。使ってくれなかった。「紙の本がほしい」と言われてしまったと。

エムリック：ええ。教材からページを破り取って、コピーして生徒に配りたいからと。それがいつものやり方なので。教師たちは勤務時間後や夏休み中に自宅で授業計画を立て、学校のコピー機でコピーしています。「プリンターはないけど、ほら、このコピー機ならあります」と言う教師もいました。

著者：オンラインコンテンツを作り終えたあとでそれに気づいたのですか？

エムリック：はい。教師と一緒に教材を作り、州の学習指導要綱に沿ってレッスンの内容をすべて見直したあとで、何かが足りないと気づいたんです。若い教師は私たちのカリキュラムを教えてくれました。技術的な知識がありましたからね。使い方を教えたら、ちゃんと使ってくれました。

著者：つまり、内容を指導要綱に合わせ、オンラインプラットフォームを作ったら、若い教師は「これはなかなかいい」と言って、使ってくれたと。

エムリック：そのとおりです。でも教師の圧倒的大多数を占めるベテラン教師は、使ってくれませんでした。

著者：そこで意識的にテストを行なったわけですね？

エムリック：行なったテストは2種類です。1つ目は私たちのカリキュラムの成果について。たとえば、テスト前とテスト後の子どもたちの知識、態度、行動の変化を測りました。これは長期的に重要な意味を持つテストです。私たちの活動に価値があるという証明になりますからね。
　もう1つは、「どうすればもっと教師にカリキュラムを利用してもらえるか？」という一種のユーザビリティテストです。その結果、ベテラン教師は教室でラップトップやコンピュータを使うことに違和感を覚えているとわかりました。単純に、使う意味がわからなかったのです。ですから、アンケートを取ったり、会議で教師と話をしたりすると、「プリントアウトしたい」とよく言われました。そのたびに私たちは、「簡単にプリントアウトできますよ。このフォーマットではWikiから自動的にPDFが作れます。この技術を利用するために膨大なコストを投じているんです。ぜひご自分でプリントアウトしてみてください」と答えました。

著者：結果は？

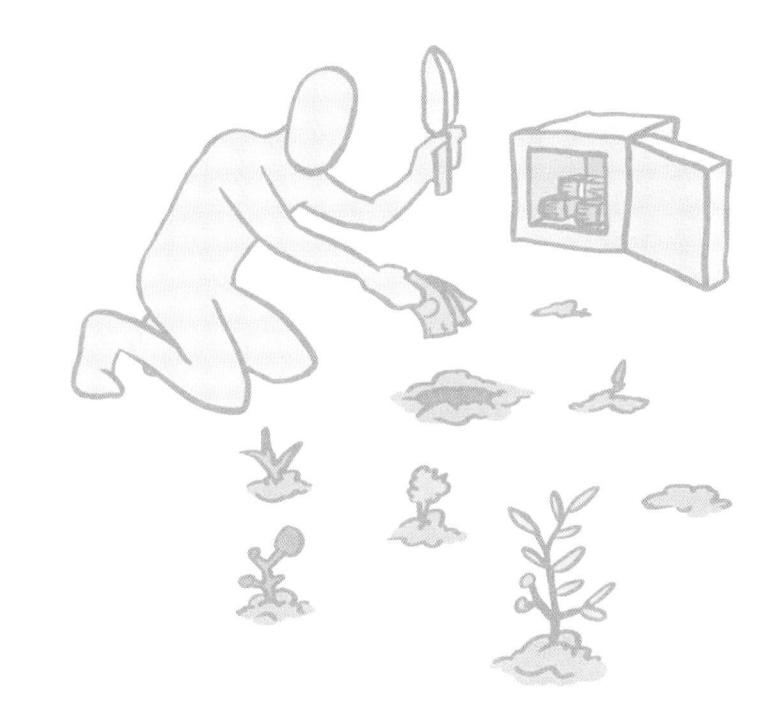

エムリック：やっぱり使ってくれませんでした。使ってくれそうな手応えはあったのですが。採用率は上がりませんでした。そもそもプリンターがないのか、あるけど使い方がわからないのか、単に使うのがイヤなのか。結局、私たちは教師の話を聞き、Luluでオリジナル版を印刷したんです。

著者：オンライン自費出版サービスのLuluで本にしたわけですね。

エムリック：そうです。そして学区に購入してもらいました。すると、州政府や学区が続々とカリキュラムを買ってくれました。私たちは教師にカリキュラムをダウンロードしてもらい、「これが本になったら、教えたくなりますか？」と訊ねました。イエスが99％でした。そこで、私たちはカリキュラムの出版費用を出してくれる資金提供者と教師をマッチングし、事業の完全自立を実現しました。これはすごいことです。寄付に頼らずにすむようになったのですから。学区や教師、われわれのカリキュラムを求める人々が、費用を負担してくれたんです。寄付の依頼もやめました。確かに、Microsoft、Aetna、Dannonなどの大企業や、連邦政府からは、巨額の寄付をいただいていましたが、自分から依頼はしなくなりました。

著者：寄付を求めなくてすむようになって、変化はありましたか？

エムリック：おかげで、もっと多くの教師に使ってもらえるカリキュラム作りに専念できるようになりました。ふつうの非営利組織なら、少しでも資金を調達しようと、「われわれはこんなにすばらしい活動をしています」と美辞麗句を並べます。「この1年でホームレスの人々にこれだけの住まいを提供しました。これだけの人々に食事を提供しました」と、もっともらしい話を並べ立てるんです。

著者：非営利組織はそれぞれ違う問題を抱えているので、大企業を小さくしたものとはいえないのですね。

エムリック：それが最大の問題の1つでしょう。何か変革を起こそうとすると、「大規模な非営利組織がすでにこれこれこうしている」と言ってくる人が大勢います。そういう人が言いたいのは、「この問題については今のところ心配しなくていい。成長したらいくらでも心配できるから」という意味ではなく、「これこれこのような組織構造を作り、君は管理に専念しなきゃダメだ」ということなんです。

著者：ちなみに、何か面白いデータはありませんか？　ダウンロード数とか、カリキュラムの発行部数とか、何でもいいのですが。

エムリック：私たちが着目したのは、カリキュラムの発行部数です。メリーランド大学ビジネススクールが、われわれのために調査を行なってくれましてね。私たちのカリキュラムが生徒1人あたりに与えた社会的利益を分析するのが目的です。そうしてはじき出された数値に、私どものカリキュラムを使用している生徒の数をかけたところ、7000万ドル相当のカリキュラムが配付されているとわかりました。これまでに25万を超える生徒が、私たちのプログラムを利用しています。

ワークシート

1 第3章では、市場セグメントをいくつか定義し、それぞれのセグメントが抱える問題を挙げた。第4章では、価値の流れの次の5つの要素について、仮説を立てた。

- 成長エンジン
- 実用最小限の製品（MVP）
- コンバージョン
- ファネル
- 顧客獲得チャネル

次は、仮説の実証方法を探る番だ。
対話した相手ごとに、次のテンプレートを書き込もう。

2 話を1回聞いただけで、すべての欄が埋まるわけではない。顧客と深い関係を築きながら、徐々に埋めていこう。

セグメント： 話を聞いた相手：		
仮定	仮説	結果

次のペルソナが実在する（ペルソナの細部が正しい）

顧客は次の問題、悩み、情熱を抱えている

顧客は次の（全体的な）解決策に興味を持つ

顧客は次の（具体的な）機能X、Y、Zに満足する

顧客は次のときに製品に熱狂する

顧客は次のときに購入を決断する

顧客は次のときに企業を信用する

顧客は次のときに製品を信用する

顧客は次のときに製品をもっと知りたくなる

顧客は次の手段で製品を知る

6 Viability Experiments

事業の実現性をテストする

勝者は実験する。世界は急速に変化している。いや、変化のスピードそのものが増している。あなたは破壊されつつある。テレビで訳のわからないことを叫んでいる評論家たち。彼らも破壊されつつある。大事なのは、時代に遅れを取ったとき、何をするかだ。イノベーションするのか、黙って死すのか。「知らぬが仏」を決め込むのか、実験を始めるのか。

事業の実現性をテストする目的は、ビジネスモデルを立てる前に、その肝心な側面を実験で確かめることだ。科学者は理論を証明するために実験する。アントレプレナーもそうすべきだ。研究者やエンジニアは反復的なプロセスを用いて新しい発見をする。創設者も同じプロセスを用いて、市場で何がうまくいくかを発見すべきなのだ。

> 「真の成功基準とは、
> 24時間に詰め込める実験の数だ」
> ——トーマス・アルバ・エジソン

市場セグメントについて仮説を立てたら、できるだけ早く、あなたの思い描いたとおりのセグメントが存在するかどうかを実証する方法を考えよう。建物から飛び出して、見込み客に話を聞けば、顧客の人物像や問題を正しく描いているかがわかる。次に、実験を行ない、顧客の行動を確認しよう。実験は、潜在顧客があなたの価値命題を一定のレベルで体験する最初の機会となる。顧客の発言の裏づけを取るためにも、テストで顧客の実際の行動を明らかにしよう。

事業の実現性をテストすることには基本的な前提がある。うまくいかないアプローチは早くわかればわかるほどいい、ということだ。製品の高額なプロトタイプが必要なら、プロトタイプを作る前に製品が事業として成り立つかどうかを理解するに越したことはないだろう。レストランを開店するなら、あなたの提供しようとしている料理が近隣の人に気に入ってもらえるかどうかを調べるべきだ。完成に1年かかるソフトウェアを開発す

るなら、製品に需要があるかどうかをテストすべきだ。

　事業の実現性をテストする必要があるのは、製品だけではない。不確実性の高いビジネスモデルの要素は何でもテストした方がいい。小売店にあなたの競合製品は置かれるだろうか？　そうだとしたら、陳列スペースを獲得するための対策は？　事業を存続できるだけの広告料を得るには、どれくらいのページビューが必要か？　顧客は実物を確かめずにオンラインで高級美術品を買うだろうか？

　エリック・リースは、検証による学びにつながるこのような実験を、**実用最小限の製品**（MVP）**と呼んでいる**(1)。もともとこの言葉は、製品として実用的な最低限の機能を指していた。最低限とはいっても、顧客の問題を解決したり情熱を満たしたりして、顧客に料金を支払ってもらえることが第一条件だ。

　リースの定義には、学習やビジネスモデルのリスク軽減につながる、クリエイティブな**事業実現性のテスト**なら、どんなものも含まれる。とはいえ、単に顧客に初めて製品を披露するのと、製品開発に関する仮説やビジネスモデルのリスキーな側面を確かめる特別な実験を行なうのとでは、意味合いがだいぶ違う。

　そこで本書では、**事業実現性のテスト**といえば、ビジネスモデルのさまざまな側面を検証するためのテストを指すことにする。これはリースの**構築ー計測ー学習**フレームワークの言い換えだ。また、本書で**実用最小限の製品**（MVP）といえば、特定の顧客セグメントに価値を届ける製品を初めてリリースすることを指す。次に、事業実現性をテストするのにもっともよく使われる手法をいくつか紹介しよう。

ランディングページテスト | The Infamous Landing Page

　ランディングページテスト(2)は、おそらくもっとも有名なテストだろう。基本的には、メッセージと行動喚起（コールトゥアクション）だけからなる1ページのみのWebサイトを立ち上げ、そのページにアクセスを呼び込み、顧客がページ上で取った行動を測定するという流れだ。

　ランディングページテストはもっとも活かされていないと同時に、もっとも誤用されているテストでもある。誤用されているというのは、結果の解釈に実験者バイアスが生じやすいからだ。アントレプレナーは何でも自分に都合よく解釈するのが得意なのだ。このテストには次の3つの要素がある。

❶現在利用している顧客獲得方法はどれくらい効果的か？　アクセスを増やすためにGoogle AdWordsを使っているのに、誰もあなたの解決策を検索してくれないとしたら、価値命題が間違っているというよりも、むしろ検索マーケティングを通じてトラフィックを集める方法に問題があるはずだ。さらに、適切なトラフィック──つまりターゲットセグメント──を惹きつけなければ、製品にたいして興味のない野次馬ユーザーのメールアドレスばかり集まってしまうかもしれない。

❷メッセージ、ポジショニング、デザインはどれくらい効果的か？　人々がランディングページに書かれた行動喚起に従って行動するのは、製品の対象が自分であり（ポジショニング）、製品にメリットがあり（メッセージ）、デザインが製品の魅力を高めていると感じたときだ。たとえば、ブライダル商品を販売しているのに、ランディングページが1999年ごろのGeoCitiesのWebサイトみたいなデザインだったら、商品にどれだけ価値があっても、訪問者を顧客に変えるのは難しいだろう(3)。

❸価値命題はどれくらい効果的か？　適切な人々をページに導き、適切なメッセージやポジショニングを掲げ、訪問者をがっかりさせない程度のデザインを完成させたら、いよいよ価値命題を検証する番だ。人々が行動喚起に応じてくれないなら、道のりはまだ遠い。しかし、行動喚起に応じてくれたとしても、やはり道のりは遠い。だが、それは続ける価値のある旅なのだ。

ここまで読んで、「なぜわざわざランディングページテストなんてするのか？」と思っているかもしれない。その理由はいくつかある。

- 先はども話したとおり、高精度なテストを行なえば、成功の見込みがあるかどうかを学べるから。
- メールアドレスを集めることで、継続してフォローアップすべき人々（その中にはアーリーアダプターもいる）のリストが手に入るから。
- アイデアを正確に実証できる可能性があるから。

AppFogのルーカス・カールソンを思い出してほしい。彼はランディングページを立ち上げ、ものの一晩で800人分のメールアドレスを集めた。並のアントレプレナーなら、「これだけメールアドレスが集まったのだからアイデアは正しい」と即断してしまうだろうが、カールソンは念には念を入れ、ハードルを高くした。本気のアーリーアダプターだけをベータプログラムに招待するために、うんざりするほど細かいアンケートを送ったのだ。それでも顧客が喜んでアンケートに答えてくれたのは、顧客が深い悩みを抱えていて、自分のアイデアが正しいという証だった。

では、ランディングページが十分に活かされていないというのはどういうことか？　ランディングページを使っているのは主にハイテク系のスタートアップだが、実際にはハイテク系以外のスタートアップや大企業でも簡単に導入できる。

私たちはかつて、蛋白質の折り畳み技術を発明したバイオテクノロジー系のアントレプレナーの相談に乗ったことがある。彼の技術は、ある程度の投資と微調整さえ行なえば、多くの蛋白質ファミリーに応用できるように見えた。しかし、当時は特定のファミリーにしか応用されておらず、彼は戸惑っていた。そのため、彼は当時折り畳み可能だった蛋白質ファミリーに商業的な魅力があるかどうかや、自身の技術を別のファミリーに応用するために時間とお金を費やすべきかどうかがわからずにいた。

私たちは市場リスクと技術的リスクの両面から、この問題をとらえ直した。現在の蛋白質ファミリーには商業性があるのかないのか？　ほかの蛋白質ファミリーをサポートする技術的リスクは？

折り畳めるかどうかにかかわらず、市場に求められている蛋白質ファミリーは？　言い換えれば、さらなる技術的リスクを冒す前に、市場リスクを軽減する方法はないか？

そこで、私たちはランディングページテストを勧めた。ランディングページに書かれた情報に基づいて、特定の蛋白質の研究にかかわる人々が参加できるようにするのだ。さらに、彼のターゲットセグメントに訴求する広告を医学誌に掲載し、さまざまな蛋白質ファミリーに対する需要をテストすることも勧めた。

コンシェルジュテスト | Concierge Test

コンシェルジュテストは実践的なテストだ。最近では、新しい巨大オンライン市場のアイデアが毎週のように登場する。普段なかなか接点のない複数の関係者同士を結びつけるオンラインプラットフォームを築くという、壮大な計画を抱いているアントレプレナーは少なくない。

新しい買い手と売り手を結びつける新規市場を築く場合、コンシェルジュテストは次のように行なわれる。まず、買い手と売り手を手作業で結びつける。次に、このプロセスを繰り返しながら、①市場取引に一定の手数料を課すことで事業を存続できないか、②市場取引の中で自動化できる部分はないか、を学んでいく。

このテストは市場以外でも役に立つ。多くの場合、実世界でリアルタイムに取引を成立させることができなければ、オンラインでもうまくはいかないだろう。少なくとも、取引の当事者を市場に導く方法を学ぶ必要がある。

サービス事業はコンシェルジュテストの絶好の対象だ。誰かがサービスにお金を支払ってくれれば、問題や顧客が存在するという大きな証拠になる（この点にも到達していないスタートアップは多いのだ！）。しかし、もちろん、それだけでは事業に拡張性があるとまではいえない。サービスの販売に成功したからといって、製品を売るスタートアップを築けるとはかぎらない。サービス事業から（拡張性のある）製品事業へと転換するのは、いつでも難しい話なのだ。

サービス事業の実現性を証明できたとしよう。では、サービスの代わりに製品ベースの解決策を提供する最大のリスクとは？　ぱっと思いつくのは次の2つだ。

❶問題は製品でも解決できるのか？　たとえば、第2章でお話しした人間的な問題のように、解決できないものもある。人間の性格、習慣、感情、行動が引き起こす問題は、どれだけ深刻であっても、製品では解決できないかもしれない（インフォマーシャルや耳ざわりの良いダイレクトマーケティング手法に頼る製品は、自分が人間的な問題に陥っていると気づいていない人々に製品を売るために、この事実を逆手に取っている）。

❷顧客は人間によるサービスを製品で代用してくれるだろうか？　長期的なサービスを提供する事業では、人間関係によって育まれた信頼が、顧客の熱狂を生み出すのに必要なことが多い。サービスから製品に転換すれば、この点に支障が出るかもしれない。製品化が悪いと言うつもりはないが、別の市場セグメントを探る必要があるかもしれない。

製品ベースの解決策へと転換するには、既存のプロセスの中で自動化できる部分を見つけること。そのためには、サービス事業で得た熱狂的な顧客をアーリーアダプターとして利用するといい。そうすれば、自動化にサービス事業で提供できる価値を超えるメリットがあるかどうかがわかるだろう。

CASE STUDY

顧客体験を監督する

　スティーブン・コックスは、ミュージシャンを音楽の教師にしたいというビジョンを抱えていた。彼は自分自身や友人の経験から、ミュージシャンを目指すうえでの最大の壁は、食いぶちを得ることだと知っていた。そのため、ミュージシャンの多くは音楽を教えて生計を立てる。しかし、いちばん難しいのは、生徒を見つけて維持することだ。そこで、インターネット起業家でもありミュージシャンでもあった彼は、起業と音楽への情熱を結びつけ、音楽教師と生徒を結びつけるサイトClick for Lessonsを設立することを決意。私たちはスティーブン・コックスと共同創設者のクリス・ウォルドロンに話をうかがった。

　コックスは色々なMVPを試した。月30ドルで教師に無制限で見込み客を紹介するサービス。広告に頼った無料サービス。1人あたり数ドルで見込み客を紹介するサービス。実験を繰り返しながら、音楽教師と生徒を結びつけるビジネスモデルを模索した。その結果、登録教師の数はアメリカの15の大都市で4000人を超え、収益は数十万ドルに達した。しかし、そこから成長に陰りが見えはじめ、やがては停滞した。

　実験を繰り返し、教師たちと対話した結果、Click for Lessonsのチームは2つの重要な点を学んだ。

- ターゲットとなるミュージシャンはその日暮らしのような生活を送っていて、クレジットカードを持っていない人も多い。
- 見込み客1人につき6ドルを支払えば、その時点で6ドルの赤字になってしまう。

　Click for Lessonsはオンラインマーケティングの手法を使って、教師を探している生徒を見つけ、その情報を登録教師たちに販売していた。

スティーブン・コックス（以下、コックス）：ひらめいたのは、教師たちと話を終えたあとでした。僕はイライラして、〝見込み客1人あたり数千ドルくらい軽く稼げるのに。説得して生徒になってもらえばいいだけの話だろ？〟と仲間に不満を漏らしたんです。するとそいつは、〝君の良くないところは、ミュージシャンを君と同じような人間にしようとしていることだ〟と答えました。まったくそのとおりでしたよ。僕はビジネス畑の人間だし、顧客とやり取りするのも好きだけど、ミュージシャンは事業家じゃないですからね。ちょうどそのころ、生徒たちからわんさか苦情が入るようになったんです。〝お宅の教師はどうなっているんだ。電話さえ折り返してこないじゃないか〟、とね。

　コックスはオフィスに戻り、すべてを白紙に戻した。そして数日後、新しいMVPを考えた。

クリス・ウォルドロン（以下、ウォルドロン）：2008年1月のことです。私たちはそれまでの教訓を踏まえて、30人の教師を手作業で集めました。そして、一定の賃金を提示し、同意書にサインしてもらい、教師と生徒を1人ずつマッチングしていったんです。それから、生徒用の電話システムを作るために、一から配線をつなぎ、コールセンターを設置し、フリーダイヤルも設けました。基本的に、1日の半分は生徒からの電話、残りの半分は採用した教師からの電話でした。

典型的なコンシェルジュ型MVPだ！

それまで、Click for Lessonsは単なるインターネットマーケティングの域を出ていなかった。それは彼らが思い描いていた事業ではなかったし、価値観やビジョンとも一致していなかった。

コックス：単に検索エンジン最適化の得意な企業を目指すのであれば、何の楽しみもなかったでしょうね。本来、音楽は感情的なものです。何より、教師と生徒を結びつける立場にいることで、生徒の実体験に関するデータが手に入ります。そのデータを活かして、"ここでサービスを買いたい"と思ってもらえるブランドを築くことこそ、僕たちの喜びでした。2008年を機に、僕たちはサービス業界のAmazonを目指すと決めたわけです。

こうして、彼らはようやく事業性のあるオンライン市場を見つけた。しかし、インターネットは失敗した市場でいっぱいだ。Googleで身近な中小企業を検索してみるといい。経営者に「ぜひご登録を」と訴えるありきたりなビジネスディレクトリがずらっと出てくるだろう。成長するためには、Click for Lessonsは「影の強み」を確立する必要があった。つまり、外側からは見えにくいが、差別化の原動力となるコアコンピテンシーだ。彼らは名称をTakeLessonsに改め、新しい価値を届ける決意をした。

コックス：僕たちは常にプラットフォームを進化させています。初めは何が必要かわかりませんでしたが、顧客体験の管理が今まで以上に重要になるとは思っていました。

TakeLessonsが学んだのは、生徒が十分にいて、毎週安定した収入が入ってくるかぎり、教師は単価が低くても気にしないということだった。一般的なオンライン市場は、買い手と売り手を結びつけるだけで、その後のやり取りは当事者同士に任せっきりにしている。しかし、それでは小事業はうまくいかない。

ウォルドロン：「私はいまだに驚いているのですが、顧客から料金を徴収するのを後ろめたく感じる教師が意外と多いんですよね。顧客を失うのではないかと心配しているからです。幼い生徒に、"いいかい、お母さんに言って今月分の150ドルをもらってきなさい"と言うのが気まずくて、代金を受け取らないまま、翌月も教えたりしているわけです。それが今回のモデルに移行したときの最大の発見です。私たちが代わりに料金を徴収すれば、教師も安心して教えられるはずです」

コックス：教師は教えることに専念したい。マーケティングも、営業も、スケジュール管理も、料金の徴収もしたくない。僕たちは巡り巡って最初のビジョンに立ち返ろうとしていたわけです。そのためには、教師にこのプラットフォームを使いたいと思わせるような価値を提供する必要がありました。

ふつうの市場プラットフォームは、教師のプラットフォーム離れを防ぐのに必死だ。教師が利用規約を破り、生徒と個人で契約すれば元も子もないからだ。しかし、TakeLessonsは「このプラットフォームに留まりたい」という需要を生み出していた。もちろん、教師にとっては定職と安心という大きなメリットがある。

たとえば、まったく同じ地域で2人目の教師を雇うのは、別の市場で新しく教師を雇うのと比べると、価値が少ない。そこで、TakeLessonsはその地域の見込み客、検索数、アクセス数といった需要を調べ、需要の多い地域を特定している。

ウォルドロン：たとえば、教師から申し込みがあったとします。彼女は8キロメートル以内なら出張が可能で、スタジオも持っているとすると、そこからカバー率というものを割り出せます。需要をすべてカバーできる場合が100パーセント。そこから、彼女の教えられる内容や出張の有無に基づいて、需要のカバー率を算出するわけです。

つまり、システムに教師を1人加えると、マーケティングに見合う利益が上がるかどうかが確実にわかるわけだ。さらに、全国的な視点で、需要の少ない地域もわかる。このシステムを機能させるには、もちろん、生徒も必要だった。といっても、単なる見込み客ではなく、真の関係だ。オンラインで漠然と予約を募るのでなく、コールセンターを設置することで、成約率を高めるだけでなく、情報を学ぶこともできる。多くの会社は、自動化やコスト削減ばかりに気を取られていて、顧客と会話して情報を集める機会を設けていないのが現状なのだ。

ウォルドロン：この人間味あふれる手法を思いついていなければ、収益は今の1割程度だったでしょう。私たちのサポートコールセンターには、平日で1日平均175件の電話がかかってきます。ある生徒は、教師をキャンセルしても罪悪感を抱かなくてすむのがいいと言ってくれました。TakeLessonsに電話して、現在の担当教師をキャンセルし、代わりの教師と30秒間会話してみる。罪悪感はいっさい不要です。

コックス：生徒の体験を守るべきだと気づいたのが、大きな転機でしたね。

　生徒の体験を守るために、TakeLessonsは成績の芳しくない教師との契約を定期的に解除している。教師がずっと生徒の期待に応えられていないと判断した場合、TakeLessonsはその生徒に別の教師を割り当てるのだ。
　生徒の体験は教師の質とやる気によって大きく左右される。教師を監督すれば、生徒の体験が高まるというわけだ。

ウォルドロン：私たちは3万人分のプロフィールをかき集めて、"これがわれわれの教師陣です"と言ったりはしません。契約にサインし、オリエンテーションに参加し、顧客の扱い方に同意した人だけが、晴れて教師になれるんです。

　生徒からの苦情はもちろん教師の評価に影響を及ぼすが、データも評価の参考になる。TakeLessonsはレッスン内容、支払いプラン、地域、教師別に生徒のエンゲージメントを測定している。また、生徒の学習の進捗度を表わす月間受講数や、カレンダーやユーザーグループ別の毎月の顧客維持率も測定している。
　教師のエンゲージメントを測定する基準はさまざまだ。その1つがカレンダーの更新頻度だ。

ウォルドロン：今月、100人の教師と契約したとしましょう。でも、誰も30日間ログインしてカレンダーを更新しなければ、予約に対応できません。

　TakeLessonsは新しい生徒に連絡を取るまでの時間も測っている。

ウォルドロン：メールで"新しい生徒が連絡を待っています"とノートを送信して、教師が次にダッシュボードを確認するまでの時間を測れば、応答の早さがわかります。生徒と話をするにはリンクをクリックする必要があるので、それも測ります。そうすれば、教師の対応の早さと顧客維持率、教師の質、生徒の体験の質との関係がわかりますからね。

　TakeLessonsは、ほかの教師からヒントを学べるオンラインセミナーも開催し、参加率を測っている。

ウォルドロン：アトランタに生徒の平均受講回数が40回にものぼる教師がいます。彼女はいったいどうやっているのか？　そこで、彼女にレッスンを準備してもらい、私どもの開催するオンラインセミナーで実施してもらいます。そして、全国の教師がレッスンを見学し、質問をするわけです。

　TakeLessonsは、顧客獲得を学習の機会ととらえ、顧客獲得に割高なコ

ストを費やすことで成長してきた。現在では、コストの削減と顧客生涯価値の最大化に力を入れている。そのために、数々の実験を行なっている。

ウォルドロン：よく行なうのは価格設定のテストです。たとえば、ヒューストンに住むジェシカという教師は、生徒の平均受講回数が22回で、予約している生徒が60人いるとします。その場合、たとえば価格を5ドル上下させ、同時期に受講しはじめた生徒でコホート分析を行ないます。まったく同じ教師で価格設定を変えてみて、顧客維持率との関係を調べるわけです。目標は顧客生涯価値の最大化です。料金を5ドル下げても、14回多く受講してくれるなら、生徒1人あたりの利益は多くなるので、教師もより満足でしょう。

　TakeLessonsは、教師の質を向上させ、生徒の体験を守り、生徒を引き留め、教師により多くの利益を還元する、という複雑なループを実現している。このループこそ、彼らの「影の強み」なのだ。
　このループを絶えず改善することで、TakeLessonsは教師と生徒の両方を熱狂させ、サービスを成長に導き、競合サービスとの差別化を図っている。

コックス：僕らの次の目標は、生徒が体験を共有できる方法を編み出すことです。そうすれば、音楽教師のコミュニティは非常に密になります。では、どうすれば生徒により高い価値を届けられるのか？　これからも、教師たちが一流の音楽教師になるために切磋琢磨し合えるシステムを築いていくつもりです。

ウォルドロン：私たちは製品と市場のフィットを実現しているのか？　教師と生徒の両方が求めるものを提供できているのか？　そこがポイントです。私はできていると思います。われわれの得意分野はそこですから。ただ、ビジョンを実現するには、もっと熱狂を生み出す必要があると思います。その点についてはよく話し合っていますし、スティーブンは常に熱狂を高めようとしています。

コックス：製品と市場のフィットなどないようなものなんですよ。教師が必要とされている場所でもっと教師を獲得し、教師の質を日々高める必要がある。顧客体験を日々高める必要もある。より高い価値を絶えず追求していく必要があるんです。

ウォルドロン：だからこそ、人々に信頼してもらえるブランドを作るのは、本当に難しいんですよね。可もなく不可もないローカルなドットコム企業を作るのは簡単ですが、私たちはこのシステムを家庭向けのほかのサービスにも拡大していきたいと思っています。そのためには、人々に信頼してもらえるブランドを築かなくてはなりません。

コックス：われわれに投資してくれたeBayの元COOのメイナード・ウェブの言葉を借りれば、TakeLessonsのような次世代の市場は、eBayのPowerseller【eBayが認定する優良販売主】に相当する売り手が集まる市場を築いているんです。つまり、企業が太鼓判を押せるような実績十分の売り手が揃っているわけです。

オズの魔法使いテスト | Wizard of Oz Test

オズの魔法使いテストでは、コンシェルジュテストと同じく、実際の製品開発はほとんど（またはまったく）不要だ。あるいは、「ハムスター発電機テスト」と呼ぶこともできる。ハムスターが回し車の中を走って、自動車エンジン用の電気を発電するところを想像してほしい。基本的には、製品やサービスを購入できるフロントエンドの部分だけを作り、製品やサービスの中味はこっそりと手作業で実施する。

これは究極のリーンといえよう。リーン生産方式では、下流から要求があった場合にかぎり、次の生産段階が開始される。オズの魔法使いテストでは、発注という形で顧客の要求があった場合にかぎり、製品やサービスの提供が開始される。

オズの魔法使いテストから始まったのがZapposだ。

CEOのトニー・シェイは、1998年にZappos創業者のニック・スインマーンに会ったときのことをこう記している。

ニックは売り込み文句をたった3文でまとめた。「その1、アメリカの靴業界は400億ドル規模で、そのうちカタログ販売は20億ドル。その2、オンライン販売は今後も成長する可能性が高い。その3、近い将来、人が靴を履かなくなるとは思えない」

ニックはShoesiteというドメインネームを取得し[4]、在庫システムはいっさい作らず、文字どおり近所の靴屋まで歩いていき、靴の写真を撮り、Webサイトに掲載した。数か月後、ニックは週に2000ドル分の注文を受けるようになっていた。利益はゼロだった。というのも、「注文が入るたびにニックが近所の靴店まで走り、注文の品を買い、顧客に発送していた」からだ[5]。

こうして1998年、ニック・スインマーンは典型的なオズの魔法使いテストを使い、市場リスクを検証した。

同じことをしたもう1つの会社が、CarsDirectだ。

CASE STUDY

着想からオズの魔法使いテストまでの90日間

1日目

　1998年、Idealab創設者のビル・グロスは、新車を買おうとしていた。そこで近所の販売店に行くと、新車販売店ではよくあることだが、話をはぐらかされてしまった。「残念、その車は在庫がありません。めったに注文がないもので。このあたりではその色は置いていないと思いますよ。在庫にある車をお買いになった方がいいのでは」などなど。

　グロスはアントレプレナーらしく、「もっといい方法があるはずだ」と思った。

　そこで、彼はWebサイトを作ることにした。オンラインで車を自由に構成し、その場で価格を確認し、クレジットカードで頭金を払い、あとは納車を待つだけ。名案だと思うだろう。しかし、当時は1998年。Amazon.comの誕生からわずか3年だ。グロスはすぐにでも始めたくてうずうずしていたが、多くの人が次のように言って彼を止めた。

- 「オンラインでクレジットカードを使う人なんていない」
- 「現物を見もせずに車の頭金を払う人なんているものか」
- 「オンラインで車を買いたいと思うなんて君だけだ」

　グロスはうだうだと議論を続ける代わりに、実験をしてみた。「Webサイトを立ち上げて、オファーを提案してみて、そのオファーに乗る人がいるかどうかを確かめよう。もし顧客がいるなら会社を作るし、いないなら会社は作らない。でもとりあえずは実験だ」

　Idealabは90日以内にアイデアをプロトタイプにするため、ボブという人物を幹部に雇った。

45日目

　ビルがボブに進捗を訊ねると、ボブはこう答えた。「FordとかHondaとか、販売店に電話をかけまくっているんだが、自動車の調達が思うようにいかないんだ」

　ビルはこう答えた。「えっ？　どうして電話をかけるんだ？　とりあえずWebサイトを立ち上げて、買い手がいるかどうか確かめるだけだ。買い手がいたら、Hondaの販売店に行って定価で買ってきて、トラックで届ければいい。損は覚悟のうえさ」

70日目

　ボブが自動車の構成機能の開発で苦労している。

　「構成機能って？」とビルが訊く。

　「いや、顧客が車のオプションを選択できる機能さ。なかなか作るのが難しくてね。パッケージや変数があまりにも多いものだから……」

　「いやいや、そんなのいらない。空欄に入力してもらって、人間が読めばいい。そんなことはかまわなくていい」

80日目

ボブがまた別の問題に直面する。
「サイトを立ち上げろ」とビルが言う。
「だがまだ……」
「いいから早く！」
　こうして木曜日の夜、ボブはサイトを立ち上げた。金曜日の夜、ビルがボブのところに行く。

「どうだった？」とビルが訊く。
「4台売れたよ」
「早くサイトを閉鎖しろ！」
　2人はすぐにサイトを閉鎖した。4台分の赤字が出たからだ。しかし、少なくとも答えは出た。人々は現物を見なくても、直接オンラインで自動車を買うのだと。
　CarsDirectは2005年にInternet Brandsと社名を変え、2007年に上場を果たした。

クラウドファンディングテスト | Crowd-Funding Test

　アントレプレナーの中には、3か月がかりで自分のアイデアのビジネスプランを練る者もいれば、製品の紹介動画を作り、Kickstarterで投資を募る者もいる。Kickstarterのようなクラウドファンディングサイトには、大きな破壊力がある。アントレプレナーはほとんど製品開発なしで、製品のアイデアをすばやくテストし、実証できるのだ。

　本書の執筆時点で、Kickstarterは2万4000以上のプロジェクトに200万人から2億5000万ドルの融資を集めることに成功している。

　その1例がOlloclipだ。パトリック・オネイルの発明したOlloclipは、iPhoneにすばやく取りつけて写真の品質を劇的に改善することができるポケットサイズのレンズだ。当初から、オネイルはこのレンズをAppleの小売店で販売したいと夢見ていたが、それは簡単な夢ではない。

「課題は山ほどあります。企業を設立し、製品の生産を合理化し、大量生産を実現しないといけない。製品にふさわしいパッケージを開発、設計、製造する必要もある。とにかく時間がかかります。あらゆることに想像以上の時間とコストがかかるうえに、1つのミスも許されません」

　アイデアに全財産を投じるのがいいか、それとも3Dプリンターでプロトタイプを作り、Kickstarterでプロジェクトを開始するのがいいか。選択は火を見るよりも明らかだ。

　1300人の支持者と1500セットの売上を得ると、ようやく準備は整った。「製品を使って口コミを広げてくれる熱狂的なアーリーアダプターが1300人も集まりました。すると、どんどん顧客の輪は広がり、Appleの注目を得ることができました。すべてはKickstarterのおかげです」

CASE STUDY

2種類の参加者がいる市場の
リーンスタートアップ

著者：間違っていたら訂正してくださいね。99designsはコミュニティフォーラムから生まれたと聞きました。あるフォーラムで議論が巻き起こり、この市場が自然発生的に生まれたのだとか。

99designs：まさしくそのとおりです。SitePointはWebやデザイン技術に興味を持つ人々が集まる巨大コミュニティです。そのディスカッショングループの1つに、大人気のデザインフォーラムがあったのですが、そのフォーラムを見ていて人々の新しい行動に気づいたんです。誰かが「ロゴを作ろうと思っているんだけど、何かいい案はないかな？」と言うと、7〜8人のデザイナーがコンセプトやアイデアを寄せる。すると、スレッドの最後に、「それはいい案だね。君のPayPalアドレスは？　お金を払うから作ってくれない？」と回答が来るんです。

　そういうケースが頻発したもので、私たちは専用のフォーラムを作り、一定の管理手数料を課すことに決めました。それでも、勢いは衰えませんでした。するとすぐに、「簡単に取引できるツールを作ってほしい」という声が寄せられました。そこからは一本道です。私たちは実用最小限の製品（MVP）を開発しました。名づけてSitePoint Contestsです。従来のディスカッションフォーラムに、デザインの募集や企画、勝者の選定、賞金の発表をサポートするツールをいくつか追加しただけのものでしたが。

　2008年に99designsとしてスピンアウトして以来、コンテストを効率的に開催するために必要な機能を徐々に追加してきました。時には削ることもありますけどね。

著者：あなた方の作った取引専用のフォーラム自体がMVPだったわけですね。おかげで、コードを書く前に実現性を証明することができた。しかも、すでにデザインコミュニティは確立していたので、市場セグメントを推定する必要もなかった。目の前にすでにあったわけですからね。

99designs：技術系の巨大コミュニティのメリットの1つは、小さな市場がごろごろと転がっていることです。大切なのは、そういう市場を見つけ、人々の求めているものに耳を傾け、そのニーズのほんの少し先を行くものを作ることなんです。

著者：手数料を課そうと思ったのはなぜでしょう？　お金を支払う気のない人を除外したかったからでしょうか？

99designs：少額の手数料を課したのは、人々に一定の責任を負ってもらうためです。スパマーも排除できますし、顧客の側もデザイナーの側も守れます。素材集の写真を送ってくるようなデザイナーから顧客を守ると同時に、もともと代金を支払う気のない顧客からもデザイナーを守れます。それから、キャッシュフローの重要性も見逃せません。SitePointはずっと自己資金で運営されてきましたから。

著者：実に不思議なのは、ビジネスモデルはやたらと複雑化するのに、お金

のことは後回しにするアントレプレナーが少なくないことです。しかし、99designsは当初から、「収益モデルがあるかどうか、テストして確かめてみよう」という方針でやっているのですね。

99designs：そのとおり。お金を支払ってくれる人がいなければ、ビジネスとはいえませんから。

著者：開発する機能はどう決めるのでしょう？

99designs：マーク（共同創設者のマーク・ハーボトル）は、人々のニーズに耳を傾け、最大限の人々を満足させるいちばんシンプルな方法を考えることにかけては、天才的です。

　私たちはずっと間近で顧客やデザイナーの行動、やり方、反応、ニーズをつぶさに観察してきました。真っ先に作ったのは、市場の動きが手に取るようにわかる機能豊富なダッシュボードです。こうして、常に顧客とデザイナーのバランスを取っているわけです。それから、両者のさまざまな指標も追跡し、どんな機能を作るかを決めています。

著者：顧客の要望を取り入れるかどうかはどう判断しているのでしょう？

99designs：顧客のフィードバックの妥当性をチェックするさまざまな仕組みがあります。大事なのは、顧客が求めている内容ではなく、その理由を考えることです。顧客が機能を求めているのは、より重大な問題の表われなのか？　そうだとすれば、同じ要望が出ずにすむように、より大きな問題の方を解決する必要があるでしょう。そのいちばんシンプルな方法を考えるわけです。

　デザイナーのサポートチームや顧客のサポートチームには、大量のフィードバックが寄せられますが、私たちはその量も常にチェックしています。というのも、少数派の大げさな意見が大半を占めているからです。顧客サポート担当者の対処しきれない問題が生じると、問題が頭にこびりつき、解決が必要だと思えてしまう。でも、より大きな統計的文脈で見てみると、些細な問題であることもあるし、後回しにできるものもあります。より大きな問題に着目し、時間をかけて解決していく場合もあります。

著者：さまざまな方面から製品への要望が寄せられると思いますが、機能の追加や変更を行なっても、既存顧客に対する価値命題を保てるものでしょうか？　それをどう判断なさっているのでしょう？

99designs：指標をつぶさに観察しています。たとえば、Net Promoter Scoreを定期的にチェックしていますし、社内にはDesign Quality Indexという独自のスコアもあります。また、毎月のリンク経由の訪問者数や、顧客やデザイナーから寄せられた推薦文の数も測定しています。

　さらに、顧客に高品質な製品を届けられているか、顧客が製品に満足しているかどうかを詳しく追跡できるフィードバックシステムもあります。ですから、私たちが価値命題や顧客のニーズから離れれば、そうした指標に変化が表われるでしょう。ですが、全員を満足させるのは簡単ではありません。それに、アーリーアダプターがもっとも手厳しい批判者になることもあります。彼らはほとんど独占的にサービスを受けていた時代に思い入れがありますから、変化を嫌うんですよ。でも、それは仕方のないことです。

著者：2種類の参加者がいる市場には、「卵が先か、ニワトリが先か」というジレンマが付きものだと思いますが、同じような悩みを抱えるアントレプレナーに何かアドバイスはありますか？

99designs：ええ。市場のどちら側に照準を合わせるかは、非常に明快だと思います。要は供給と需要の問題ですよ。需要を生み出せば、供給は付いてくる。最初の1〜2年間、私たちはプロジェクトのオファー数がダントツで多い市場を目指していました。そこで、デザイナーサイドよりも顧客サイ

ドにかなり力を注いだわけです。市場ビジネスの初期段階では、それが方向性として正しいでしょう。基本的には、供給者側に適切な機会さえ提供していれば、市場はすぐに安定するのです。

著者：顧客の市場離れに悩んだことはありませんか？　たとえば、顧客がお気に入りのデザイナーを見つけてしまい、市場を利用しなくなる、というような問題はないのでしょうか？

99designs：確かにあります。ですが、私たちのビジョンは、フリーランスデザイナーが仕事でお金を得る手段を提供することです。そのパズルの最初のピースがコンテストでした。コンテストはいわばお見合いサービスと似ています。自分のデザインニーズがわからない顧客にとって、最高のデザイナーを見つけるのにぴったりの方法なのです。デザイナーがどれだけ優秀でも、実際にデザインプロセスに進んでみると、自分には合っていないというケースも少なくありません。でも、コンテスト形式なら、自分のニーズを満たしてくれるデザイナーが見つかります。そういうデザイナーとは、その後も仕事を継続したくなるでしょう。確かに私たちはパズルの最初のピースを見つけたわけですが、今後は改良を繰り返し、継続的なデザイン業務でも魅力的な体験を届けていく必要があります。私たちにとってはなかなか面白い課題ですね。

　この点がデザイナーにとっての価値命題だというのは、かなり早い段階からわかっていました。コンテストに参加するデザイナーは、コンテストという性質上、時間を投資していることになります。案件を勝ち取る一縷（いちる）の望みに賭けて、アイデアを提出するわけですが、いったん勝者に選ばれれば、同じ顧客から継続的に仕事が来る可能性は大いにあります。ですから、一見すると逆説的ですが、私たちはその点を大いにアピールしています。たとえ、プラットフォーム離れにつながるとしてもね。私たちのビジョンと価値命題は、デザイナーにチャンスを与えることですから。そのために、私たちは絶えず新しいツールを開発し、継続的な関係をはぐくむ方法を模索しています。

しかし、デザイナーが顧客にとって豊かで価値のあるコンテストを築いてくれることこそ、私たちにとっては何より大きなメリットなのです。

著者：つまり、本来のビジョンや価値観は貫きつつも、新たな価値を付加し、デザイナーとの関係を継続していく方法を徐々に模索していきたいとのことですね。

99designs：おっしゃるとおりです。

プロトタイピング | Prototyping

　プロトタイプは、製造、設計、コンピュータプログラミング、エレクトロニクス等の分野で、製品開発のリスクを抑えるために昔から使われている。プロトタイプは最終製品のシミュレーションである場合もあれば、実際の開発プロセスに入る前の初期バージョンである場合もある。

　プロトタイプを作れば、メーカーや潜在顧客は、製品が正しく開発されているか、本当に約束どおりに問題を解決してくれるのかを評価できる。製品の目的やプロトタイプの段階に応じて、次のような疑問に答えられる。

- 寸法は正確か？（物理的な適合性）
- 外観はおしゃれか？（美的な適合性）
- 使いやすい設計になっているか？
- 中枢技術はちゃんと動作するか？
- 問題をどの程度解決できるか？

　特にプロトタイプを多用するのが、ハードウェア分野のアントレプレナーだ。バッチ＆キュー処理と同じく、問題の発見が遅くなればなるほど、解決にお金がかかる。いくつかの生産段階に分けて製品部品を製造している場合、ずっと下流の方で部品に問題が見つかると、すでに組み立ての済んだ不良品の山ができあがってしまう。

　同じように、製品を実環境でテストするのが遅すぎると、問題の発見が難しくなる。そして、ずっと下流の方で行なわれた開発を、設計の段階からやり直すはめになるのだ。

　今日では、コンピュータモデルを使って問題を予測したり、3Dプリンターを使って数日や数時間以内にプロトタイプを製作したりできる。そして、少人数の顧客に製品を使ってもらい、製品の適合性、機能、デザインを現場でテストできるのだ。

まとめ

　結局のところ、事業実現性をテストする方法は無数にある。ぜひ創造力をフルに使って、あなたのビジネスモデルのリスクを抑える実験を考えてみてほしい。たとえば、模型、ワイヤフレーム、ミニアプリを使えば、ユーザーの行動を検証したり、技術的リスクを解消したりできる。仮店舗、屋台、3Dモデルなら、製品を作るよりも低コストで、市場機会を実証できるかもしれない。

　テスト対象を決めるには、まずビジネスモデルのエコシステム全体を描き、事業の成功に欠かせない参加者をすべて洗い出し、それぞれの参加を促すための価値命題を掲げるといいだろう。その中で絶対不可欠な要素は何か？　しばらくは無視できる要素は何か？　各々に優先順位を付け、最大のリスクを明らかにしよう。そして、そのリスクを克服するための実験を考えよう。

　無数の製品であふれ返っている現代では、「関心を得られない」ことが最大のリスクだ。イエスかノーかがはっきりとわかるような実験を考えるべきだ。

　次のページの例に従って、商品のエコシステム全体を描いてみてほしい。

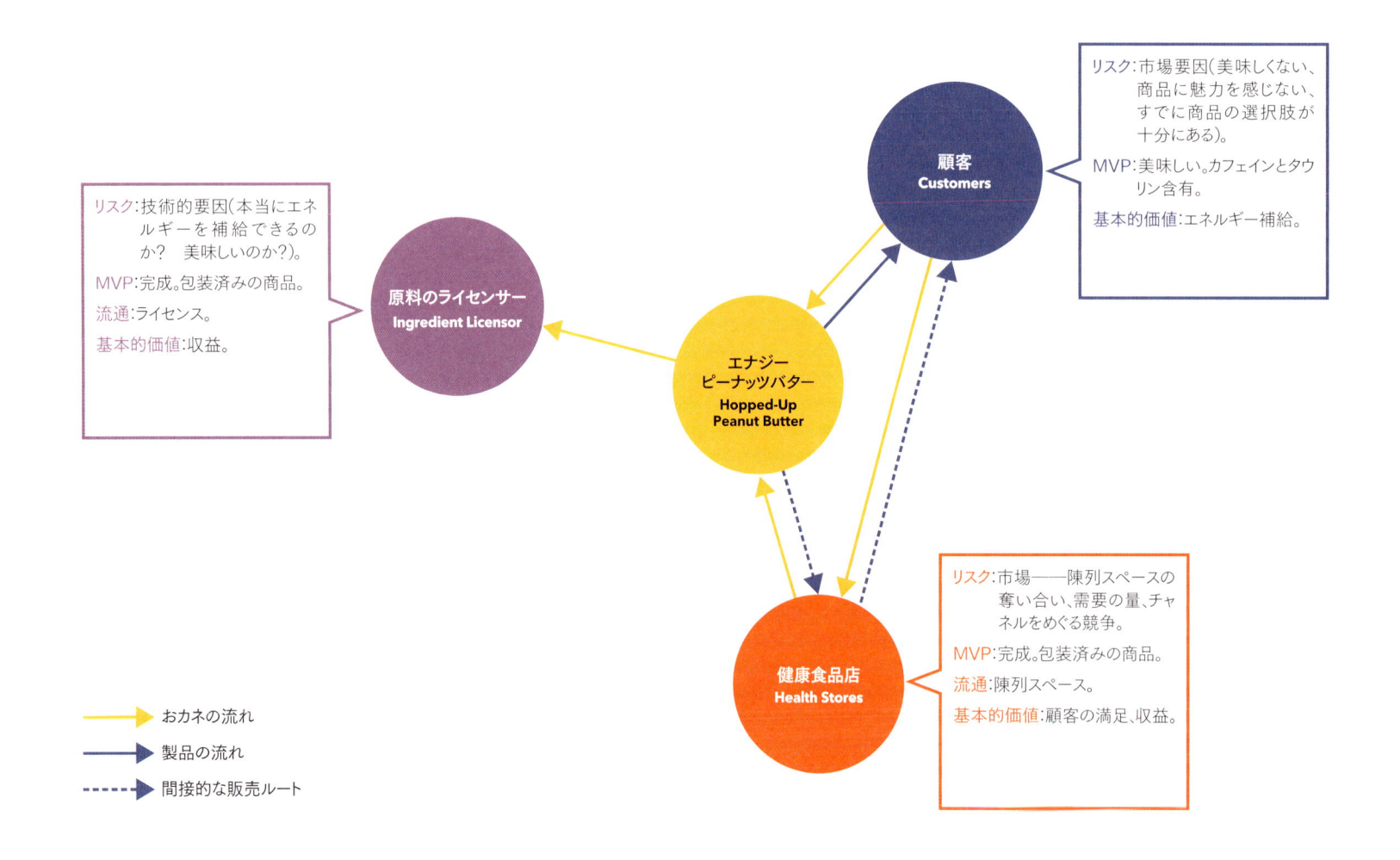

原料のライセンサー
Ingredient Licensor

- リスク：技術的要因（本当にエネルギーを補給できるのか？　美味しいのか？）。
- MVP：完成。包装済みの商品。
- 流通：ライセンス。
- 基本的価値：収益。

顧客
Customers

- リスク：市場要因（美味しくない、商品に魅力を感じない、すでに商品の選択肢が十分にある）。
- MVP：美味しい。カフェインとタウリン含有。
- 基本的価値：エネルギー補給。

エナジーピーナッツバター
Hopped-Up Peanut Butter

健康食品店
Health Stores

- リスク：市場——陳列スペースの奪い合い、需要の量、チャネルをめぐる競争。
- MVP：完成。包装済みの商品。
- 流通：陳列スペース。
- 基本的価値：顧客の満足、収益。

凡例：
- → おカネの流れ
- → 製品の流れ
- ⇢ 間接的な販売ルート

Viability Experiments

CASE STUDY

自動車のプロトタイプ

　Kickstarterは、本格的な開発にかかる前に、視覚的な製品や低コストな製品を売り込むのにはぴったりな方法だ。顧客にとって製品の価値命題がわかりやすく、失敗しても損失が比較的少ない場合に向いている。しかし、まったく新しい自動車を開発しようとしているならどうだろう？　ふつうは数百万ドル単位の巨額の投資が必要だ。

　Lit Motorsが抱えていたのはこの悩みだ。2年前、Lit Motorsは初回の投資ラウンドで、アイデアに感銘を受けたベンチャーキャピタリストから150万ドルの資金を調達しようとしていた。

　Lit Motorsは新しい交通手段を開発するスタートアップで、個人向けの電動二輪車を開発している。彼らの開発した「C-1」は、自動車の安全性と利便性、バイクの効率性と小回りを合わせ持つ乗り物だ。C-1と一般の二輪車のいちばんの違いは、四輪自動車レベルの安定性と安全性を実現するジャイロ安定化装置だ。これは二輪車の世界では80年ぶりの安全性の大きな進歩といえよう。

　「ジャイロは事業のエンジニアリング的な側面です」と創設者のダニエル・キムは話す。「技術は最高だし、動作も問題ない。その一方で、"確かにすばらしい技術だが、本当に買い手はいるのだろうか？"、という声も聞きました。エンジニアはその疑問に答えられませんでした」

　経営陣はチーム全員と話し合った。低い評価額のまま投資を受け取り、技術を開発するのがいいか？　それとも、いったん少額の資金を調達し、市場リスクを解消したあと、次の投資ラウンドで評価額を上げるのがいいか？

　彼らは後者の道を選んだ。「私たちは独自の質的市場調査を行なうことにしました。技術的リスクはわかっていましたから、リスクを解消するのは簡単です。技術の中味は1と0の羅列、いわば電子の集まりにすぎませんから。しかし、市場リスクの特定となると、一筋縄ではいきません。特にわれわれのような技術の場合、市場はずっと次の道をたどってきましたからね」

　そこで、Lit Motorsは画期的な乗り物の顧客体験をなるべく忠実に再現することにした。「私たちは実際のショールーム体験をなるべく現実的に再現したかったのです」と彼は話す。そこで彼らは、手作りでショールームと車の実寸プロトタイプを作った。

　「カプセル型のバイクの中に実際に座っている感覚が味わえるバイクを作りました。Toyotaのショールームに行って自動車の中に座るのと同じような体験です。ドアは本物そっくりで、体験もリアルそのもの。唯一の違いは、試運転できないことくらいでしょう」

　さらに、彼らは朝の通勤風景を描いた1分半のショートビデオも作った。こうして、実在しない乗り物のショールーム体験を低コストで作り上げることができたわけだ。

　Lit Motorsはショールームを一般公開し、その場で事前注文を受けつけた。そして、買わない人々はどうして買ってくれないのか、どうすれば買ってくれるのかも調べた。結果は次のとおりだった。

- 100人近くがその場で頭金を支払い、事前注文をした。
- その場で購入したのは、基本的に前々から似たようなアイデアを抱いていた人々だった。つまり、燃費のいい小型の乗り物を求めていた人たちだ。二輪車を思い浮かべていたかどうかはわからないが、C-1を見た瞬間、「よし、買った。これにしよう」と言った。
- Lit Motorsは配偶者の賛成がキーポイントだと考えていた。そこで、男性と女性の両方の美的センスを納得させるバイクをデザインした。

Lit Motorsは実際の生産手法と同じように、手作業でプロトタイプを組み立て、プロセスの拡大に必要なものを学んでいった。一般的な自動車会社が使う板金のスタンピング工具を導入するとなれば、数百万ドルのコストがかかるし、その場で変更も利かなかっただろう。代わりに、彼らは板金を手作業で成型していった。

「手作業でも結果はほとんど変わらないうえに、設計の変更も簡単でした。それに、実際の生産工程についても、かなり勉強になりましたし。おかげで、生産の技術的リスクを解消できました」

　特筆すべき点は、Lit Motorsがしなかったことにある。彼らは市場の不確実性に対処するため、C-1の生産や販売の拡大や最適化は行なわなかったのだ。彼らが最適化したのは、学習のプロセスだ。

　あらゆる業種のスタートアップが犯しがちなミスがある。大企業と対等に渡り合うために、大企業の手法をまね、あまりにも早い段階で生産を拡大してしまうのだ。しかし、破壊的なスタートアップにとって致命的なのは、大企業の存在よりも、むしろ牽引力不足や市場の無関心なのだ。

　Lit Motorsは、「学習と検証が第一」というアプローチに従い、市場リスクを解消することで、多くのスタートアップを次々と飲み込んでいる破壊的イノベーションの荒波の中を、見事に突き進んでいるのだ。

ワークシート

以下のテンプレートを使って、具体的な仮定を実証するための実験を行なおう。

セグメント：		
実証する仮定	仮説	結果
次のペルソナが実在する（ペルソナの細部が正しい）		
顧客は次の問題、悩み、情熱を抱えている		
顧客は次の（全体的な）解決策に興味を持つ		
顧客は次の（具体的な）機能X、Y、Zに満足する		
顧客は次のときに製品に熱狂する		
顧客は次のときに購入を決断する		
顧客は次のときに企業を信用する		
顧客は次のときに製品を信用する		
顧客は次のときに製品をもっと知りたくなる		

7 Data's Double-Edged Sword

データは諸刃の剣

　データは現代ビジネスの武器だ。剣と同じで、使いこなせるかどうかは使い手次第なのだ。

　データがあなたに代わって決断してくれるわけではないが、適切なデータさえ追跡していれば、決断の材料になる情報が手に入る。アントレプレナーにとっては、データ内にパターンを見つけるのが究極の目標だ。データはマーケットシグナルの宝庫だ。力を向けるべき（向けるべきでない）方向、倍賭けや方向転換（ピボット）のタイミングを教えてくれるのだ。

　しかし、データは諸刃の剣のようなもので、やたらと振り回すのは危険だ。データは役立つと同時に、使い方を間違えるととんでもないことになりかねない。

　現代の企業は、スタートアップも含め、データであふれている。データの氾濫は2つの大きな問題を引き起こしている。1つ目に、どんどんデータに溺れていくのが怖いがために、価値の流れ――つまり事業活動の有効性――をきちんと測定しようとしない企業が多い。これは無理もない。というのも、2つ目の問題として、データの山の中から、有用な知識を抜き出すのは容易ではないからだ。

> **野球スカウトのグレイディ**：「選手が成功するかどうかは、球界の者しかわからん。スカウトが150年間してきたことを無視するのか？」
> **ビリー・ビーン**：「変わらなきゃ終わりだ。君は占い師じゃない。人の将来を予知することなんかできない。みんな同じだ。オレも昔、君と一緒にスカウトに行ったよな？　親のとこへ。で、こう言った。〝息子さんは成功する。わかります〟、わかるわけない。将来なんか」
> ――映画『マネーボール』
> （スティーヴン・ザイリアン＆アーロン・ソーキン脚本、ソニー・ピクチャーズエンタテインメント、2011年）より

大事なのは、追跡する評価基準を適切に定めることだ。そうすれば、両方の問題が解決する。スタートアップを立ち上げたなら、あなたのすべきことをするためにすでにさまざまな資源をやりくりしているはずだ。しかし、何をすべきかを見極めるには？

　そのためのポイントがいくつかある。

- ビジネスの針を動かす要素に力を注ぐ。
- データから行動につながる知識を抜き出せば、資源の利用効率が高まる。
- すべての評価基準を技術的に定義・分析する必要はない。

　行動につながるデータとは、文字どおりの意味だ。つまり、行動の指針になるデータだ。たとえば、誰もあなたのモバイルアプリを使っていないなら、アプリの累積ダウンロード数を追跡しても意味がない。人々があなたのアプリを利用しているという前提があって初めて、ダウンロード数がマーケティング活動の成果を測るうえで意味を持ちうるわけだ。

　同様に、誰もあなたのレストランに来店していないなら、レストランのFacebookページにどれだけ「いいね！」が集まっていても、まるで意味がない。誰もあなたの製品を買っていないなら、あなたのWebページの閲覧数はほとんど参考にならない。こういう無意味な評価基準のことを、エリック・リースは**虚栄の評価基準**と呼んでいる。

vanity metric
虚栄の評価基準

行動の指針にならない無意味な測定基準。ただし、ビジネスに明確で有意義な影響を及ぼさないという理由だけでは、虚栄とはいえない。

　虚栄の評価基準は、自慢話のネタにするにはもってこいだ。あるいは、影響されやすいベンチャーキャピタリストから資金を調達したりするのにも役立つだろう。しかし、ひとたび企業経営に虚栄の評価基準を用いてしまえば、大惨事になりかねない。間違った情報を鵜呑みにしたアントレプレナーは、競争相手を切り裂くどころか、自分自身の足を切り落とすはめになるのだ。

　私たちが以前に仕事をしたある企業は、アクティブユーザー数や計算違いのウイルス係数をダシに使って、資金調達を成功させた。いわば、虚栄の評価基準を逆手に取ったのだ。メディアやベンチャーキャピタリストは虚栄の評価基準がお好きだが、虚栄の評価基準を鵜呑みにして事業を拡大しようとすると、とんでもないことになる。

　行動につながる評価基準は、企業の業種や段階に応じて常に変わる。すでに製品エンゲージメントを実現しているなら（つまり顧客が製品の熱狂的なファンになっているなら）、エンゲージメントの指標を測定しても、ビジネスの針を動かす（ビジネスに目立った変化をもたらす）ことはできない。エンゲージメントを維持するためにも測定自体は続けるべきだが、新規ユーザーの獲得へと照準を移すべきかもしれない。同様に、外勤の営業チームを拡大しようとしているときに、Webサイトの「今すぐ購入」ボタンはどの色が効果的かというデータを追跡しても、あまり意味がない。

　では、ビジネスの針を動かす要素をどうやって測定すればいいのか？　キーポイントは価値の流れだ。

　測定する指標やタイミングを判断するためには、内側から外側に向かって、逆向きに最適化を行なうのがいい。

　アントレプレナーは口コミを生み出したがる。牽引力不足を口コミで補おうとするのだ。ということは、あなたの解決策が適切なセグメントに発見されていない、つまりあなたの企業が人々の関心を生み出せていないということだ。しかし、好

意的な口コミを広めるのはマーケティングの仕事ではなく、製品の仕事だ。マーケティングで製品の認知度を高めることはできても、製品自体がお粗末なら、口コミもそれなりになるだろう。マーケティングはすでに存在する口コミを利用する手段なのだ。

したがって、重要なのはエンゲージメントと熱狂だ。エンゲージメントと熱狂を得られなければ、事業ではないといってもいい。

エンゲージメント＋熱狂＋マーケティング＝製品と市場のフィット

エンゲージメントと熱狂がなければ、いくらマーケティングをしても無駄だ。だから、真っ先に実現すべきなのは製品へのエンゲージメントなのだ。

エンゲージメントとは、顧客が自身のニーズを満たす形で製品を利用している状態を指す。つまり、製品が顧客の求める仕事を果たしていて、顧客が目標を実現しており、問題が解決されている状態だ。それでは、エンゲージメントを測定するには？

もういちど、価値の流れに目を戻そう。約束された価値命題を実現する製品の機能や利用方法は？　価値命題を実現するために、顧客はその機能をどれくらいの頻度で利用すべきなのか？　それをエンゲージメントの指標として測定しよう。期待する利用率に満たない場合は、機能を改善するか、利用率に対する期待を見直そう。

本書では、リーンスタートアップに欠かせない要素——顧客との対話、事業実現性のテスト、行動につながるデータ——を個別に紹介しているが、実際にはこの3つが連携しなければならない。たとえば、データの分析を通じて、ビジネスモデルの改善の必要な部分がわかったら、顧客との対話や反復的なテストを通じて、有効な方法を明らかにしていく。この3つが大企業のよう

にサイロ化していれば、物事の理解は遅れる一方だ。ビジネスインテリジェンスの専門家が数週間がかりでエンゲージメントの低下を示す報告書を作り、プロダクトマネジャーが10ページ分の機能リストを作り、デザインチームが今後6か月間の成果物の計画をまとめ、ソフトウェアエンジニアがバグデータベースの問題解決に黙々と取り組む……というようではいけないのだ。

　大企業であれ中小企業であれ、ハイテク企業であれローテク企業であれ、ビジネスの針を動かす問題解決のために、機能横断的なチームを築くことが必要なのだ。

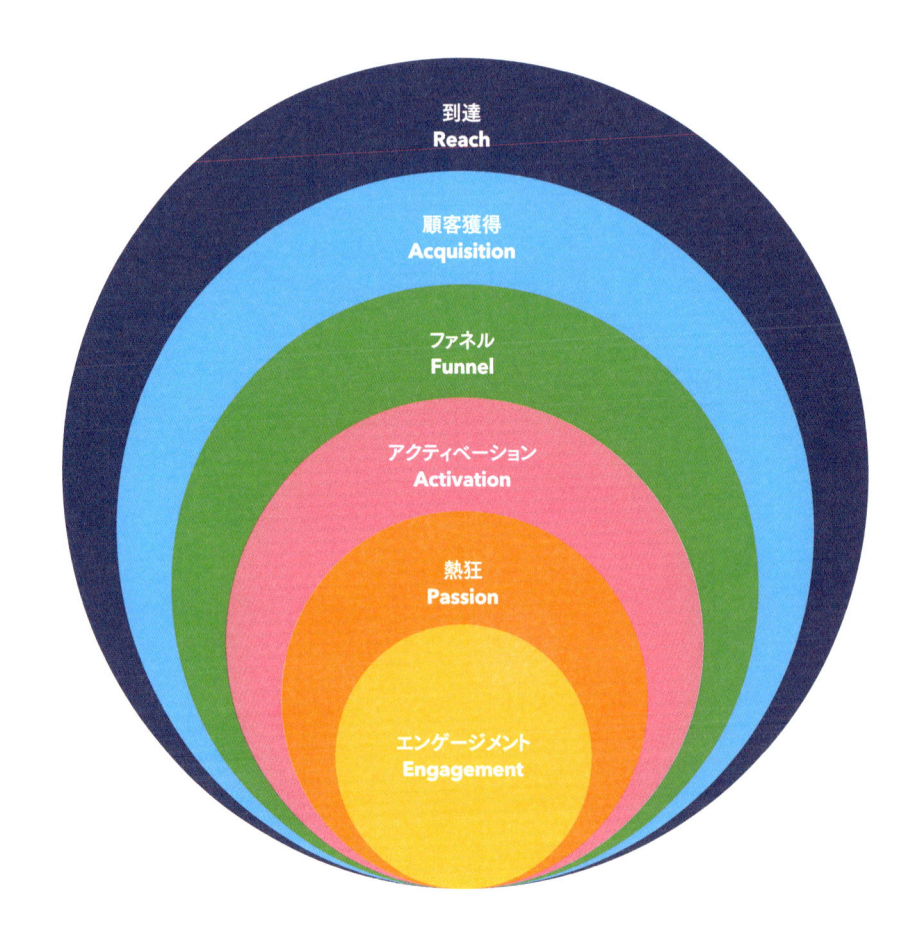

到達
Reach

顧客獲得
Acquisition

ファネル
Funnel

アクティベーション
Activation

熱狂
Passion

エンゲージメント
Engagement

CASE STUDY

破壊不能なものを破壊する

　ここまでの話を読んで、スピーディで反復的なリーンスタートアップのプロセスは、インターネット企業以外にも応用できるとわかっただろう。その点を改めて確認するため、Marketoon Studiosの創設者兼CEOのトム・フィッシュバーンに話をうかがった。トムは無害で腐敗還元可能な清掃用品を設計・製造する会社、Method Productsのマーケティング部門を率いた経験がある。

著者：マーケターとして、反復的な製品開発に興味をもったきっかけは？

トム・フィッシュバーン（以下、フィッシュバーン）：あるとき、私たちの消費財業界での立ち位置は、Web開発の初期の時代にとても似ていると気づきました。長期にわたるウォーターフォール型の製品開発サイクルのせいで、商品化までの道のりが著しく制限されていたんです。いったん開発プロセスに入り、一定の時点を過ぎると、もう要件を変更できなくなってしまう。たとえ新しい情報が入ってもね。新商品の発売というのは非常に大がかりなイベントですから、どうしても製品テストを入念に繰り返し、ドカンと発売するという考え方になりがちです。でも、テスト環境が実世界の状況と乖離しているせいで、大々的に発売して大々的に失敗するケースが少なくないんです。

　そうなると、失敗を防ぐためにテストの量がさらに増えます。結果、アイデアを商品化するのはますます難しくなります。

　この考え方だと、リスク回避の心理も生まれます。

　突拍子もないアイデアはテストでふるい落とされますから、実現しないことになります。どんなに名案でも、商品が消費者の手元まで届かないわけです。発売にこぎ着けるのは既存の商品と似たものばかり。市場の既存の商品と似ているということは、すなわちイノベーション性が低いということですから、このやり方には問題があるんです。

著者：では、リーンスタートアップの考え方を消費財業界に応用するには？

フィッシュバーン：消費財業界では、大量生産が必要なのでリーンスタートアップの手法は通用しない、という考え方が一般的でした。しかし、消費財業界のスタートアップ企業であるMethod Productsでの経験からいえば、

人工的なフォーカスグループで学んだつもりになり、大々的な発売を行なう代わりに、小規模から始めてみて、市場から教訓を学ぶことは十分に可能なんですよ。

　私たちは家庭用洗剤というとても平凡な分野でイノベーションを起こそうとしていました。そのためには、差別化につながる斬新なアプローチが必要でした。

　市場リスクを取り払うために、私たちは社内でどんどんプロトタイプを製作しました。3Dプリンターで新しいボトルのデザインを試作したりしてね。私はGeneral Millsでも働いた経験があるのですが、新商品の発売時には、新しいボトルデザインを探る構造設計という段階がありました。でも、ここまで来るとほぼ完成なんです。1回くらい見直す時間はありますが、物理的なサンプルを作るのにかなり時間がかかるので、見直すとなるとかなり開発時間を食ってしまいます。

　Methodでは、そこを一新するために、社内に3Dプリンターを導入しました。話し合いをし、スケッチを描き、それをCAD図面にし、ボトルを形にする。たとえば、ある濃縮洗濯洗剤の新ボトルのデザインでは、短期間に45種類以上のデザインを作りました。本質はアジャイルソフトウェア開発のプログラミングと同じです。毎週のように新しいボトルを試作し、改良していくわけです。

著者：市場からすばやくフィードバックを得ることが重要な理由は？

フィッシュバーン：イノベーションでもっとも危険なのは、自分自身の声、つまり部屋の中にいる身内の声にしか耳を傾けないことです。私たちは自分自身の洞察や直感も大事にしていましたが、外部からの情報にも心を開いていました。とはいっても、できるかどうかはまた別問題ですね。当初、Methodはしがないスタートアップでしたので、顧客の声は皆無でした。頼れるのは自分たちの声だけです。市場で何回か失敗を繰り返してようやく、身内の声は当てにならない、顧客の声を聞かなければと気づいたんです。

著者：清掃用品分野でのイノベーション方法については、どこから大きなヒントを得たのでしょう？

フィッシュバーン：この分野のマーケターの多くは、清掃用品は「関心の低い分野」だというレッテルを貼っていました。人々が清掃用品のデザインを気にしないのは、ボトルを常にシンクの下にしまい、シンクの下にあるという事実を忘れているからです。なぜか？　ボトルが醜いからです。

　こういう例は多くの業界にあると思います。誰もその業界の知識を疑わず、それまでの常識に沿った製品を作ろうとする。別の見方もありうるという事実を忘れてしまうわけですね。

　Methodは、消費財という昔ながらの業界にも、違う見方があるという事実を人々に知らしめました。その結果、業界全体が見直され、競合企業がこぞってMethodの手法を観察し、まねしはじめました。それを受けて、Methodはさらにイノベーションに力を入れるようになりました。というのも、大企業や有名ブランドが小売店の棚に並ぶMethodの商品を見て、すぐに同じような商品を送り出してきましたから。

著者：消費財業界で製品開発のイノベーションを妨げているものは？

フィッシュバーン：発売の規模に関する考え方でしょう。大企業は、斬新なアイデアを思いついて、「小規模な実験をしてみよう」と考えたとしても、そのすぐあとに、「よし、見込みがありそうだ。では、取り扱い店舗を3000店に拡大するには？」と考えてしまうんです。企業は常に大規模な展開を目指すようしつけられていますから。1年に2回の発売時期に照準を絞って、いっせいに発売するわけです。

　大手消費財企業の多くがこの点と闘っています。イノベーションや起業家精神を高めたいと思う一方で、3000店のハードルもクリアしなければならないのです。

著者：Methodでは市場からどうやってビジョンを導き出すのでしょう？

フィッシュバーン：市場で小さな実験を積極的に行なう企業は、とても刺激になりますね。Methodもそうでした。たとえば、ユニオンスクエアに広告看板を出すお金で、ポップアップストア（仮店舗）を建てることができます。市場の真の反応を確かめるため、そういう店舗でほかでは売っていない商品を売ったこともあります。一言でいえば無料実験です。店舗で収益を上げながら、消費者の考えを手軽に探れるわけですから。ほかの企業にもできることはたくさんあると思いますよ。

　多くのブランドはマーケティング目的でポップアップストアを出すわけですが、実は新しいアイデアに対する市場の声を集めるのにも打ってつけなんです。ほかの業界でもポップアップストアのアプローチは使えると思います。単に棚を埋めるだけでなく、店をまるまる1軒作るとなれば、ブランドをまったく別の角度から考え直さざるをえませんからね。

　たとえば、小売店の陳列スペースの奪い合いだけに目を奪われていたら、棚の左端から右端までぐるっと見渡して、「どうすればこの無数の製品の中から抜きん出ることができるだろう？」と考えておしまいでしょう。

　これでは目隠しを着けているも同然です。その業界の現状に目を奪われているわけですから。でも、店をまるまる作るとなれば、「どういうブランドにしたいか」という独自のビジョンが不可欠です。これは大きなパワーになるのです。

さて、新規の製品と既存の製品で、データの利用の仕方は異なる。そこで、それぞれの場合に分けて説明していこう。

新規の製品 | New Products

製品と解決策のフィット

　スタートアップであれ既存の企業であれ、新製品を開発するなら、ビジネスの針を動かすためにも、製品と顧客がマッチしているか、製品が真の問題を解決しているかを学ぶ必要がある。初期のデータの大部分は質的なものだ。

　まずは顧客との対話の目標を定めよう。たとえば、「10人の顧客と話をして、問題Xを抱えているかどうかを検証する」など。

　さらに、明らかにしたい主な内容も明確にしよう。一例を挙げれば次のとおり。

・顧客は事前に定義した市場セグメントXに属する。
・顧客はあなたの仮定した問題を実際に痛感している。
・顧客は解決策を積極的に探している。または、応急策で我慢している。

　重要なのはパターンを探すことだ。10人のうち2人は問題を痛感していて、5人は無関心で、残りの3人は何の話かすらわかっていないとすれば、突き詰めが必要だ。

　こう自問してみよう。

・最初の2人のような人々をもっと見つけるには？
・最初の2人と残り8人の決定的な違いは？
・問題提起を改良できないか？

　もういちど現場に行き、顧客を観察し、話を聞こう。パターンが見つかるまで繰り返すこと。パターンが見つかる前に製品を開発するのがいかに無意味なのか、わかってもらえれば幸いだ。

　共通の問題や情熱を抱える顧客セグメントを明らかにしたら、こんどは解決策について話を聞こう。使うステップは同じだ。

　アーリーアダプターと考えられる顧客に話を聞き、あなたの解決案に興味を持ってもらえるか、その解決案が顧客の環境でうまくいくかを検証しよう。あなたの頭の中にあるアイデアを検証するだけでなく、設計プロセスに参加してもらい、フィードバックを求めよう。何の意見も持たない顧客は、アーリーアダプターとはいえないだろう。

> **ヒント**：破壊的イノベーションの場合、単純に「この製品を利用したいですか？」「この製品にお金を払ってくれますか？」と顧客に訊いても、ほとんど意味がない。

　それでも、起業初心者の多くは、潜在顧客に開発中の製品を買ってくれるかどうかを訊ねるのをためらう。ソフトウェア特売サイトAppSumoのノア・ケイガンは、開発段階で製品を売ることを勧めている。顧客から実際に売上を得るのが早ければ早いほど、深刻な問題を解決している可能性が高いのだ。あなたが作った製品を顧客に買ってもらうのではなく、あなたが顧客の求める製品を作ってあげている、という構図に持っていこう。

　これはシンプルなテスト販売の形式だ。確かにアントレプレナーにとっては絶好の道具だが、顧客開発の芽を摘んでしまう危険性も忘れてはいけない。顧客の抱える問題はほかにもないか？

　顧客の回答がバラバラなら、セグメンテーショ

ンや解決策を狭める必要があるだろう。たとえば、モバイルアプリを求める人々とWebアプリを求める人々、ファミリー向けのピザレストランを求める人々と通向けのこぢんまりとした店を求める人々、インターネットで商品を買う人々と実店舗で商品を買う人々は、はっきりと区別すること。

　注意してほしいのだが、最終的にどんな製品を提供するかは完全にあなた次第だ。顧客の言いなりになるのではなく、データを収集して判断しよう。顧客の悩みの深さは？　顧客の現在の行動から判断すると、どの解決策を導入してもらえる可能性が高いか？　顧客はアーリーアダプターになってくれそうか？　普段スマートフォンを使わない人がアーリーアダプターなら、モバイルアプリは避けた方が賢明だ。

実現性

　深い悩みや情熱を抱えている顧客セグメントが存在するとわかったら、次は実験の番だ。①顧客の信頼性、②製品の適切性、③ビジネスモデルの実現性を検証しよう。

　収集するデータは実施するテストによって異なる。前章の方法でも独自のやり方でもいいので、実験を繰り返し、セグメンテーション、製品アイデア、ビジネスモデル仮説の問題点をあぶり出そう。顧客と個人的に対話しながら、実験で得られた定量的データを調整しよう。

　パターンの例外が見つかったら、別のサブセグメントを見つけた証拠だ。サブセグメントごとにデータを追跡し、事業拡人の方法を学ぶこと。

「顧客なんてみんな同じでいくらでも替えがきく」と思っていると、あとあと大変なことになる。

　前に紹介したセグメントマトリクスを思い出してほしい。

	悩みの深さ A	予算 B	到達しやすさ C	MVPの作りやすさ D	市場規模 E	価値 F
セグメント1						
セグメント2						
セグメント3						
セグメント4						

各種テンプレートをご希望の方は、fish@leanentrepreneur.coまでご一報を。

製品を作ったり、事業実現性のテスト（たとえば、製品が完成したように見せかけて、実際にはこっそりと手作業でサービスを行なう「オズの魔法使いテスト」など）を行なったりした結果、セグメント1に分類していた顧客が、実は製品を買うほど深い悩みを抱えていないとわかるかもしれない。その場合、別のセグメントに分類するべきか？　セグメント2になら当てはまるだろうか？

ビジネスモデルのリスクを明らかにし、軽減するため、顧客との対話や実験を行なおう。あなたが解決しようとしている問題は、あなたの会社と顧客の両方から見て、解決する価値があるのか？

そもそも解決可能なのか？

アンケートは顧客セグメントに関する仮説を大規模に検証する助けにはなるが、アンケートのみに頼ってはいけない。

データを分析した結果、問題は解決する価値があるとわかったら、いよいよ次は製品の開発だ。とはいえ、製品の完成まで建物にこもるのは禁物。製品開発サイクル全体を通じて、顧客との対話は続けるべきなのだ。

製品と市場のフィット

一定の顧客と定期的に対話を続け、顧客を深く理解したとする。その後は、次の2つの視点で対話を継続しよう。

❶同じような顧客をさらに獲得する方法は？
❷あなたの開発している製品は顧客のニーズに応えられるか？

①については、顧客獲得チャネルや営業ファネル[1]に関するテストを行ない、その市場セグメントの人々が集まる場所、顧客の意思決定に影響を与える人物、顧客の心理状態を認知から熱狂へと進める方法を理解しよう。

ここでも、測定の前にまずは仮説を立てること。

たとえば、「ベータ版への招待メッセージをHacker Newsに投稿すれば、1000人がサイトを訪問し、100人が登録する」など。訪問者数が1000人に満たなかった場合、原因を明らかにしよう。投稿したメッセージが悪かったのか？　メッセージが不適切だと判断され、マイナス票が集まったのか？　登録者数が100人に満たなかった場合も同様だ。ランディングページのメッセージがまずかったのか？　Hacker Newsを選んだのが間違いだったのか？　その結果いかんで、行動につながるデータが得られるはずだ。

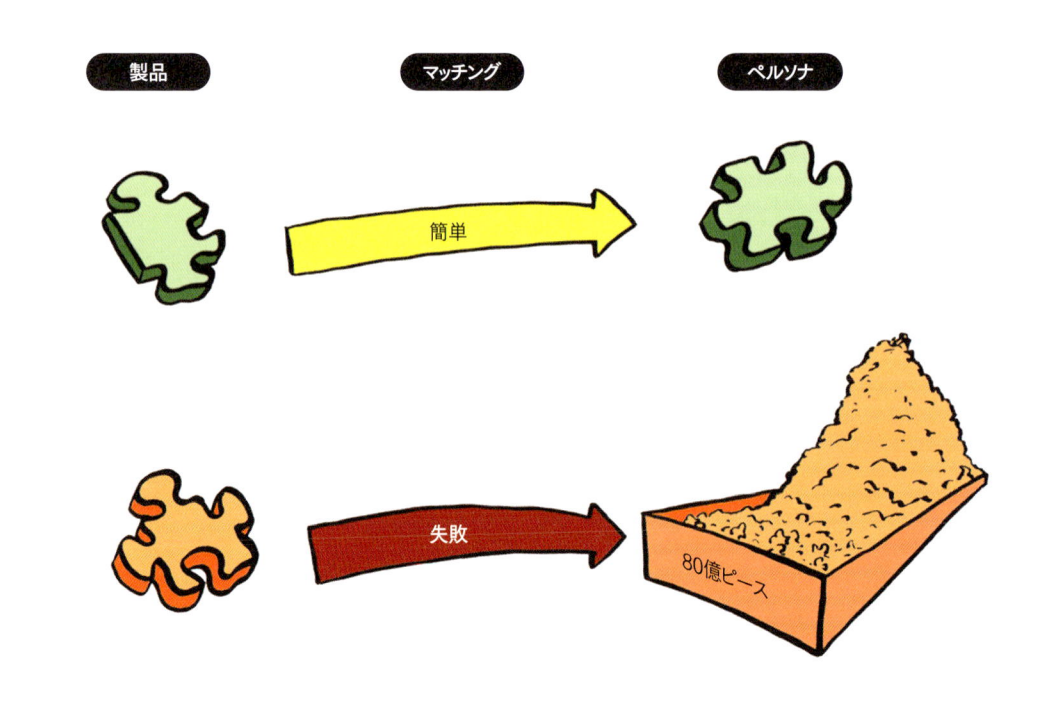

②については、ユーザビリティテストを行ない、顧客の製品の使い方を測定するのが考えられる。何もかも測定しようとしてはいけない（そもそも不可能だ）。まずは、エンゲージメントとアクティベーションの指標を測ろう。

　アクティベーションの測定は重要だ。顧客が最初に登録や購入をしてから、製品の掲げる約束を初めて実現するまでのギャップが明らかになるからだ。顧客とベンダーの関係作りにとってきわめて重要な期間に、アクティベーションを妨げる問題はたくさんある。たとえば、パスワードの問題、アクティベーション用の電子メールが迷惑メールに分類される事例、出荷の問題、マニュアルの理解不足、製品の不適合、**白紙効果**など。

blank-slate effect
白紙効果

顧客が製品をどう使えばいいのか見当も付かない状態。たとえば、Webデザイン用のアプリケーションの場合、ユーザーが最初にログインした際に、どこから手を付ければアプリケーションを有効利用できるのかわからない状態。

　この問題に対処する方法はたくさんあるが、実際に影響を及ぼしていない問題まですべて解決する必要はない。むしろ、影響の起きている問題を見落とす方が危険だ！　顧客が製品を利用しはじめるまでの時間をなるべく短くすることが、事業を前進させるうえで重要なのだ。

　初期の製品でエンゲージメントを測るには、顧客が価値命題を実現するために一定期間、定期的に利用しなければならない具体的な機能を測定しよう。顧客が価値命題を実現したと判断するための指標は？　つまり、どの時点を過ぎれば、顧客は製品のメリットを体験したといえるのか？　別の言い方をすると、顧客が製品に満足していることを示すサインとは？

　定義した市場セグメントが有機的に成長しはじめるまで、製品開発、メッセージやポジショニング、市場セグメントの改良を繰り返そう。ここで登場するのが**熱狂度**という指標だ。熱狂度とは、製品のエンゲージメント、製品の紹介率、顧客からの機能要望といったデータを組み合わせて、あなたが独自に定めた指標だ。

　熱狂度を直接測定するのは難しいが、自動化できない場合は手動で測定してもいいし、オンラインでの測定が無理な場合はオフラインで測定してもいい。

オンラインのエンゲージメント

　オンライン商品のエンゲージメントについては、これまでさんざん説明してきた。人々が一定期間、定期的に利用する具体的な機能を測定すればいい。また、ビジネスモデルのその他の側面に対する満足度を測る方法としては、インタビュー、チャネルプログラムの管理、カスタマーサポートなどがある。

オフラインのエンゲージメント

　事業がオフラインだからといって、オンラインツールを使えないという道理はない。創造力次第で、インターネットを利用してオフラインの満足度、エンゲージメント、熱狂度を測定することもできるのだ。

　オフライン製品のエンゲージメントを追跡する方法はたくさんある。たとえば、会員プログラム、満足度調査、Webサイトツール（サポートなど）、フリーダイヤルの製品サポート、小売店での会話や観察、第三者の評価、従来型の市場調査、ソーシャルメディアなど。

製品の紹介

　前述のとおり、マーケティングはすべて口コミに基づいている。1970年代、Breck Shampooは顧客の口コミ活動を積極的に促した[2]。同社

のシャンプーのCMでは、「2人に教えてみて。そうすれば、2人が4人に、4人が8人に、8人が16人に……」というセリフとともに、顧客の顔が2倍、2倍と増えながら画面を埋め尽くしていく。

インターネットマーケターが口コミマーケティングを発見したなんて大嘘なのだ！

口コミによるマーケティングは、オンラインの方がはるかに測定しやすい。**ネットワーク効果**を持つ製品とは、ユーザー数が増えるにしたがってそれ自体の価値が増していく製品のことだ。理論的にいえば、あなたがFacebookを利用する価値は、Facebookを利用する家族や友人の数が増えるほど増す（ただし、現実にはそう単純ではない。利用人数が増えるほど、ノイズも多くなる。すると、人脈の価値、つまり製品自体の価値も下がる。顧客体験の向上にゴールなんてないのだ）。

口コミのネットワーク効果を測るには、1人の顧客が何人を誘い、そのうち何人が実際の顧客になるかを見ればいい。この値を**ウイルス係数**といい、ネットワーク効果に頼る事業が成功するには、ウイルス係数が1.0を超えなければならない。別の言い方をすれば、1人の顧客がサインアップして製品を利用するたびに、平均で1人を超える顧客を連れてきてくれなければならないのだ。

アクティブユーザー数を数百万人単位まで増やさなければ事業を存続できないビジネスモデル（たとえば広告収入モデル）でもないかぎり、ウイルス係数が1を超える必要はない。しかし、だからといって、ウイルス係数が1を超えてはならないという道理はない。ウイルス係数が大きければ大きいほど、有機的な成長が期待できるからだ。

ネットワーク効果に頼らない事業で、製品の口コミマーケティングを促し、その成果を測定するには、次の方法がある。

❶ お友だち紹介キャンペーンを実施する。「友人を連れてきたら1回無料で利用できます」という期間限定のキャンペーンでもいいし、「お金を使ってくれる新規顧客を連れてきたら1か月間無料」という長期間の契約でもいい。

❷ Facebookのようなソーシャルメディアのツールとクーポンコードを使って、コンバージョンを追跡する。

❸ ユーザーが友人を招待できる機能を製品に組み込み、ウイルス係数と同じ要領でそのデータを追跡する。

製品の紹介率はアンケートでも近似的に測定できる。たとえば、Net Promoter ScoreやMustHaveScoreがその例だ。

ネットワーク効果に頼っているかどうかにかかわらず、ユーザーに友人を連れてきてもらうには、製品の使いやすさが重要だ。お粗末な製品を友人に勧める人はいない。無視するだけだ。

顧客からのプル

製品ニーズの切実さを測定する方法はいくつかある。機能の要望や問題の報告といった製品の改善要求は、たいてい切実なニーズがあることを示している。その中には、ただの善意で要望を出す人もいるだろうが、ほとんどの場合、製品を求めていない人は不満も言わない。

たとえば、統合性について具体的な要望を出す人々は、購入の一歩手前だといえる。また、取り扱い店舗を増やしてほしいとか、どこどこの販売店に商品を置いてほしいというような販売チャネルに関する要望を出す人もいるだろう。こういう要望は、まとめて扱うのではなく、市場セグメント別に測定するべきだ。その要望は重要な市場セグメントからのものなのか、それとも気ままな意見にすぎないのか？　それをしっかりと見分けられないと、製品や事業の方向性を見誤りかねない。

顧客のフィードバックには、ホールプロダクト【単一の機能ではなく、顧客の要求を満たす製品やサービスの集合体】の全体像を明らかにする手がかりが潜んでいる。あなたにとって理想的な顧客セグメントが価値命題を実現するためには、どのような機能、チャネル、環境、パートナーが必要か？　実用最小限の製品（MVP）から抜け出すうえで、それを明らかにするのは欠かせない。

繰り返しになるが、作れるという理由だけで機能を作るのは、大成功の妨げになる。また、顧客の求めるものを作ればいいという話でもない。まずは顧客がそれを求める理由を理解すべきなのだ。

既存の製品 | Existing Products

　これまでの方法はすべて既存の製品にも応用できるが、既存の製品では、プロセスはいっそう複雑になる。すでに顧客を獲得していても、顧客を適切なセグメントに分類していないケースが多い。アンケートは既存の顧客をセグメント化するには打ってつけの方法だ。次の点を明確にすることが重要だ。

- 顧客が解決しようとしている根本的な問題は？
- 顧客が製品を気に入っている点は？
- 顧客が求めている改善ポイントは？
- 顧客にとって製品を利用するメリットは？
- 顧客が友人や同僚に製品を勧める可能性は？（Net Promoter Score）
- 顧客は製品を友人や同僚にどう説明するか？
- 製品が中止になったら顧客はどの程度がっかりするか？（MustHaveScore）
- 顧客が集まる場所は？
- 顧客の意思決定に影響を及ぼす人物は？

　インタビューの結果やエンゲージメントデータを用いて、アンケート結果を裏づけよう。食い違いがある場合は、アンケートの質問の言い回しに問題があるはずだ。

　複雑な製品や発売されて久しい製品の場合、製品エンゲージメントを測るのはいっそう難しくなる。機能が多ければ多いほど、追跡する対象も増えるからだ。

　この問題を乗り越えるには、顧客の製品の利用の仕方をイメージする必要がある。購入前のマーケティングファネルやパイプラインのところでお話ししたように、顧客はふつう製品を購入するまでにいくつかの行動を取る。そして、ある魔法の瞬間を過ぎると、見込み客はクレジットカードをするりと取り出し、顧客へと変わるのだ。

　これと似たように、顧客が価値命題を実現するために取らなければならない行動もいくつかある。そこで、顧客が製品を体験して価値命題を実現するために取らなくてはならない行動を図式化した**エンゲージメントマップ**を作ってみよう。それぞれの行動に、いくつかのサブステップが存在することもある。その場合は、顧客がそのステップを完了するために利用する機能を列挙しよう。この調子で製品を細分化していくと、「この機能の利用率を増やせばエンゲージメントが高まる」という具体的な製品機能が突き止められるはずだ。

　これはビジネスの針を動かす要素を明らかにする方法の一例だ。エンゲージメントが高まれば、ユーザーの満足度も高まり、熱狂的な顧客を生み出せるだろう。

　たとえば、マーケティング分析ツールを例に取ると、最高マーケティング責任者のエンゲージメントを示すサインは、週に一定回数、レポートを閲覧することだろう。あるいは、最高マーケティング責任者とマーケティング部長がコミュニケーションツールを使って、新しいキャンペーンやレポートを要求し合う回数も、参考になるかもしれない。

　また、マーケティング部長のアクティベーションを示すサインは、レポートを作成したり、ソーシャルメディア、コンバージョンファネル、マーケティングキャンペーンの追跡ツールを設定したりすることだろう。エンゲージメントは、毎日ダッシュボードを閲覧しているかどうかで判断できる。

　従来では、製品を改善するために、社内の各部門で追加すべき機能を話し合うのがふつうだった。たとえば、次のような感じだ。

- 営業部門は、現在の難点を解決する新機能を求める。
- マーケティング部門は、自社を競合他社よりも優位に位置づけられる新機能を求める。
- 製品管理部門は、顧客フィードバックに応える新機能を求める。
- エンジニアリング部門は、新しい技術を使った新機能を求める。
- サポート部門は、具体的なバグの修正を求める。

そして、話し合いや妥協を重ね、次のバージョンの要件、設計仕様、6か月計画をまとめるわけだ。この方法は、現代社会では遅すぎるし、顧客の真のニーズをとらえることもできない。

効率的で機敏なリーンスタートアップの手法では、機能横断的なチームを築き、あるモジュールがうまく機能していない理由を調査する。そして、その機能を改善するさまざまな方法を試す。全員に向けてリリースする前に、一部のユーザーを対象に新機能をテストするわけだ。

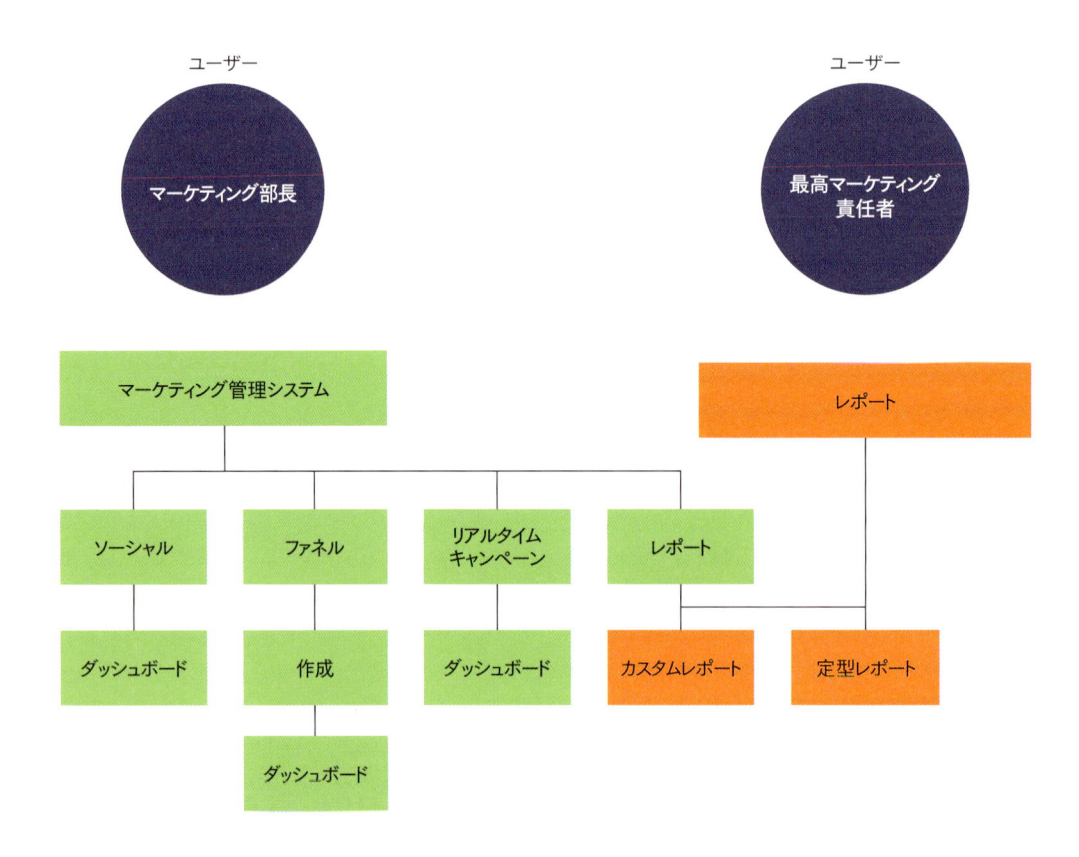

CASE STUDY

成長の原動力

　Meetupの物語は、初期のインターネットの盛衰からほどなくして始まった。そのほんの数年前まで、企業価値、株価、住宅価格、そして安易な楽天主義は高まる一方だった。不景気の終焉(しゅうえん)を唱える者もいれば、紙の書籍や生身(なまみ)の人間関係が消えつつあることを嘆く人もいた。そのすべてを変えたのは、ドットコムバブルの崩壊と9・11テロだった。

　Meetupは、9・11テロを受けて2002年初頭に設立された。その目的はオフライン、つまり実世界でコミュニティを築くことだ。

　それは壮大な実験だった。オンラインで知り合った赤の他人同士がオフラインで会うものだろうか？

　「当時はソーシャルメディアなどなかったですから、オンラインデートというアイデアさえ奇抜だったんですよ」と顧客開発担当副社長のアンドレス・グラスマンは話す。「本当に赤の他人同士がオンラインで出会うものなのか？」

　数か月後、5万人のユーザーを獲得すると、実験は成功したように見えた。会社設立の基礎になった実験的な文化は、真の企業文化となった。

　Meetupは、クラウドソーシングと投票を利用して人々を結びつける無料サービスとして始まった。招待状の数さえ十分なら、出会いは実際に起こるのだ。このシステムにより、Meetupのユーザーは0から100万近くまで成長した。市場ニーズが見つかると、次は収益モデルを探す番だった。

　Meetupはさまざまな顧客セグメントから人気を集めはじめていた。

　アンドレスはこう説明する。「ハワード・ディーンの選挙戦でも使われましたし、色々な政治活動や大組織でも使われていました。そして、企業中心のツールを開発してほしいと、色々なところから出資のオファーが来はじめたんです。でも、私たちのビジョンは違いました。人々がサービスを利用する様子を見ていて気づいたのは、他人に投票するよりも、自分のグループを作る人たちが多いという点でした」

　そこで、100万人のユーザーと巨額の元手を頼りに、Meetupは地域主体のグループへと大転換を図った。彼らは人々が利用する様子を観察し、それをもとにサービス全体を設計し直し、再スタートさせた。翌年、Meetupは数万人単位の顧客を失うリスクを冒して、完全無料のプラットフォームから、グループの主催者が手数料を支払うシステムへと移行した。

　「苦渋の決断でした」とアンドレスは話す。「厳しい選択でしたが、私たちは究極のビジネスモデルを探して、また1つ大きな実験に乗り出したわけです」

　多くのグループが離れていったが、活動自体は下火にならなかった。残ったのは、少数ながらも熱狂的な顧客だった。

　Meetupは、より洗練された企業へと成長しても、実験をやめなかった。むしろ、実験の効率を上げていった。彼らはデータを分析して大きな賭けに出る代わりに、データを使って小さなテストを繰り返したのだ。

　「今から思えば当たり前ですが、サービス全体を再設計する前に、小さなテストで方向性が正しいかどうかを確かめる方法はいくらでもあります。ですから、大きな変化にすべての時間と資源を費やし、そのあとでユーザーをサポートするくらいなら、ユーザーとわれわれがともに学習・進化できるシステムに、時間と資源を費やす方がいいんですよ」

　変化には必ず代償がついて回る。再設計の時間とコストだけでなく、実施のコスト、変更後のユーザーのサポート費用もかかる。

　そこで、Meetupは小規模な実験を繰り返し、その情報をもとに大規模な実験を行なうというアプローチを取り入れた。そして、いったん有効な方法

が明らかになったら、そこに倍賭けをし、全力を集中させる。成功率が高いとわかっているからだ。

「つい最近、私たちはユーザビリティラボを設立しました。今年だけでも400〜500回のユーザビリティテストを行なう予定です。その目的は、社内の誰かが〝ユーザーはこのサービスにどう反応するだろう？〟と思いついてから、実際にユーザーの反応を観察するまでの時間を、なるべく短くすることにあります。その結果、今では2日以内にユーザーの反応を見られるようになりました」

十分な数のユーザーを獲得し、収益モデルを見つけ、すばやく機敏な実験アプローチを取り入れた。となると、次の問題は何をテストするかだ。ビジネスの針を動かす要素とは？

Meetupはそのデータを握っている。彼らはマーケティング、企業ユーザー、広告について数々の実験を行なってきたが、結局のところものを言うのはオフ会だ。オフ会の参加者は、ゆくゆくは自分でもグループを立ち上げ、月額料金を支払ってくれるようになるからだ。

「オフ会の参加に興味のある人の数は、招待状のデータを見ればわかります。招待状を受け取るには、Meetupに登録しないといけませんから。オフ会の主催者の半数は、参加者からスタートしています。人々が私たちのプラットフォームで新規グループを作ってくれるかどうかは、製品体験次第なのです。

製品体験のバランスを取るのは厄介です。成長のせいで、かえって既存ユーザーが得ていた価値に悪影響が及ぶこともあるからです。だからこそ、機能の詰め込みは長期的な成功にとって危険なのです。実際のところ、Meetupはグループのネットワークです。1つのオフ会に参加して終わりではなくて、さまざまなオフ会に参加し、いくつもの関心を同時に満たせるのがウリです。

そこで私たちが実験したのは、〝ほかに誰がオフ会に来るのか〟〝あなたはその人とどういう関係か〟〝その人はほかにどんなグループに属しているのか〟といった情報を共有する機能です。このシンプルな実験が、ほかのグループへの参加率に大きな影響を及ぼしました。こうして、ほかの参加者について知る機能を最適化するべきだという考えが実証されたわけです」

このような数々の実験に取り組むため、Meetupでは5〜6つの機能横断的なチームを作っている。そして、チームはユーザーの視点からユーザー体験を見つめ直し、問題を解決したり、利用者にとって楽しい体験を作ったりしているわけだ。たとえば、分析チームは、オススメのオフ会を提案するスマートな機能を開発している。熱狂的なユーザーはいくつものオフ会に参加し、ゆくゆくは主催者になるので、ユーザーにふさわしいオススメを送ることは重要なのだ。

一般的に、チームはプロダクトマネジャー、ユーザーインタフェース開発者、バックエンド開発者、コミュニティ専門家、そして定性分析を行なうアナリストからなる。その目的は、チームの中心課題を解決するための一連の実験を考案することだ。その実験の規模はさまざまだ。エンゲージメントを数パーセント上昇させる小さな実験で満足するだけでなく、大規模な変革も追求している。

とはいえ、プロセスは完璧ではない。

「オフ会のオススメ機能を改善する実験を行なっていたとき、私たちはオススメの見出しとアルゴリズムの両方を変更したんです。ところが、2ついっぺんに変更したのが失敗でした。アルゴリズムと見出しを変更したおかげで、参加率は40パーセントも増加したのですが、よくよく考えてみたら、増加した理由がわからない。そこで、行なった変更を順番に取り消すことにしたのです。

まず、変更を半分だけ元に戻しました。まずは見出しだけ変更したバージョンをリリースしてみる。次に、アルゴリズムだけ変更したバージョンをリリースしてみる。こうしてすべての組み合わせを試し、参加率の急増の原因を探ったわけです。その結果、アルゴリズムの本質やユーザーの反応の仕方について、貴重なヒントが得られました。そこまで来て初めて、〝よし、金脈を掘り当てたぞ。今回の実験で得たヒントを別のユーザー体験にも活かし、サイト全体に広げる方法はないだろうか？〟と考えたわけです」

その結果、Meetupにどんな影響が出たのか？

オススメ機能の改善により、オフ会の招待状の数は増え、有料会員も増え、Meetupは劇的な成長を遂げた。しかし、正しい疑問の掲げ方がわかったというのが、何よりの変化だ。
「現在、私たちが成功を遂げている1つの理由は、自分達自身を単なるグループの集まりと考えるのをやめ、メンバー1人1人の体験をグループの一部という文脈の中でとらえるようになったからだと思います。
　小さな違いではありますが、自分と同じ興味を持つ人を見つけ、関係を築くことで、価値を生み出すのがMeetupの役割だと考えれば、疑問の掲げ方は少し変わるはずです。どうすれば自分と同じ興味を持つ人を探す手助けができるのか？　この疑問を掲げたことをきっかけに、さまざまな実験に目を向けられるようになりました。そして、実験を通じて、大きな影響を及ぼせることに気づいたんです。
　ですから、私たちがこの1年間でやってきたのは、価値の創造の仕方に関する理解を進化させる、ということなんです。私たちは、①適切な疑問を掲げる、②すばやい実験を繰り返して真実を追求する、③実験で正しいとわかった行動に倍賭けする、の3つをそつなくこなせる企業こそ、一流の企業だと考えています」

ワークシート

1 行動につながるデータについて、計画を立てよう。

セグメント：			
仮定	評価基準	仮説	結果
顧客は次の具体的な機能X、Y、Zに満足する			
顧客が熱狂するのは次のとき			
顧客が購入を決断するのは次のとき			
顧客が企業を信用するのは次のとき			
顧客が製品を信用するのは次のとき			
顧客がもっと知りたくなるのは次のとき			
顧客が製品を知る手段			

2 エンゲージメントマップを作ろう。

8 The Valley of Death

死の谷を乗り越えて

　死の谷とはスタートアップが次々と死んでいく場所だ。

　実用最小限の製品（MVP）はすでに完成しているが、顧客の関心が少ない。あるいは、数か月前からMVPの改良を繰り返していて、一定の顧客は得たが、本格的な牽引力がない。あるいは、顧客が熱狂する堅実な製品はあるが、有機的な成長がほとんど見られない。あるいは、収益をもたらしてくれる顧客はかなりいるが、顧客を増やす方法がわからない。あるいは、着実に成長していてブレイク寸前まで来ているが、利益がほとんどなく、破産と隣り合わせの状態にある。

ウイルス係数は0.42。なんとか事業がもっている状態だ。

　破壊的イノベーションを目指す事業なら、死は孤独だ。競合企業や顧客に知られぬまま、当てもなく徘徊を続け、ひっそりと消えていくのが関の山だ。一方、アイデアが持続的イノベーション寄りなら、あなたの事業を死に追いやり、ほくそ笑むのは競合企業だろう。セグメンテーションのミスも、知らず知らずのうちに事業を死に追いやるかもしれない。

　製品を開発するだけなら、どのスタートアップにもできる。問題はそこではない。顧客に十分な価値を届けられないこと。届けられる価値はあっても、届ける相手が十分にいないこと。あるいは、顧客に届けるべき中心的価値や、もっとも大きなメリットを届けられる相手を深く理解していないことが問題なのだ。

　そういうアントレプレナーは、自分の製品の必須機能を理解していない。ある顧客グループの成功事例をほかのセグメントに応用する術（すべ）を知らない。

　顧客はいるが、熱狂的な顧客はほとんどいない。あるいは、熱狂的な顧客はいるが、顧客をまるで理解していないから、顧客を増やす方法がわから

ない。

　アントレプレナーの典型的な対応は？　機能を増やすか、広告代理店を雇うかだ。だが、どちらもうまくいくためしは少ない。

　スタートアップがエリック・リースのいう**死の谷**を越えるためには、これまでにお話ししてきたとおり、顧客との対話、実験、データの活用が必要だ。しかし、その活用の仕方も常に進化させなければならない。初期の仮説の実証が終わったら、新しい仮説、新しい実験が必要なのだ。

　死の谷を越えるには、実用最小限の製品（MVP）の次のステージに進む必要がある。つまり、コンバージョンファネルの最適化や、拡張性のある顧客獲得戦略が必要なのだ。製品と市場のフィットが実現すれば、MVPの段階はもう終わりだ。

　ずいぶんと昔、私たちはあるソフトウェア企業と仕事をしたことがある。その企業は、アメリカのある大手金融サービス会社の消費者向けアプリケーションに、自社の製品を導入しようとしていた。しかし、顧客がアプリケーションにログインするのに50秒もかかっていた。そのソフトウェア企業の生命線は専門のサービスチームだったので、そのバグだらけの複雑な製品をカスタマイズし、顧客向けの大規模システムに統合しなければならなかった。もちろん、すぐに収益を実感できる作業ではなかったが。

　専門サービスチームは、ログインの問題を解決するため、実にシンプルで分析的で反復的なアプローチを取った。ボトルネックを1つずつ解消していったのだ。といっても、最大のボトルネックを探したわけではなく、ユーザーの期待する結果を妨げている最初の問題点を探した。彼らは応急策を施すのではなく、問題そのものを修正していった。APIの修正にエンジニアリングチームの助けが必要なら、問答無用で修正させた（エンジニアは文句を言ったが）。というのも、応急策に応急策を重ねたことが、そもそもの問題の原因だったからだ。

　チームは5秒間のタイムラグを生み出している問題を1つ解決しては、3秒間のタイムラグを生み出している問題を1つ解決した。そしてついに、巨大なテーブル全体のスキャンに25秒間を費やしている事実を突き止めたのだ！　これで問題は解決だ。

　起業活動についても、同じように考えるべきだ。次のボトルネックは？　どうすれば問題を取り除けるか？

実用最小限の製品（MVP） Minimum Viable Product

　最近、スカンジナビア地域で開かれたAgile Conferenceで、ベンカット・サブラマニアム博士は、「プログラマはコードを書かない勇気を持つべきだ」と話した。これは、製品が何であれ、スタートアップの製品開発者にも当てはまることだ。お願いだから、手を止めてほしい。

　製品機能を作るべきなのは、何を作ればいいのかわかっているときだけだ。

　学習の段階では、作るべきなのは機能ではなく、実験なのだ。これは重要な違いだ。

　製品の機能には固有の上限があると考えてほしい。その上限は、ターゲットセグメントの悩みや情熱と対応している。いったん上限に達し、悩みが解決されたら、それ以上機能を追加しても、もっと悩みが軽くなるわけではない。この点は重要だ。

　経済学者はこの法則を「限界効用の逓減」と呼んでいる。だが、私たちはさらに突っ込んで、こう唱えたい。製品に機能を組み込み、一般にリリースしても、機能が利用されているか、求められているかを測定しなければ、既存の価値命題にかえって害を及ぼす。つまり、機能が多すぎると、限界効用は負になるのだ。

　付加価値のないがらくたを追加すると、既存の価値は薄まる。以上。

　それに、大きな無駄でもある。テストチームは

無駄な機能のテストで時間を無駄にする。営業チームは無駄な機能の営業で時間とお金を無駄にする。マーケティングチームは無駄な機能のマーケティングで時間を無駄にする。そしてサポートチームは無駄な機能のサポートで時間を無駄にするわけだ。

　　・・・・・・・
　わかっているとは、機能を作ってから需要を探すのではなく、顧客の需要に合わせて機能を作っ
　　　　　　　　　　　　　　　　・・・・・・
ている状態だ。わかるためには？　ターゲットセグメントの顧客を深く理解することだ。次の知識やシグナルが重要だ。

・顧客が悩みや情熱に応じてセグメント化されている。
・〝高価値〟なセグメント、つまり成長にとって重要なセグメントを見極められる。
・製品に熱狂している顧客を理解している。
・特定の顧客やチャネルパートナーからの機能の要望、リポート要求、フィードバック、エンゲージメントが急増している。
・要求を受けている方向性（機能や顧客）がビジョンと一致している⁽¹⁾。

　機能を開発しないなら、エンジニアは何をすればいいのか？　たくさんある。

・バグの修正や既存製品のリファクタリング。
・原点に帰る。つまり、顧客のところへ行き、ニーズを学ぶ。
・機能横断的なチームに加わり、会社の運営プロセスの改善に協力する。
・品質保証テストを自動化する。
・既存製品に関する新しい実験を設計し、実行する。
・斬新で破壊的なアイデアを試す。
・会社の「影の強み」を向上させる。

　これは決して口先だけのアドバイスではない。業界をリードしようと思うなら、適応は欠かせない。現代の価値創造経済の中で成功するには、旧来のサイロを破壊する必要がある。といっても、仲良し主義の理想主義ではダメだ。機能横断的なチームを築き、ビジネスモデルのボトルネックを見つけ、取り除く必要があるのだ。

第一弾の実用最小限の製品（MVP）

実用最小限の製品（MVP）は、顧客に価値を届ける最初の試みといえよう。潜在顧客と対話し、実験を通じて顧客、問題、解決策に関する仮説を検証したら、実証された価値を既知の顧客に届ける第一歩として、第一弾のMVPを作ることになる。

といっても、MVPはランディングページやアプリケーションの試作品ではない。単なるモデルや箱物のプロトタイプではあってはならないのだ。実用最小限の製品は、顧客の問題を解決するのに必要な最低限の機能を備えていて、顧客が利用してくれ、しかもお金まで支払ってくれるものでなくてはならない（有料モデルの場合）。

とはいえ、MVPを何回も作り直す覚悟は必要だ。1回目でうまくいくことはまずない。むしろ、永遠に続く旅と考えよう。今日の価値創造経済には、完成という文字はないのだ。だからこそ、少数の顧客になるべく早く製品を使ってもらわなければならない。誰かに使ってもらわなければ、欠けている部分や間違っている部分はいつまでたってもわからない。これが実用最小限たるゆえんだ。

あなたの製品が特定の市場セグメントにとって実用的であるためには、必ずしも流線的なデザイン、42の機能、美しいパッケージ、駐輪用のスタンド、青いボタンが必要とはかぎらない。実用的な製品とは、少なくとも顧客の求める最低限の価値命題を満たすものだ。大事なのは、実用的な製品に必要なものを何もかもわかっているフリをしないことだ。

その必要なものを理解するには、アーリーアダプターになるべく早く製品をリリースするのがいちばんだ。製品の完成度が高すぎると、かえって実用性のある機能がわかりづらくなる。製品の掲げる約束を果たし、顧客の満足できる価値を提供する中核機能こそ、将来の事業の基礎になるのだ。

中核機能が見つかったからといって、急激な成長や成功が保証されるわけではないが、なければ成功できないのは確かだ。

大半のスタートアップがつまずくのは、MVPの段階だ。機能に機能を重ねていくうちに、どんどん無意味な機能ばかりが増え、創設者でさえ本来のビジョンや価値命題が思い出せないほどになる。いや、もともと価値命題があやふやだったのかもしれない。

LinkedInの創設者のリード・ホフマンは、「製品の最初のバージョンで恥をかかないとすれば、リリースが遅すぎた証拠だ」と述べたことで有名だ。この発言は、スタートアップ業界の人々に強烈なジレンマを生み出している。アントレプレナーが恐れているのは次の内容だ。

・欠陥製品がブランドに致命的なダメージを及ぼす。
・顧客が未完成の製品に愛想を尽かし、二度と帰ってこない。
・アイデアが盗まれる。

この3つについて、順番に検討してみよう。

● **欠陥製品**

一見するとごもっともな不安だが、実際は論理のすり替えだ。製品をなるべく早めにリリースした方がいいといっても、使いものにならない製品をリリースしろとはいっていない。

● **未完成の製品**

投資家のポール・グラハムは、「リリースされると聞いて、"今までできなかったことができるようになる！"と興奮してくれるユーザーが一定数いるなら、リリースした方がいい」と述べている[2]。ユーザーが興奮してくれるかどうかは、興奮させてみるまではわからない。リリースするといっても、全世界に発売して儲けなさいとはいっていない。アーリーアダプターに手渡し、役に立つのかどうか、少なくとも方向性が正しいかどうかを明らかにすればいいのだ。

アントレプレナーは極端な考えをしたがる。実用最小限の最小限にこだわると実用の部分を忘れ、実用にこだわるとこんどは開発の手を止められなくなる[3]。

完成と思うまで開発して失敗するよりも（「完成」の定義はさておき）、一定のユーザーに早めにリリースして実用的でないとわかる方が、やり直しはラクなのだ。

これが反復的なプロセスのキーポイントだ。まずは筋の通った仮説を立ててみる。言い方を変え

れば、最善の予測だ。ところが、仮説のどこかが間違っている。一部の顧客は使ってくれているようだが、反応はイマイチ。なら、修正してやり直してみればいい。一方、作り込みに作り込みを重ねて、ようやくリリースしたのに、製品の方向性が正しくないとわかったとしよう。すると時間が無駄になるだけでなく、どの部分に問題があるのかも見分けづらくなる。

どの機能が**必須機能**なのかを理解することは、製品を前進させるうえで不可欠だ。必須機能とは、製品や市場セグメントを拡大していくうえで破壊してはならない機能だ。

ユーザーを興奮させる実用性さえ提供できれば、アーリーアダプターはちょっとした欠陥を見逃してくれる。これこそアーリーアダプターがアーリーアダプターたるゆえんなのだ。アーリーアダプターは、その分野の思想のリーダーでもあり、新製品の情報を発信する社会的なリーダーでもある。だからこそ、悩みを解決したり情熱を満たしたりする中心的なメリットさえあれば、製品の問題点には目をつむってくれるのだ。

皮肉なことに、顧客が不完全な製品に愛想を尽かすと考えるアントレプレナーは、完成した製品には何の欠陥もないという個人的信念に頼って、事業全体を運営している。しかし、解決すべきバグ、修正すべきデザイン、追加すべき機能は常にある。その証拠に、製品をリリースしたとたんに、エンジニアやデザイナーをみんな解雇してしまう人などどこにもいない。バグの解決、欠陥の修正、

機能の追加に、エンジニアやデザイナーの手が必要だからだ。

あれっ？ 製品は完成したと言っていませんでしたっけ？

アントレプレナーは、「製品が完成していないので、リリースを早めるのは不可能だ」とよく言う。しかし、いったん製品の完成を宣言すると、あとはなるべく早く世界に発表さえすればうまくいくと思い込む。実際には、完成とは、数か月前に決めておいた日付がやってきたということにすぎない。リリース日がやってくると、「計画していた日が来たから、リリースしないと！」といわんばかりに、製品を鳴り物入りでリリースする。そして、製品がニュースサイトのトップページで取り上げられ、あなたがWall Street Journal紙で「ビジョナリー」と称えられるのを期待するわけだ。

こういう創設者は、口コミさえあればうまくいくと思い込んでいる。

では、ベータプログラムはどうだろう？ ベータプログラムの大半は、今やあらかじめ決められたリリースプロセスの一部と化している。その目的は、主に致命的なバグの修正だ。

かつて、ベータ版といえば、機能が揃った製品を指していた。しかし、次第に言葉の意味が変わり、事実上の最終版をベータ版と呼ぶケースも増えてきた。近年のほとんどのソフトウェアでは、継続的な進化が欠かせないとわかっているからだ。そのため、ベータ版という言葉ははとんど意味をなさなくなりつつある。実際、GoogleのGmailは、製品と市場のフィットをとっくに実現したにもかかわらず、5年間もベータ版を名乗っていた。

製品を早めにリリースしなければ、どうやって製品が完成したとわかるのだろう？ それが思い込みだったら？ 大がかりな製品を作ったからといって、成功率が高まるわけではない。機能の「上限」の話を思い出してほしい。もっとも機能を詰め込んだ製品が、勝者になるとはかぎらないのだ。

●製品が盗まれる

インターネットを徘徊する人々にアイデアを盗まれる、という考えは、実に愉快だ。そんなことを考える人は、よほど自分のアイデアに自信があるか、簡単に盗めるようなアイデアしか抱いていないかの2つに1つだ。こう考えてみてほしい。

- 製品のリリース後の最大の難問は、人々の関心を得ることだ。インターネット上の人々があなたの製品を見つけるだけでなく、その製品と競合する会社を立ち上げることなどありえるだろうか？
- リリースが早すぎたためにアイデアが盗まれた例など聞いたためしがあるだろうか？
- 実際のところ、完全にオリジナルなアイデアなどほとんどない。製品を開発しないまでも、同じアイデアを考えたことのある人はすでにいるはずだ。
- いつかはリリースするわけでしょう？ リリースしなければ、いつまでたっても初期の顧客は得られない。顧客はビジネスの源泉なのだ。

このように、他人のアイデアを盗んで製品を開発するのは至難の業なのだ。

CASE STUDY

実用最小限のオーディエンス copyblogger

　オーディエンス（＝顧客、市場セグメント）は、あらゆる製品開発を成功させるうえで重要な文脈を提供してくれる。そこで、私たちはコンテンツマーケティングの創始者の1人と考えられているCopybloggerのブライアン・クラークに、「実用最小限のオーディエンス」という概念について、話をうかがった。

著者：Copybloggerの誕生の経緯は？　また、「実用最小限のオーディエンス」との関係は？

ブライアン・クラーク（以下、クラーク）：高品質なコンテンツを作り、十分な注目を集められれば、口コミが広がるだろうと考えたのがきっかけです。僕は独りきりで、毎週何本かのブログ記事を書いていました。毎日書かなかったのは、良質な記事だけを載せるためです。でも、すべての根本には、「オーディエンスを築けば、企業を興せる」という考えがありました。

　とはいえ、何を売ればいいのかわかりませんでした。ちっともね。売る製品もリービスもなかったし、サービス業はやりたくなかった。37signalsみたいな会社を見ては、「いいなあ。僕もソフトウェア会社をやりたい」と思っていました。

　そして、その7年後には、数十万の顧客を抱えるソフトウェア企業をやっていたのですから、運命とは不思議なものですよね。しかし、すべてはチャンスを与えてくれるオーディエンスを築いていたおかげです。だからこそ、僕たちは自分の築いた市場のニーズを熟知しているわけです。これはリーンの考え方においては重要です。スタートアップだけでなく、すべての企業にとってね。

著者：ブログの開始がすべてのきっかけなのですね。

クラーク：ええ、すべては1999年後半から2000年初頭にかけて始まったブログというサブカルチャーがきっかけです。2005年になると、「ブログには商業的な側面があるはずだ」と考える人が増えていました。そのころはまだ、ブログに広告を載せても問題はないかという議論が盛んだったのを覚えています。

　僕もそういう議論に参加しては、「ブログを商売にするにはどうすればいいかわかるかい？　オーディエンスを築いて、モノを売ればいい」と言いました。みんな呆気にとられていましたよ。当時からするとかなり突拍子もない意見でしたからね。

　Copybloggerを開始して3か月ばかりは、恐ろしく孤独でした。人脈もなければ、友人もいない。毎日毎日、良質な記事を書き、人々の目を惹くことばかり考えていました。

　最初の3か月では色々なことを試しました。多くは失敗でしたが、中にはうまくいくものもありました。この間に1つ学んだことがあります。何かを作って人々が来るのを待っているだけでは、うまくいかないということです。でも、何かを作り、あの手この手で注目を得る努力をすれば、無視される場合もありますが、良い反応が返ってくることもあります。こうして、僕はうまくいったことをもっとやり、うまくいかなかったことをやらないようにしていったわけです。

　そうしているうちに、十分な数のオーディエンスが集まりました。彼らがフィードバックをくれたり、コンテンツを広めたりしてくれたおかげで、

オーディエンスは有機的に増えはじめました。しかし、もっとも重要なのは、市場に欠けているものが何なのか、わかりはじめたことです。

オーディエンスは直接「XYZがほしい」と表明してくれるわけではありません。でも、「これこれこういう悩みを抱えている。こういう欲求がある。でも、満たされていない」と教えてくれます。これはアントレプレナーにとって貴重です。僕は常にこのプロセスを信じ、会社を築いてきたわけです。

著者：「何かを作ったきりで待っているだけではうまくいかない」と気づいたきっかけは？

クラーク：僕にはビジョンがありましたが、ビジョンは柔軟であるべきだと思います。誰にでも、人々と何を共有したいかという大まかな考えがあります。

わかりきっていることは貫き通すべきですが、肝心の部分を決めるのはオーディエンスです。「そうそう、そのことについてもっと知りたい」とか「いや、それはいらない」と言うのは、オーディエンスなんですよね。

人々に知ってほしいと思うことを無理やり押しつけることを、僕は「ブロッコリーアイスクリームを食べさせる」と呼んでいます。確かに、健康にはいいでしょう。でも、誰も食べたがらない。いわば、孤立無援、共感がまったくない状況です。

こういう場合、どうするか？　社会的、イデオロギー的な観点からいえば、突き通すのもアリでしょう。でも、アントレプレナーなら、オーディエンスや市場のニーズに寄り添う必要があると思うんです。

著者：オーディエンスは方向転換（ピボット）においてどのような存在でしょう？

クラーク：その点については、実はForbes誌に記事 (4) を寄稿したことがあるんですよ。Fast Company誌の記事 (5) でBeastie Boysのエピソードを読んで、いたく感動したのがきっかけでね。Beastie Boysは1980年代にニューヨークでパンクバンドとして活動を開始したのですが、当時はヒップホップが流行しつつありました。

彼らはブルックリンとマンハッタン出身の先進的なパンクバンドだったのですが、徐々に楽曲にラップソングを取り入れはじめ、オーディエンスの反応をうかがいました。すると、それまでよりもはるかに大きな反響があったというんです。この例は、フィードバックなしでは方向転換できない、オーディエンスなしではフィードバックを得られないことを如実に示しています。

こうして、3人のユダヤ人が始めたパンクバンドは、ロックンロールの殿堂入りを果たすラップグループへと成長したわけです。これはすばらしいエピソードですが、オンラインのオーディエンスを頼りに事業を築こうとするスタートアップにも、同じことがいえると思います。オンラインでオーディエンスを築くのは、言うほど簡単ではないですが、試す価値は十分にあります。というのも、成功する会社を築くだけでも大変なのに、そのうえメディア資産、つまりオーディエンスを築くWebサイトまで築かないといけないからです。この点にはいくらお金をかけても惜しくないと思いますし、軽視すべきではないと思います。

僕はこれまで、Copybloggerに数百万ドルの投資のオファーを受けてきました。収益を生み出す事業ではないのにね。考えてみると驚きです。

著者：第一歩を踏み出すのをためらっているアントレプレナーにアドバイスをするとしたら？

クラーク：中小企業の経営者やアントレプレナーのみなさんに白状すると、僕はずばり変人です（笑）。ソフトウェア会社を始めたライターというのは、そういません。僕はコンテンツやモノを作って、世の中に広めたいと思っていました。それまでのキャリアを投げ打ってでもね。そういう意味では、僕は変人なんです。

でも、アントレプレナーは必ずしもコンテンツの制作者である必要はない、というのが、Entreproducer【オンラインでオーディエンスを築く方法を紹介するブライアン・クラークのメールマガジン。「アントレプレナー」と「プロデューサー」を組み合わせた言葉】の

基本的な考え方です。アントレプレナーなのですから。そして、この考え方が、現代のコンテンツ関連のビジネスに表われはじめている1つの潮流なのです。他社よりも優れたマーケティングを行なうには？　他社よりも優れた販売体験を提供するには？　マーケティングにほとんど違いがないのに、この顧客があの会社を選ぶ理由は？　それを考えるのがアントレプレナーの仕事です。

一方で、プロデューサーのような思考も必要です。ライターである必要はありません。すべてを結びつけるのが、アントレプレナーの役割ではないでしょうか？

結局、僕が言いたいのは、「オーディエンスを巻き込む努力もしてみては？」ということです。

ただし、「早めにたくさんリリースする」というリーンスタートアップの原則には、注意が必要なケースもある。

- 企業間取引（B2B）の世界では、必ずしも早期リリースの製品は歓迎されない。実証済みの製品でなければ職場に導入してはならないという内規がある企業もあるからだ。こういう顧客はアーリーアダプターとはいえない。
- 名のある大企業はブランドを守る必要がある。一部の顧客にとっては実用最小限の製品でも、残りの顧客にとってはバグだらけで粗悪な製品にしか見えないかもしれない。そういう製品をリリースすれば、評判に傷が付く可能性もある。たとえ一部の顧客にリリースする場合でも、予期せぬ顧客に悪影響が及ぶこともありうる。ふつう、スタートアップにはこの種のリスクはない。

いずれの場合も、リリースしないことで本質的な問題が解決するわけではない。リリースを先延ばしにしても、製品の完成形がすでにわかっているという前提でものを考えていることは変わらない。もし製品の方向性が間違っていたら、一部のユーザーにリリースするよりも、完成まで待ってリリースする方が、かえって評判に傷が付くだろう。

この場合、選択肢はいくつかある。

- 早期の製品をリリースする顧客を慎重に選ぶ。
- 別のブランドでリリースする。つまり、アイデアを検証するためだけの新しい組織を作る。

- 報道をコントロールする。メディアはスクープを求めている。そこで、メディアのインタビューに応じ、業界内の問題、ビジョン、製品の発売予定時期について話しながら、一部の顧客を対象に初期リリースのテストを行なおう。とはいえ、メディアのインタビューの機会を獲得するのは、とんでもない製品に激怒して二度と許してくれない顧客たちを相手にするよりも、ずっと難しいだろうが。
- 製品の〝ミニ版〟を開発してリリースし、主要製品のリスキーな側面を検証する。

終わりの始まりか、始まりの終わりか？

　価値命題を届ける方法がわかったら、もはや最小限にこだわる必要はない。生み出す価値やその相手を実証したら、次は製品を拡大する番だ。

　スタートアップが「うちはリーンスタートアップはやらない。せっかく勢いがあるのに、MVPなど作っていたら、ユーザーに見放されてしまう」と高らかに宣言するのをよく聞く。そのとおりだ！

　より正確にいえば、「製品と市場のフィットを実現したら、実用最小限にこだわる必要はない」ということだ。製品を開発しよう。ただし、すばやいテストとリリースは続けること。注意点は次のとおりだ。

- ターゲットセグメントの需要の範囲内で開発する。
- 隣接するセグメントをテストするために開発する。
- 必要に応じて、競合他社をブロックするために開発する。
- 情熱を生み出すために開発する。
- 中心的な価値命題の妨げになるようなことはしない。

　ホールプロダクト【単一の機能ではなく、顧客の要求を満たす製品やサービスの集合体】という概念の根底には、当初想定していた価値命題やMVPに組み込んだ価値命題よりも、さらに高い価値を届けられるかもしれないという考え方がある。たとえば、製品、機能、サービスの追加、異なるプラットフォームのサポート、別の流通チャネルなど。

　最初の製品と理想的な製品とのギャップは、少しずつ埋めていくこともあれば、パートナーシップを通じてすぐに埋められることもある。最終的には、ホールプロダクトの顧客体験が、満足した顧客と熱狂的な顧客、アーリーアダプターとアーリーマジョリティの差を生む。ホールプロダクトの多くの側面は、①顧客の実証、②有効な解決策の実証を行なうまではわからない。したがって、中心的な価値命題や必須機能を実証する前に、ホールプロダクトを計画したり、ましてや開発したりするのは、バカげている。次のように、未知の要素がたくさんあるからだ。

- 顧客は製品をどう利用しようとしているのか？
- 顧客は製品をどう購入しようとしているのか？
- ビジネスモデルのエコシステムにはほかにどのような要素が必要か？
- アーリーアダプターの先に何かがあるのか？

CASE STUDY

社会的なインパクトをもたらすリーンスタートアップ

　Rooztは、社会的な目標を掲げる小売ブランドと、〝社会還元〟のできるおしゃれな商品を求めているオンラインショッピング客を結びつけるショッピングサイトだ。創設者兼CEOのブレント・フリーマンは、初めてこのアイデアを思いついたとき、プラットフォームを構築する前に、まずは市場の存在を確かめようと考えた。消費者向けのビジネスではありがちな悩みだが、「人々の関心を得られない」というのが最大のリスクだった。

ブレント・フリーマン（以下、フリーマン）：ほとんどの人は、社会的な責任を果たすブランドを応援したいと言っています。でも、ショッピングをするときも同じでしょうか？　私たちはそれを証明しようと思ったんです。

　そこで、彼らはMVPの第一弾として、別のブランド名で平凡なオンラインショッピングサイトを立ち上げた。「名前が平凡だとはわかっていましたが、とにもかくにもやってみました」とフリーマンは話す。
　彼らはどこから手を付けていいかわからなかったので、Amazonを利用したシンプルなWebサイトを立ち上げた。社会貢献をうたう商品の中から、自分たちのサイトで売りたいものをピックアップし、サイトに埋め込み、独自のショッピング体験を構築した。顧客が商品を購入しようとするとAmazonに飛ぶという、単純な仕組みだった。

「われわれのサイトはアフィリエイトポータルに毛が生えたようなものでした。売っている商品はユニークでしたけどね」

　彼らはマーケティング活動を通じて、教訓を学んでいった。家族や友人に宣伝し、Google AdWordsやFacebookで小規模な広告キャンペーンを実施した。本当に顧客はお金を払ってくれるのか？　市場の反応を測るには十分だった。

フリーマン：私たちのサイトやコンセプトが完璧でないのは承知の上でした。でも、色々なことを試しながら、顧客と話をすれば、何がうまくいくかわかってくるだろうとも思っていました。完璧を追求するよりも、進歩しつづけることの方が重要です。完璧なアイデアを思いつくまでリリースを先延ばしにしていたら、いつまでたっても何もできませんからね。

　彼らは学習に学習を重ね、ついに社会的な理念を掲げるブランドの仮想的なマーケティングシステムともいえるようなサイトを築き上げた。今日では、10万を超えるユーザーを獲得し、200のブランド、5000種類の商品を販売している。
　成功の大きな要因となったのは、使いやすいツールの数々だ。魅力的なメールマガジンなどを通じて、ブランドとRooztの顧客を結びつけている。現在、彼らはアプリなど、ほかの顧客エンゲージメント手段も積極的にテストしながら、長大な購入プロセスをワンクリック体験へと短縮する方法を探っている。

MVP作りには根気がいる

あなたのビジネスの最大の難問とは？

私たちは幾多のアントレプレナーにこの単純とも思える質問をしてきたが、返ってくる答えはいつも似たり寄ったりだ。

- 口コミの創出。
- 顧客に製品を採用してもらうこと。
- ユーザーの獲得。
- 成長。
- 規模の拡大。

ページビューが何より重視される今日のメディア文化では、興味を惹くものさえ持っていれば、取り上げてもらうのはさほど難しくない。難しいのは、関心を得ることだ。

こう言うと、多くの人は2文目よりも1文目に目を奪われただろう。「本当に？ メディアで取り上げてもらうのは簡単だって？」と思ったかもしれない。

本当だ。試しに、あなたのお気に入りのオンライン誌の編集者にメールを送ってみるといい。彼らはネタ探しに必死なのだ。もちろん、一定の切り口は必要だが、リンクをおびき寄せるのが目的なので、ネタは事実でなくてもかまわない⁽⁶⁾。しかし、製品の実用性をまだ証明していないなら、やめておいた方がいい。

たとえば、あるニューヨーク市のスタートアップは、都市部のペットの飼い主にサービスを提供している。メディアの飛びつきそうなネタだ。ほほえましい。この会社はかなりの注目を集めた。ところが、テレビ報道後の結果は次のとおりだった。

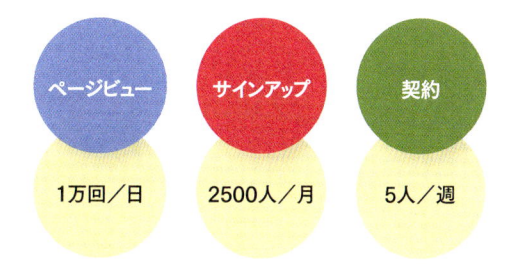

ページビュー	サインアップ	契約
1万回／日	2500人／月	5人／週

この会社が顧客獲得活動を拡大したら、どうなるだろう？

意外かもしれないが、ビジネスアイデアの最大のハードルは「無関心」なのだ。なかなか認めるのは難しいが、友人や家族にどれだけ名案と褒められても、実際には何の価値もないものもある。デザインが醜悪。機能が過剰。1つの製品にアイデアを詰め込みすぎているなど。

そういう商品を小売店の棚に並べても、いったいどれだけの問題を解決できるだろう？

あなた自身が苦しめられている問題を解決するのはすばらしいことだが、それだけではビジネスとはいえない。建物から飛び出して、「～できたらいいと思いませんか？」「こんな名案を思いついたのですが、～」「～についてどう思いますか？」「～があったら買おうと思いますか？」と潜在顧客に訊いても、市場のお墨付きを得たことにはならないのだ。

私たちが以前に仕事をしたリーンスタートアップ関連のワークショップのチームリーダーは、みんなの前で親友から励ましを受ければ、人は個人的な障害を乗り越えられると訴えていた。確かにそういう人もいるだろうが、ワークショップ参加者たちは一様に反論した。チームメンバーの独自の調査でも、反対意見が大多数を占めていた。それでも、彼は賛成意見ばかりだと思い込んでいた。いったいなぜなのか？

自分の考えを裏づける証拠を見つけるのは非常に易しい。特に、自分の信じ込んでいる考えならなおさらそうだ。政治や宗教の議論をしているときや、名案を披露しているとき、考えを途中で変える人がまずいないのはそのためだ。

アイデアを見捨てる、つまり事実と向き合うのは難しい。自分の考えの間違いを証明するのは難しいのだ。事業実現性をテストする段階とは異なり、MVPを作る段階では、感情的な証拠に期待をかけるのはとっくにやめていなければならない。

事業実現性のテストは、「よし、この方法がうまくいかないなら、私の考えや仮説に深刻な誤りがある証拠だ」という気持ちで臨むものだ。一方、MVPの開発は、「よし、この方法がうまくいかないなら、仮説ではなく実行方法が間違っているはずだ」という前提で臨むべきものなのだ。

実用性についてじっくりと考える

基本的に、MVPとは価値の流れの中で有効性が実証された中心機能でなければならない。つまり、顧客への約束を果たす個々の機能だ。それ以上でも以下でもない。

前述のAppFogは、通常とは逆向きに製品を開発した。「顧客から見て、約束された価値を果たす最小限の機能とは？」「ニーズを満たす最小限の機能とは？」と考えたわけだ。

機能が多すぎれば無駄になるが、機能が少なすぎれば、足りない部分を学ぶきっかけにはなる。

最小限とは不出来という意味ではない。だが、不出来でも十分なケースはある。肝心なのは実用性。必要最小限の価値を創造することだ。

セグメントに応じて、実用性とは次の意味を持つ。

- 美的センスを満足させるデザイン。
- 顧客の既存のワークフローにすんなりと適合する。
- 3クリック以下。
- 誰でも使える。
- 非常に開けやすいのに、不正開封ができないパッケージ。
- 使い捨て可能。
- エコ。
- システムXと統合できる。
- タスクXとYを実行し、Zをレポートする。

また、最初のうちは不十分でもかまわない要素もある。

- ターミナルのコマンドラインが不十分。
- お粗末なパッケージ。
- 使い捨てでない。
- 動作はするが、使いにくい。
- 目的の機能は果たすが、デザインが粗雑。
- Xはできるが、Yはまだできない。
- レポートが自動化されていない。
- 手作業が必要。

CASE STUDY

オレのマリナーラソースは天下一品！

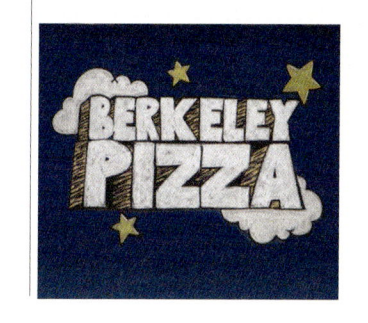

　2008年の金融危機まで、ダン・パラシオスは不動産開発業者をやっていた。だが、金融崩壊で、築き上げてきたものの大半を失った。手元に残った財産といえば、誰もが認める、絶品のマリナーラソースくらいだった。

　ふつうなら、誰も不景気の真っ最中にレストランを開こうとは思わない。ましてや、サンディエゴの中心部に、新鮮な有機食材を使った25ドルのピザをふるまう、シカゴスタイルの高級ピザレストランを開こうなんて。しかも、信用調査書には近年の差し押さえ履歴が並んでいるというのに。

　従来の方法でレストランを開店するのは無理そうだった。レストラン用のスペースを借り、キッチンを設置し、おまけに従業員を雇う資金まで調達できる確率なんて、0にも満たなかった。とすれば、リーンスタートアップの手法で、レストラン事業を成功に導く方法はないだろうか？

　たとえば、考えられるシナリオは次のとおりだ。

- 理想的な市場プロフィールと、顧客の暮らす場所を特定する。
- 事業が実証されるまで、MVPの開発を繰り返す。
- 顧客の熱狂度を測定する。

　ダンはまさにそのとおりのことをした。彼は誰が顧客なのか、もっといえば誰が顧客でないのかを理解していた。全国展開するピザチェーンでピザを買う人々。新鮮な食材にまるで興味のない人々。配達範囲外に住む人々。グルメピザを買う余裕のない大学生。こういう人々は除外した。

　もっとも重要なのは、「理想的な市場プロフィールに一致する顧客は、サンディエゴ中心部や近郊のどこに集まる（住んでいる）のか？」という問題だ。彼は、地元のファーマーズマーケットの常連客こそ、理想的な顧客だと考えた。必ずしも裕福ではないが、良質な商品には出費を惜しまない。新鮮で良質な有機食材や食品にも目がない。コミュニティ意識が強いうえに、若く、技術に長け、発信力があり、社交的でもある。

　ファーマーズマーケットを訪れた結果、料理を提供するには免許が必要だと知った。免許を取得するには業務用キッチンがいる。しかし、業務用キッチンを用意するためには、レストランが必要だ。本当に？

　ダンは機転を利かせた。第一弾のMVPを作るため、彼は業務用キッチンのスペースを借りたのだ。夜になると都心部の宅配ピザサービスを営み、毎週土曜日にはファーマーズマーケットにピザを持っていって試食してもらった。ゲリラマーケティングだ。確かに成功の究極の基準は売上だが、Yelpに5つ星の評価がずらりと並びはじめると、彼は成功が目前だと悟った。Berkeley Pizzaは、Yelpでサンディエゴ地区のレストランのトップ5を維持しつづけた。口コミを投稿したのはファーマーズマーケットの客たちだった。「突然、オレのレストランに投資が集まり出したんだ」と彼は話す。彼は地元のレストラングループからも注目を集めはじめた。1年もしないうちに、彼は借りていた業務用キッチンを抜け出し、レストランを開店した。「レストランを開く計画は前からあったけど、オレのクレジットスコアじゃ、25ドルのピザを売る店に投資なんて集まらないだろ？だから、まずは市場の存在を証明しようと思った。Yelpの口コミは、事業を勢いづけてくれただけじゃなく、オレのピザを愛する市場があることも証明してくれたんだ」

MVPのテスト

MVPをリリースし、死の谷を越える旅が始まると、テストは進化していく。

最初の仮説と実証の段階では、顧客の満足度と熱狂度を測る評価基準を定める必要がある。顧客が複数のサブセグメントにわたる場合は、グループ間で異なる評価基準を使うかどうかを決めよう。

また、定義した評価基準について、起業活動を拡大するために達成しなければならない数値を目標として定めよう。

次に、製品、メッセージ、ポジショニングについて実験を行ない、少数の顧客を対象にテストを実施し、成果を測ろう。

さらに、顧客と対話し、製品、メッセージ、顧客獲得方法に関して足りない部分を学ぼう。

製品については、セグメントごとに満足度と熱狂度を測ること。一例を示そう。

▼Webアプリケーションの例

セグメント	最小限の機能	満足度の評価基準	熱狂度の評価基準
起業初心者。製品のマーケットシグナルを読むための道具を求めている。	・仮説ウィザード ・アンケートツール ・ダッシュボード	オンラインウィザードの利用：週1回 アンケートの送信：月1回 ダッシュボードの閲覧：毎日	・再購読 ・推薦 ・Net Promoter Score
ベテラン起業家。ビジネスモデル仮説の質を明確に知りたい。	・仮説ウィザード ・アンケートツール ・ダッシュボード ・チームツール	ウィザードの利用：週1回 アンケートの送信：週1回 ダッシュボードの閲覧：週1回 チームとの共有	・再購読 ・推薦 ・Net Promoter Score

▼ピザレストランの例

セグメント	最小限の機能	満足度の評価基準	熱狂度の評価基準
グルメな顧客。新鮮な食材、地域密着型の個人経営レストランを好む。	・3種類のピザ ・宅配サービス	宅配ピザの注文：2週に1回	Yelpで4つ星または5つ星の評価
専門職に就く都市部の若者。ピザチェーンに飽きており、個人経営レストランや地ビールを好む。	・3種類のピザ ・小さな食事スペース ・酒類の販売免許	来店：週1回	Facebookでのクーポンコードの共有

次に、MVPを市場に投入し、特定しておいたアーリーアダプターに利用してもらい、満足度や熱狂度を測定しよう。必要に応じて、満足度や熱狂度を測るためのキャンペーンを実施するといい。たとえば、Facebookでピザレストランのクーポンを配付し、共有率を測るのもアリだ。

満足度を測る目的は、適切な顧客プロフィールに適切な機能を提供できているかどうかを調べることだ。**熱狂度**を測る目的は、最小限の労力で新規顧客をファネルの入口に導いたり、利益率の高い顧客やリピーターを生み出したりすることだ。

顧客がまず製品に満足し、次に口コミを広めるために何らかの行動を取ってくれて初めて、熱狂的な顧客となる。それが実現していないなら、顧客獲得チャネルを拡大するのはまだ早い。まずは、口コミのループを完成させること。ここが成長の大きなハードルなのだ。

この時点で重要な変数は次の3つだ。
❶適切な顧客がいるか？
❷顧客を満足させる適切な機能があるか？
❸顧客を熱狂させる適切な製品があるか？

できれば、**コホート分析**を行なおう。つまり、顧客を共通の特性——たとえば、最初に顧客になった日付——に基づいてグループ化し、各グループの指標をその日のものと比較するのだ。

たとえば、次のようなデータになったとする。

▼セグメントA：熱狂度のデータ（※数字は「製品がなくなったら非常にがっかりする」と回答した人の割合）

サインアップの月	2012/6	2012/7	2012/8
2012/6	10%	15%	15%
2012/7	-	11%	17%
2012/8	-	-	15%

コホート分析では、データは次のようになる。

▼セグメントA：熱狂度のコホート分析

サインアップの月	1か月目	2か月目	3か月目
2012/6	10%	15%	15%
2012/7	11%	17%	-
2012/8	15%	-	-

MVPを毎月変更したとすれば、変更の影響を追跡できる。セグメント別の比較も忘れないこと。

▼セグメント別の熱狂度のコホート分析

月	セグメントA	セグメントB	セグメントC
2012/6	10%	15%	16%
2012/7	11%	17%	17%
2012/8	15%	13%	12%

大事なのは、何もかも測定しようとしないことだ。データが多すぎて適切なデータを分析しそこねるなんてことがないように。

テストするには顧客が必要だ。とはいえ、まだ顧客獲得チャネルを拡大するのは早い。しかし、顧客獲得に関する仮説を検証するのにはぴったりな時期だ。

製品に加えて、メッセージやポジショニングについても実験しよう。目的は最適化ではなく学習だ。というのも、メッセージやポジショニングは顧客に対する約束に相当するからだ。満足度はその約束を果たせているかどうかを測るものだ。それに対して熱狂度は、顧客が満足しているだけでなく、別の顧客の獲得につながる行動を取ってくれているかどうかを測るものだ。

セグメント	ポジショニング	ベネフィット	熱狂度に関する仮説
起業初心者。製品のマーケットシグナルを読むための道具を求めている。	世界で唯一のマーケットシグナル分析ツール	製品に対する市場の反応を測定し、可視化できる	顧客維持率が25%向上
ベテラン起業家。ビジネスモデル仮説の質を明確に知りたい。	世界で唯一のマーケットシグナル分析ツール	市場での成果を向上させるチームを編成できる	最高級のユーザー体験

　第3章で、顧客の集まる場所について仮説を立てた。そして、事業実現性のテストを通じて、仮説の否定、再検討、実証を行なった。このプロセスを通じて、いつでもMVPをテストできる人々が集まったはずだ。その人々を対象にテストを続けるのも大切だが、ここまでで学んだ内容に基づいて、新しい人々をテストの対象にするのもいいだろう。

セグメント	影響力を持つ人物	オンラインで集まる場所	オフラインで集まる場所
起業初心者。製品のマーケットシグナルを読むための道具を求めている。	・エリック・リース ・フレッド・ウィルソン ・マーク・サスター	TechCrunch Hacker News Facebook	Lean Startup Circle Startup Weekend シェアオフィス
ベテラン起業家。ビジネスモデル仮説の質を明確に知りたい。	・スティーブン・ブランク ・マイク・メイプルズ	Wall Street Journal Business Insider LinkedIn	テレビ オフ会

　手軽に顧客を獲得できる一般的な方法としては、影響力を持つ人物（インフルエンサー）への接触、AdWordsやFacebookでの小規模な広告キャンペーン、人脈の利用、掲示板への投稿、Twitter、ダイレクトメールなどがある。こういった方法を使えば、テスト対象の顧客を増やせるだけでなく、さまざまな顧客獲得チャネルをテストすることもできる。

　テスト対象の顧客が集まったら、顧客を理解する方法は色々とある。単純なアンケート、スプリットテスト（複数のランディングページを用意し、各々にユーザーを振り分けるテスト）、オンラインマーケティングサービスは、いずれも学習の段階によっては有効だ。ただし、対面式のインタビューやユーザビリティテストで補うこともお忘れなく。インタビューなら理由がわかる。顧客の行動の内容ならデータを見ればわかるが、その行動を取った理由は、訊いてみなければわからないのだ。また、ユーザビリティテストなら、従来のフォーカスグループのように研究者やほかの顧客の影響を受けることなく、顧客が製品を利用する様子を観察できる。

　データ内にパターンを探すのと同じ要領で、話している顧客にパターンを見つけよう。顧客をより的確に分類する方法はないか？　製品の利用時に同様の点でつまずいてないか？　オープンな質問に対して似たような答えをしていないか？

CASE STUDY

インターネットの速度で進化しつづける通信事業者、O2

　顧客中心主義をモットーとする組織は多いが、具体的にどういう意味なのか？　カスタマーサービスという考え方を中心に業界を破壊してきた企業は数知れないが、そういう企業の顧客中心主義に対する理解は、Google、Apple、Facebookとは違うはずだ。

　たとえば、Zapposはオンラインで靴を販売している。「それで？　オンラインで靴を販売する会社なんていくらでもあるじゃないか」と思うかもしれない。だが、Zapposの影の強みはカスタマーサービスだ。CEOのトニー・シェイは、『ザッポス伝説』でこう記している。

「この前、お客さんからメールをもらってね」と私は話し始めました。「そのお客さんが注文してくれた靴は僕たちの倉庫にあったものだから商品発送をアップグレードして驚かせたんだ。もともと保証している1週間じゃなく、2日で品物を届けてね。僕たちのカスタマーサービスが気に入ったから、友人や家族にZapposのことを教えると書いてあった。彼はいつかZappos航空を作れって言ってたくらいだよ」(『ザッポス伝説』202〜203ページ)

　一方、Appleはカスタマーサービスをほとんど提供していない。それでも、間違いなく世界中のどのハイテク企業よりも顧客体験の創造に力を入れているといっていい。

　イギリスの通信事業者O2で、「Futures Innovation（未来のイノベーション）」というチームに所属していたスティーブン・デベローはこう話す。「当時、私たちは顧客に対する製品やサービスの提供方法について、考え方を一新すべく取り組んでいました。そこで、より前向きにものを考えられるよう、戦略にあえて従来とはタイプの違う名称を付けたわけです。それが〝イノベーション〟という単語を使っている理由です」

　顧客中心主義やイノベーションとはあまり縁のない通信業界で、O2は大成功を遂げていた。イギリス随一の通信事業者だけでなく、世界中で称賛されるブランドになろうとしていたのだ。それと同時に、インターネットの構築者としての役割が終わったことも見抜いていた。実際、世界中の多くの通信事業者がその点に気づいていたのだ。アメリカの企業は、イノベーションを阻止し、今までに築いた支配的地位を守るための立法を政府に求めている。その一方で、ISDNやDSLといった中間技術から、最後の一滴まで利益を絞り取ろうとしている。さらに、数百万ドルを投じて一流のコンサルタントを雇い、アプリケーションやGPSサービスなど、新しい収益機会を切り開こうとしている。

　それでも、次々と破壊されているのだ。

　しかし、O2は重大な点に気づいていた。「われわれの市場はかなり成熟していました。ですから、次なる競争相手は世界の通信事業者ではなく、世界のインターネット界を牛耳るApple、Google、Facebookだと考えたわけです。私たちはインターネットの速度、いや、Twitterの速度で前進する必要がありました」とデベローは話す。

　Apple、Google、Facebookは絶えず新製品をリリースしている。もう何年間もベータ版の状態なのだ。毎日ではないにせよ、毎週更新を行ない、年中実験を行ない、製品の提供方法を最適化している。「O2では四半期にいちど、

何かをリリースできればいい方でした。AppleやGoogleなどと戦うには、まったく別の戦略が必要だったのです」

つまり、かつてO2を市場でナンバーワンに押し上げたときとはまったく異なる顧客中心主義の考え方が必要だったわけだ。往々にして、「顧客のため」という言葉はイノベーションではなくブランド保護の口実になる。カスタマーサービス、小売、PR、ブランド、顧客のさまざまな声。組織が巨大で複雑になるほど、新製品の開発のハードルは高くなっていった。「この業界で新製品を開発しようとすれば、数百人の大部隊をまとめる必要があるんです。全員に言い分がありますからね。私たちは顧客体験について心配するあまり、何もできない状態に陥り、顧客に新製品を届けられずにいました。がんじがらめの状況を自分たちで作り出していたんですよね」とデベローは言う。

転機のきっかけは、イノベーション活動をサブブランドに移行したことだった。そうすれば、チームは顧客と直接実験ができる。O2の場合、そのサブブランドとは、CEOのロナン・ダンが始めた「Think Big」という慈善プログラムだった。彼は、社会に良い影響を及ぼし、環境を守り、若者を支援するのが大企業の責任だと考えている。従来の通信事業サービスとはかけ離れたこのサブブランドで製品をリリースすることには、いくつかのメリットがあった。

- 従来の製品のように、財務的な指標でプログラムの成果が判断されることはない。
- 顧客の期待が異なるので、社内改革の実験が行なえる。

最初にリリースされたのは「O2 Learn」という製品だった。その目的は、生徒が学校の授業の動画をオンラインで見つけられる場所を提供することだ。たとえば、ネルソン卿の歴史についてちょっと知りたいときなど。そこで、プロダクトマネジャー、デザイナー、数人のエンジニアからなる機能横断的なチームが、すぐに最初のバージョンをリリースした。デベローはこう説明する。「生徒のニーズを中心に、ユーザー体験やインタフェースを設計しました。教師のニーズは二の次でした。教師が簡単に動画をアップロードできる方法については思案を凝らしましたが、そのほかの点については生徒が最優先でした。

すぐにわかったのは、教師も生徒と同じくらいサイトを利用しているという事実です。いい授業のヒントがないかと探す教師は多いんですよ。そこで、すぐさま教師向けにサイトを改良しました。以前の環境だったら、プロジェクトマネジャーやデザイナーが〝ちょっ、要件の変更だって？ 一からやり直しだ〟とぼやいていたでしょうね」

O2のブランド力は絶大だった。一部のユーザーにリリースし、不具合を解消すると、ユーザーはたちまち数千人単位に増えた。

「学習に当てられる時間は短かったのですが、ちょうどそのとき、イギリスの有名シェフ、ジェイミー・オリバーの活動を知りました。彼は給食のおばさんたちに、限られた予算の中で栄養満点の食事を作る方法を教えていたんです。そこで、私たちは彼の番組にO2 LearnのCMを流しました。まさに番組の主旨とぴったりでした。そのころから利用者が急増し、O2 Learnは成長しはじめました。昨年からは積極的なプロモーションを開始し、四半期に1回、優秀な動画に賞金を贈呈しています」

O2 Learnは技術的にはそれほど破壊的ではないが、数万人の子どもに影響を与え、社内にも明らかな改革をもたらした。「O2の社内でもかなりの注目を得ました。O2 Learnをはじめとするいくつかのプロジェクトは、物事に別のやり方が存在することを実証したわけです。研究所も設立され、人員は30名近くまで増えました」

これは、O2にとっても大勝利といえる。すでに通信業界をリードする企業として世界的に認められているO2が、今では教師や生徒をサポートする企業としても知られるようになったのだから。大企業にとっては、こういうプログラムこそ、満足した顧客を熱狂的な顧客へと変えるために必要なのだ。

ワークシート

　MVPの段階では、主な評価基準はユーザーの満足度と熱狂度のみだ。顧客を本当に理解しているなら、製品機能や顧客プロフィール別に、満足度と熱狂度を測る基準を書き出せるはずだ。以下に書き出してみてほしい。

セグメント	具体的な機能	期待	満足	熱狂

9 Real Visionaries Have Funnel Vision

顧客ファネルを見据えるのが真のビジョナリー

　今日のビジネス環境について覚えておかねばならないこと——それは、「インターネットが何もかも変えた」ということだ。流通、営業、マーケティング。インターネットはそのすべてを一変させたのだ。

　本当だろうか？

　イエスと答えたなら、売り手の視点から世界を見ている証拠だ。人々にあなたが届けたいと思っている価値に気づいてもらい、あなたがその価値を届けられると確信してもらうために用いる活動や戦術は、時代とともに変わる。でも、そのために一定のステップを踏まなくてはならないという事実は変わらないのだ。

　人々が認知→信用→熱狂へと進んでいく要因は、市場セグメント、製品、感情的な思い入れなど、さまざまな要素によって変わる。それは企業に多機能プリンターを売る場合でも、個人消費者にソーシャルアプリを売る場合でも同じだ。「解決したい問題があるのなら、解決策にこだわってはいけない」と話したが、それと同じで、特定の市場セグメントのニーズに応えたいなら、営業、マーケティング、流通の戦術にこだわってはいけないのだ。

　ここで、あなたが描こうとしているビジネスキャンバスに注意が必要だ。起業活動が破壊的であればあるほど、マーケティングファネルや営業ファネルのことがわかっているつもりでも、実際にはわかっていないものだ。リーンスタートアップを実践したいなら、製品開発と同じように、マーケティングや営業の方法も学ぶべきなのだ。

　顧客ファネルについてビジョンを持たないアントレプレナーは、「買い手がどう買いたがっているか」と「売り手がどう売りたがっているか」の2つを混同しがちだ。その結果、とんでもないミスマッチが生じてしまう。企業は買い手が内心求めているプロセスではなく、自分が普段使ってい

```
持続的イノベーション                                    破壊的イノベーション
SUSTAINING ————|————|————|———— DISRUPTIVE
```

営業やマーケティングの ロードマップが既知 〝コイン式〟の営業担当者 営業はマーケティング主導 マーケティングのベストプラクティス	営業やマーケティングの ロードマップが未知 〝ルネサンス型〟の営業担当者 マーケティングは営業主導 実験的なマーケティング手法

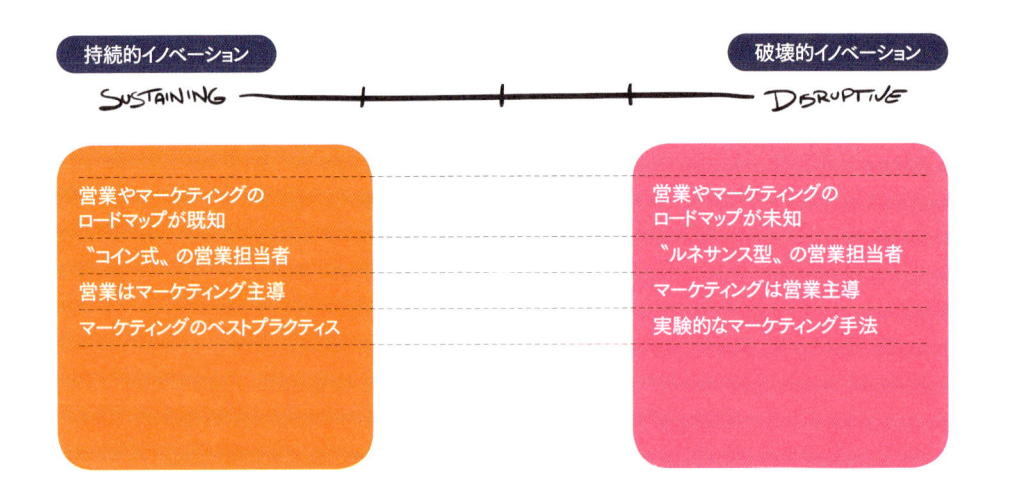

るプロセスを実践しがちだ。買い手は、感覚的にしっくり来ない販売プロセスにはそっぽを向いてしまう。真の価値を届けられる画期的な製品を開発しても、営業やマーケティングの手法が適切でないばかりに、日の目を見ないこともあるのだ(1)。

営業担当者は、潜在顧客を説得して購入させるプロだと見られがちだ。また、マーケターは、潜在顧客を見つけて営業ファネルの入口に誘導するために、キャンペーンを実施し、ブランドを築き、口コミを生み出す名人だと見られている。だが、この見方は問題だらけだ。営業やマーケティングを淡々と実行すべき作業のようにとらえているからだ。そして、実行に失敗したら、実行者をクビにする。こうなると、離職率は高くなり、企業全体の目的と部門の目標が食い違い、不適切なセグメントに営業を行なうはめになってしまう。

説得して購入させられたり、売り込まれたりするのが好きな人はいない。買い手は少しでも購入に気が傾いたら、その製品が期待どおりの価値を提供してくれるという確信がほしいのだ。そのために、製品についてできるだけ情報収集し、価値命題をテストし、企業の評判を調べ、コストなどの要素と製品の潜在的価値を比較し、ようやく意思決定を下す。

インターネットが登場したからといって、このプロセスは少しも変わっていないのだ。

したがって、販売プロセスでは、顧客自身の購入プロセスを通じて顧客の望むものを与えるための活動が必要だ。たとえば、Webのランディングページの構築、メッセージやパンフレットの作成、見本市への参加、セールスコールなど。製品やセグメントに応じて、無数の活動が考えられる。だからこそ、特定の製品や顧客プロフィールにとって最適な行動がわかっているつもりになるのは、危険なのだ。そう、インターネットは何もかも変えたのだ。

かつて、南カリフォルニア大学のビジネスプランコンテストの優勝者に、2万5000ドルの賞金の使い道を訊ねたことがある。すると彼は、「さあ、わかりませんね。Webサイトを立ち上げて、名刺でも作って……」と答えた。正気かい？

私たちの知るあるインキュベーターは、グラフィックデザイン会社や何人かのマーケティング専門家と協力して、スタートアップ向けの非常に漠然としたマーケティング計画のテンプレートを作っていた。案の定、スタートアップが真っ先にすべきことのリストには、こんな文字ばかりが並

んでいた──ロゴのデザイン、Webサイトの構築、レターヘッドと名刺の印刷、会社のロゴが入ったペンの発注……。

正気かい？

まるで、「名刺とWebサイトがなければビジネスとはいえない。インターネットが何もかも変えたのだから！」といわんばかりだ。おいおい、冗談はやめてくれ。

アントレプレナーは真っ先にこんなことをしがちだ。

・流行のマーケティング手法を取り入れる。（「ソーシャルメディア戦略なしでは絶対に成功できないワケ」とかいうような記事をいくつ見ればすむのだろう？）。

・創設者がマーケティングについて無知なため、すぐに広告代理店を雇う。（現金をどぶに捨てる最短の道は？　ソーシャルメディア戦略を請け負ってくれる広告代理店を雇うことだ）。

深呼吸してほしい。

Twitterからいったん離れよう。いや、インターネットと距離を置こう。

不確実な環境でビジネスを営むなら──つまり破壊的イノベーションを目指すなら──、ベストプラクティスは無視した方がいい。ベストプラクティスは有効だとわかっているプロセスの実行を標準化・最適化するためのものであり、破壊的なスタートアップとは対極にある。専門家は蓄積した知識からなるベストプラクティスを適用したがるが、そのベストプラクティスがあなたの製品やターゲット市場に当てはまるとはかぎらない。そういう専門家は、たぶんあなたのビジネスにとっていちばん重要な分野の専門家ではないだろう。

ファネルのイノベーション｜Innovate the Funnel

スタートアップの仕事は、実行することではなく学習することだ。市場について学ぶにつれて、ベストプラクティスは自然と明らかになる。それが専門家の話と一致することもあれば、しないこともある。

起業活動を始めたばかりのころは、マーケティングを完全に忘れるのも1つの考え方だ。売り方を学ぶことだけを考えるのだ。

コンシェルジュテストを思い出してほしい。まず、人々の関心があるかどうかを確かめるため、製品を作る前に、手作業で価値命題を届ける。次に、価値を届ける活動の中で、自動化できる部分を自動化し、必要な価値を届けられているかどうかを引き続きテストしていく。

このコンシェルジュテストの手法は、売り方を学ぶのにも使える。

やはり、インターネットはしばらく忘れてほしい。製品を対面販売しよう。エリック・リースのIMVUのチームは、ユーザーを集めて製品の初期バージョンをテストしたとき、製品の方向性がとんでもなくズレていることを学んだ。10代の少女が「ダサいと思われたらどうするの？」と言って、IMVUを友人に紹介するのを拒んだのがきっかけで、IMVUのチームは大きなマーケティングの教訓を学んだ。肝心の製品がクールでなければ、紹介を通じて成長するなどとうてい無理な話だ。

「クール」という言葉は一見するとあいまいだが、契約の成立に欠かせない要素だったのだ[2]。

対面販売をすれば、契約の成立に何が必要なのか、どのような反論を乗り越えるべきなのかがわかる。あなたの行動や発言に対する反応を見れば、自分の方向性が正しいのか、次にどんな心理状態を引き出すべきなのかがわかってくるだろう。

この販売プロセスのうち、自動化できる部分がマーケティングとなる。

前にもお話ししたように、顧客は製品を購入するとき、次のような一連の段階を踏む。

- 認知――ほとんどの場合、人々は購入しようとしている製品に気づいている。
- 興味――ファネルの奥へと進み、顧客になるためには、まず製品に興味を持たなければならない。もちろん、例外もあるが、圧倒的大多数の製品は、まず何らかの形で顧客の興味を惹く必要がある。製品が自分にふさわしいとはっきり意識すれば（なんとなく感じているだけでなく）、顧客は興味を持つ。
- 信用――顧客のニーズを満たすだけでは不十分。顧客が製品やメーカーを信用できると感じていなければならない。
- 確信――顧客が購入を決断する最後のステップ。約束された価値が価格とリスクを上回ることが必要。リスクといっても、変わらなければならないリスク、製品が間違っているリスク、ダサいと思われるリスクなど、色々なものがある。

製品が価格的に見て適切で、企業を信用できると確信すれば、見込み客は購入するのだろうか？

そんなことはない。詳しく見てみると、**魔法が起きる瞬間**という隠れたステップがあるのがわかる。

魔法が起きる瞬間とは、理性が影を潜め、感情が支配する瞬間だ。またはその逆のケースもある。そのいい知れない瞬間に、顧客は財布からクレジットカードをするりと抜き出したり、注文書にサインしたりするわけだ。

私たちはこのステップを「高揚」と名づけようかとも考えた。人々が強い幸福感、高揚感、陶酔、快感、興奮、喜びを感じている状態だからだ。しかし、それとは少し違う。

より正確にいえば、「妄想」とでも呼ぶべきだが、これも少し違う。顧客は興奮から一種の諦めまで、実にさまざまな感情を抱いている。諦めの感情は、正しい買い物をしたはずだという割り切りや、インターネットに私生活をさらけ出しているという理解から生まれるものだ（インターネットサイトでアカウントを作成するのは、注文書にサインするのと同じくらい、大胆な割り切りが必要だ。正しい行動かどうかを考えたところで結論は出ないからだ）。

これは些細な問題ではない。顧客が次にするのは、製品を試すことだからだ。製品を試す前の感情は、製品の使用感に影響を及ぼす。この購入後の段階は購入後ストレス障害とでも呼べるだろうが、この点についてはコンバージョンファネルの外側で扱う（詳しくは、本章の「期待」のセクションを参照）。

これらの段階の名前や説明は、決まりきったものではない。お望みなら自分で考えてもかまわないが、段階を定義することで、人々が顧客へと変わる要因がわかりやすくなる。たとえば、製品を定期的に利用していて、ロイヤルティも感じているが、熱狂的と呼ぶのはふさわしくない顧客もいるだろう。熱狂とはただの名前にすぎない。重要なのはロイヤルティだ。このような例外は無数にある。法則の例外を見つけ、対処することができれば、競合企業よりも優位に立てるかもしれない。

企業は人々を顧客へと変えるために何かをしなければならない。その何かは、製品、市場セグメント、ビジネスモデルによって変わる。創造力や価値観次第で、どうにでも変わるのだ。

あなたの行動次第では、顧客が段階をすっ飛ばしてくれることもある。たとえば、レジ近くでの衝動買いのように。あるいは、人々を次の段階へと巧みに誘導するために、倫理的に疑わしい手段を使うケースもあるだろう。その境界は紙一重だ。1人の顧客が1回しか買わないような製品を売る企業は、顧客がリピーターになってくれるかどうかなどおかまいなしなので、なりふりかまわず顧客に製品を買わせようとするかもしれない。今では、良くない噂もインターネットの速度で広まるので、この戦術は以前より危険だが、恐怖や感情に訴えかけるのは、昔から使われている定番のセールス手法なのだ。

本書の目的は善悪の判断を下すことではないが、議論を円滑に進めるため、マーケティングや営業の目的は既知の顧客に既知の価値を届けることだという前提で話を進めたい。価値の提供は一種の流行というよりも、前進するうえで欠かせないものだからだ。

つまり、すべての活動は、顧客に価値を知ってもらい、価値の存在を証明し、価値を提供する事業を築くためにあるのだ。それぞれの段階で有効な活動は、それこそ無数にある。顧客のいない新興企業にとって必要なのは、あなたの製品や市場

セグメントにとって最適な活動を学ぶことだ。既存顧客のいる企業にとって必要なのは、特定の市場セグメントにとって最適な活動を実行すること。破壊的イノベーションを目指す大企業にとっては、顧客のいない新興企業のように行動するチームを築くことが必要になってくる。

　製品開発において、人々の求める機能を開発するために機能横断的なチームが必要なのと同じように、マーケティングファネルに関する実験や実行においても、顧客獲得のボトルネックを解消するために、機能横断的なチームが役立つかもしれない。営業やマーケティングの機能がますますオンラインへと移りつつある今では、デザイン、製品マーケティング、エンジニアリング、営業などの人材がチームを組んで実験を行い、顧客と対話し、成果を測定するのが、有効な方法を見つけるうえで効率的なのだ。

　では、最善の活動を学ぶには？　ファネルに飛び込み、仮説を立て、仮説を検証するのみだ。

　ファネルの大きな入口の中をのぞき込むのは、断崖絶壁をのぞき込むのと似ている。たとえば、人々に製品を知ってもらう活動だけを取っても、その数は無数にある。とはいえ、無限にテストするわけにはいかない。検討すべき活動がたくさんあると、もっとも効果的で効率的な活動を学ぶのは難しくなる。

　しかし、ファネルを上下逆さまにすれば、1つの市場セグメントについて1つの購入サイクルだけを考えざるをえない。各ステップに必要な活動が明確になり、マーケティングや営業のプランが具体化し、さらにテストの必要な側面が浮かび上がってくるわけだ。第4章で、価値の流れを明らかにする演習を行なったが、要領は同じだ。特定のペルソナ――つまり特定の市場セグメントの人々――がそれぞれの段階をどう踏んでいくかをイメージすればいい。

▼オンラインショッピングの例

ファネルの段階	判断基準	顧客が次に望むこと	あなたが次に取るべき行動
顧客	クレジットカード番号を入力し、「購入する」をクリックする	価値命題の実現	なるべく早く製品を体験してもらう（ファネルの外部へと進む）
魔法	ショッピングカードのページに留まる	買いたいが、少しためらっている	送料無料 CEOからのメッセージ
確信	「レジに進む」をクリックする	買いたい	最高級のショッピング体験 5つ星の店舗評価
信用	商品をショッピングカートに追加する	購入にリスクがないという確証がほしい	返金保証 セキュリティ 品質保証マーク
興味	説明を読む 製品画像を見る 色を変更する	製品が自分にふさわしいか知りたい	顧客の口コミ 雑誌のお墨付き記事 有名人の推薦文

　オンラインショッピングサイトの場合、既製の分析ツールを使えば、顧客の状態を簡単に測定できる。各段階で、顧客は次の段階に進むために何かを求めている。そのニーズを満たすために、あなた（サイトオーナー）ができることは、それこそ無数にある。たとえば、信用を築いたり、アップセルを行なったりするための戦術は、いくらでも考えられる。実際、大半のオンラインショッピングサイトでは、顧客と商品の両方が既知なので、売上を最大化するのにオンラインショッピングのベストプラクティスが使えるだろう（もちろん、ベストプラクティスにはユーザビリティテストやスプリットテストも含まれる）。

　しかし、まったく新しい試みをしようとしている場合は、必要な実験の量や深さも増す。ベストプラクティスが創造力の妨げにならないよう注意！

　ソーシャルショッピングの現状を考えてほしい。まだ生まれたばかりとはいえ、ソーシャルメディアを活かしてオンラインショッピング体験やコンバージョンを向上させる大がかりな実験が、着々と進められている。新しい取り組みがどのようにコンバージョンの劇的な向上に結びつくのかは、予測できないのだ。

　また、社会的起業についても考えてみてほしい。社会的起業の場合、信用を獲得したり測定したりする方法は、一般的な製品を販売するときとはまったく異なる。たとえば、エコ商品を販売する場合、顧客は商品が自分の生活に価値をもたらすという確証だけでなく、商品が本当にエコであるという確証も求めているのだ。

▼B2Bのソフトウェアアズアサービス（SaaS）の例

ファネルの段階	判断基準	顧客が次に望むこと	あなたが次に取るべき行動
顧客	クレジットカード番号を入力し、「購入する」をクリックする	価値命題の実現	なるべく早く製品を体験してもらう（ファネルの外部へと進む）
魔法	デモを見る 価格ページや競合分析を読む	買いたいが、少しためらっている	期間限定割引
確信	「レジに進む」をクリックする	買いたい 上司の承認がほしい	電子メールによる営業 競合分析の提供
信用	30日間のトライアルに登録する	製品をテストしたい	お礼のメッセージ 簡単スタートキットの送付 個別のカスタマーサポート
興味	商品の説明、ベネフィット、要件、推薦文、メディアのレビューを読む	価格相応の価値があるかどうか知りたい	投資利益率のオンライン計算ツール
認知	Twitter経由でランディングページを訪れる	製品についてもっと知りたい	メッセージ ポジショニング 特別オファー

▼エンタープライズソフトウェア（またはハードウェア）の例

ファネルの段階	判断基準	顧客が次に望むこと	あなたが次に取るべき行動
顧客	注文書を受け取る	価値命題の実現	製品の実装 （コンバージョンファネルの外部へと進む）
魔法	口頭での約束	買いたいが、少しためらっている	「製品に満足した際に推薦者（リファレンス）になってくれるなら割引する」と取引を持ちかける
確信	推薦者の照会に成功 ソリューションが社内の監査プロセスに合格	価格と契約内容を確認したい	価格と契約内容をタイミングよく提示する 購入をためらっているサインやその他の問題点に気を配る
信用	概念実証の成功	利用開始のリスクを抑えたい	CEOとの面会
興味	製品の説明、業界レビューを読む 他社の使用事例を学ぶ	製品が既存の環境できちんと動作するかどうかを知りたい	概念実証の実施

企業への営業

2003年、Veritas Softwareの会長兼CEOのマーク・レスリーは、**ルネサンス型の営業担当者**（Renaissance sales rep）という言葉を作った。ルネサンス型の営業担当者とは、「必要に応じて営業モデルや販促グッズを自分で作ることのできる」営業担当者のことだ。別の言い方をすれば、マーケティングの助けがなくても、新製品の販売方法を学ぶことができる営業担当者だ。一方、営業プロセスが既知になってから雇うべきなのが、**コイン式の営業担当者**（Coin-operated sales rep）だ【「コイン式」には一定の手順を守って指示どおりに作業をこなすという意味合いがある】。コイン式の営業担当者は、「成功パターン（反復可能な営業モデル）や営業担当者のサポート要件が確立されている場合」(3)に威力を発揮する。

スティーブン・ブランクの説明によれば、営業プロセスや市場が既知になる前にマーケティングやコイン式の営業担当者を増やすと、スタートアップは死のスパイラルに陥るという。営業チームは売上目標を達成できなくなり、取締役会は不安になる。営業担当副社長は楽観的な期待を抱いたまま取締役会に出席し、もっともらしい説明をするが、取締役は一様に眉をひそめる。営業担当副社長は現場に戻り、「もっと働け」と叱咤激励する(4)。

こうなると、場当たり的な営業が増え、営業担当者は次々と去っていく。離職率は高まり、マーケティング部門や製品開発者に非難の矛先が向く。3か月か半年もすれば、営業担当副社長は去り、続いてマーケティング担当副社長も去る。ついにはCEOまでも。すると、取締役会はたいてい経験豊富なCEOを招くのだが、経験豊富なのは大企業の経営だけ。学習は一向に行なわれず、失敗が増える。

しかし、ルネサンス型の営業担当者のやり方は違う。パンフレットやデモなしでも、営業ができるのだ。彼らは親身な営業を行ない、顧客の身になって価値を創造する。製品を売りつけるのではなく、顧客のニーズを理解し、満たそうと努力する。だから、顧客に信頼される。

ポール・オディーはこのような営業担当者を**営業のスペシャリスト**と呼んでいる。彼らの特徴は次のとおりだ。

・顧客の業界に関する深い知識。
・誠実さ。信頼できる相談相手とみなされる。
・コミュニケーション能力。質問を交えながら、丁寧に話を聞く。
・継続的な自己改善と学習の意欲(5)。

アーリーステージのスタートアップでは、営業のスペシャリスト（ルネサンス型の営業担当者）をCEO自身が務めることが多い。創設者は顧客と関係を築き、顧客に共感し、何より顧客のニーズを理解しなければならない。

SaaSや消費者向けのビジネスと同じように、創設者はあまりにも早い段階から需要の創出やパイプラインの管理に専念しがちだが、その前にビジネスの拡大に必要な2つの基本原則を理解しなければならない。

❶切実で深いニーズを満たしているか？
❷買い手にその製品を販売する方法はわかっているのか？

この2つを明らかにするには、市場で確かめるしかない。確かに、リーンスタートアップの目的は、製品開発を繰り返し、すばやくリリースして、市場で受け入れられるかどうかを確かめることにある。しかし、販売方法やマーケティング方法を学ぶことも重要なのだ。

大きくて古い企業ほど、購買プロセスは複雑になる。次のような数々の要因が絡んでくるからだ。

・製品のエンドユーザー
・エンドユーザーの働く部署の責任者
・IT部門
・コンプライアンス
・セキュリティ
・財務部
・購買部

たとえ中小企業でも、購買プロセスをサポートしてくれる社内の支持者を見つけ、政治や幹部の反対をうまく乗り切る必要があるだろう。中には、優先ベンダー【企業が他社と取引をする際に最初の候補になる、社内で承認済みのベンダー】からしか製

品を購入しない会社もあるだろうし、特定の販売店やシステムインテグレータとしか取引しない会社もあるだろう。競合企業の影響を色濃く受けた見積依頼書（RFP）を受け取ることもある。

　もちろん、潜在顧客の接待が必要なケースもあるだろう。

　営業担当者が顧客と対話する際に明らかにしなければならないのは、次の2つだ。

❶買い手にとっての購買プロセスとは？
❷買い手をファネルへと導き入れ、奥へと進ませるのに必要な活動は？

　反論も積極的に求めよう。その中には予測の付くものもあれば、付かないものもある。とにかく話をしてみて学ぶのがいちばんだ。

　クリス・ギレボーは、「最初からうまくいくとはかぎらない。最初の販売プロセスの最中に、実際の顧客から新しい反論をもらうこともあるだろう」と記している[6]。

　ファネルの各段階では、初期の顧客開発を通じて吟味された経験則的なプロセスに従って営業を進めていき、途中で反論に遭ったら、その反論に対処するための行動を学ぼう。そうすれば、次に同じような反論に遭ったとき、対処の仕方がわかっているので安心だ。

　これを何度か繰り返したら、Webサイトや営業担当者のツールキットにFAQ（よくある質問）セクションを設け、反論に先手を打つ手もあるだろう。

> **ヒント**：口に出された反論だけでなく、暗黙の反論にも対処するのが、マーケティング活動の目的だ。

　単純明快でも対応の難しい反論もある。「お宅の会社はFIPS 140-2に準拠していないんですか？」「お宅はうちの優先ベンダーじゃないですよね？」

　以上のプロセスはオンラインでもオフラインでも同じだ。とはいえ、オンラインで反論を探すのは難しい。まずはオフラインで、対処すべき反論を学ぼう。

　企業間取引（B2B）の世界では、オンラインの製品かオフラインの製品か、マーケティングや販売にインターネットを使うかどうかにかかわらず、顧客は収益、市場シェア、顧客ロイヤルティの向上、コストやビジネスリスクの削減を求めている。ただし、購入を判断するのは人間なので、意思決定に無意識の影響を及ぼす隠れた要素にも注意が必要だ。たとえば、昇進の意欲、雇用の確保、同僚の評価、予算の遵守、個人的なリスクなど。

　組織内の複数の人々と対話するときは、次の点を検討しよう。

・購入担当者、意思決定者、予算の承認者は誰か？
・購入予算はどこから出るのか？
・ほかに購入判断に影響を与える人物は？
・関与するコンプライアンス規制は？
・購買プロセスは？
・パイロットテストや概念実証は必要か？
・購買プロセスの期間は？
・チャネルに具体的な要件はあるか？
・社内の支持者は誰か？
・取引が白紙になって得をする人物は？

　企業消費者間取引（B2C）の世界では、オンラインの製品かオフラインの製品か、マーケティングや販売にインターネットを使うかどうかにかかわらず、顧客はお金や時間の節約、健康の増進、問題の解決、情熱の満足、個人的価値観の実現を求めている。いずれも意識的な欲求なので、状況さえ許せば、喜んで話をしてくれるだろう。

　一方、関心はあるけれども言葉にしづらい無意識の欲求もある。たとえば、人間の感情、恐怖、社会的地位、埋没費用、自己認識、本能にかかわる欲求だ。

　顧客と対話するときには、次の点を学ぼう[7]。

・悩みや情熱を抱えるのは誰か？
・その悩みや情熱と関連の深い悩みや情熱は？
・購入を決めるのは誰か？
・人々は誰を感心させたいのか？
・意思決定者に影響を及ぼす人物は？
・現在、ある程度ニーズを解決できる別の製品を使っているか？

- 顧客は何があれば安心するか？
- 何があればセクシーな気分になるか？
- 何をクールと思うのか？
- 何を夢見ているのか？
- 顧客が夜中まで夢中になるものは？
- 同じニーズを持つ人々との共通点は？
- 顧客がオフラインやオンラインで集まる場所は？
- どんなときに製品を信用するのか？
- どんなときに製品が自分にふさわしいと判断するのか？

マーケティング

マーケティングには3つの段階がある。

❶ 満足した顧客を熱狂的な顧客へと変える活動。
❷ 顧客がコンバージョンファネルの中を進むプロセスを自動化する活動。
❸ 人々をファネルの入口へと導く活動。

以上の順番で、戦術を学び、最適化し、徹底的に実行していこう。

スティーブン・ブランクは、低迷するSuperMacのマーケティング担当責任者に就任したとき、「1万枚の顧客登録カードが処理されず、見向きもされず、ほったらかしになっている」のに気づいた[8]。

マーケティング担当者たちは、顧客が誰かもさっぱりわかっていなかった。毎日職場に出勤して、週に40時間以上は働いていたし、生産性を評価する勤務評定も定期的に受けていただろう。それでも、自分の業務を会社の成長と結びつける方法がわからなかったのだ。

「この部門は、自分の肩書きどおりの仕事をこなすことが、会社に対する貢献だと錯覚している人でいっぱいなのだと気づいた」とブランクは記している。

肩書きと職務はイコールではない。マーケティングに携わる人々は、熱狂や価値を生み出し、顧客をコンバージョンファネルの奥へと導き、いざ準備が整ったらファネルの入口へと人々を連れてくるための戦術を、常に追求しなければならないのだ。

● 熱狂

前にも話したとおり、顧客を満足させるだけでは不十分だ。製品への満足だけで事業が劇的に成長することを期待するのは虫のいい話だ。真に破壊的なイノベーションの場合、製品が存在するという事実だけでも、十分に画期的だ。喜びをもたらし、問題を解決し、大きな価値を生み出す。よって、MVPを作るだけでも、ユーザーは熱狂してくれる。だが、そんなケースはまれだ。

熱狂を取り戻そうとしている既存企業であれ、初めて熱狂を生み出そうとしているスタートアップであれ、ほとんどの場合は驚異的な何かを生み出す必要がある。驚異的な何かといっても、製品以外のものであることも多い。

熱狂を測るには、熱狂度に関して独自の評価基準を定めるといい。そのためには、次の方法をいくつか組み合わせる手が考えられる。

検討の道

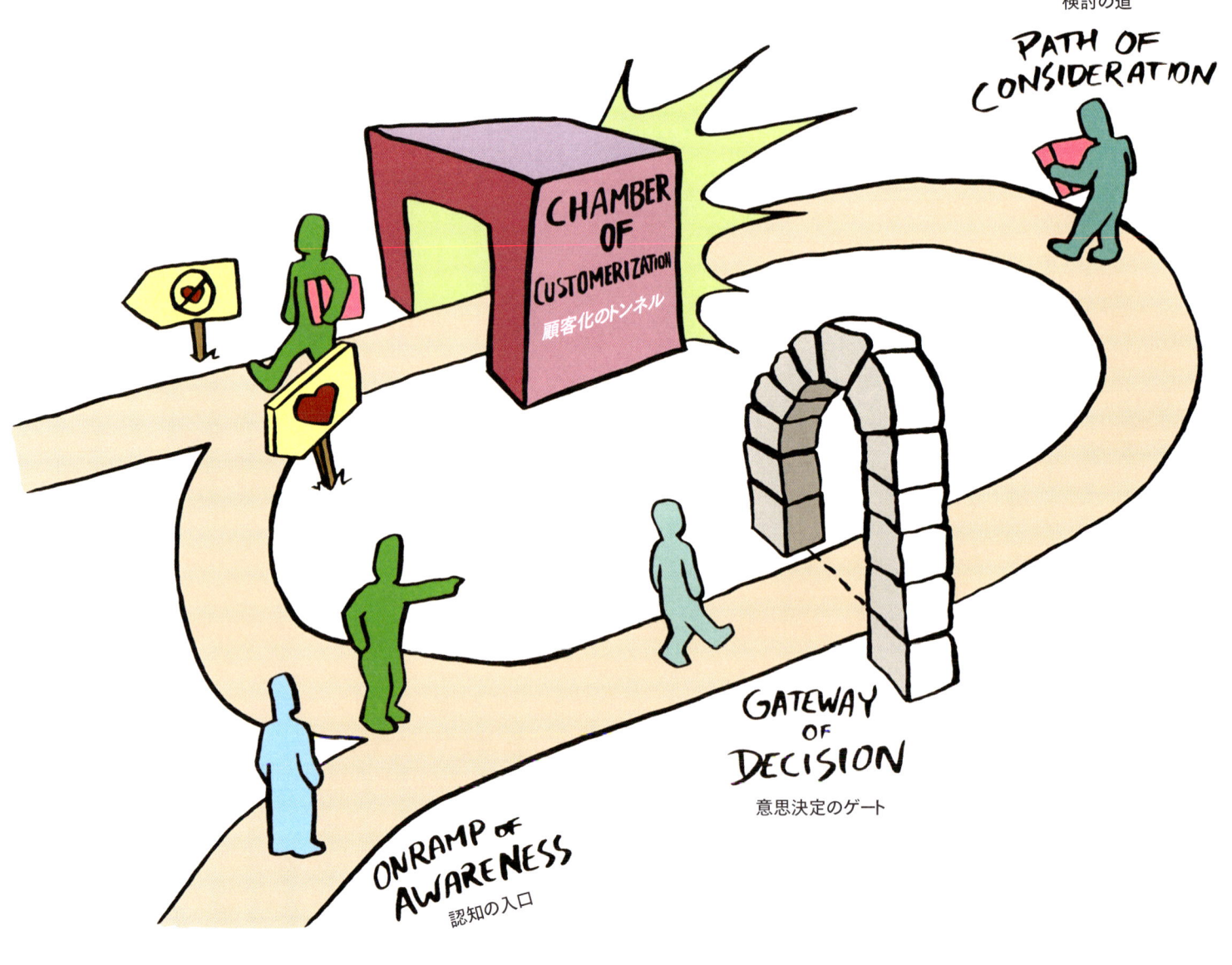

PATH OF CONSIDERATION

CHAMBER OF CUSTOMERIZATION
顧客化のトンネル

GATEWAY OF DECISION
意思決定のゲート

ONRAMP OF AWARENESS
認知の入口

- **Net Promoter Score**。製品を他人に勧める度合いを訊ねる。ふつうは、製品に熱狂していなければ他人に勧めようとは思わない。おかしな製品を勧めれば、自分の評判に傷が付くからだ。

- **MustHaveScore**。「製品が提供中止になったら、どれくらいがっかりしますか？」と訊ねる。非公式のデータではあるが、非常にがっかりすると答えた顧客が40〜50%いれば、熱狂的な顧客基盤を築いているといってもいい。

- **第三者の口コミサイト**。Yelpなどの第三者サイトで高評価を得れば、ユーザーが熱狂している証拠だろう。目立ちたがりなだけのレビューアもいるだろうが、自分の好きな製品を世の中に発表するのだから、やはりウソをつけば自分の評判に傷が付くだけだ。

ユーザーが熱狂していることを示すサインは、ほかにもある。

- **特定のセグメントからの頑固な機能の要望や、バグ修正の切実な要求**。興味のない製品には不満も言わない。無視するだけだ。不満を述べるのは、切実な問題を抱えているのに、ぜんぜん解決できないからだ。または、もう少しで最高の製品になるのに、と思っているケースもある。「〜さえできれば最高なんだけど……」

- **インタビューに答えるときの興奮度**。デイブ・マクルーアは、顧客に好かれるか嫌われるか、どちらかの方がいいと言っている。どちらにしても、はっきりそう言ってくれるからだ。愛情も嫌悪も根源は同じ。期待だ。Aを約束し、A以上のものを届ければ、Aを期待していた顧客は製品を愛してくれる。Aを約束したのにBを届ければ、Aを期待していた顧客は製品を嫌うだろう。

- **推薦文、プレスリリース、事例研究への協力**。信用に大きくかかわるので、追加の折衝が必要かもしれない。

- **友人の招待**。ユーザーがあなたのメールマガジンを同僚に転送したり、製品機能を使用して自分の全連絡先をあなたのサイトにアップロードしたり、クーポンを共有したりしてくれたら、満足のその先に進んだ証拠といえよう。

- **製品のベネフィットの実現**。これは測定が難しく、単独の活動では実現できないことが多い。

- **ブランドロイヤルティ**。リピート購入や高利益なクロスセル。

- **心からの称賛、ソーシャルメディアでの紹介**。

これらの要素を理解するだけでなく、顧客に情熱を行動に移してもらう手立てを考えるのも、マーケターの仕事だ。電子メールキャンペーン、製品機能の開発、個人的な働きかけ、深い関係の構築などを利用すれば、顧客に成功事例を話し、製品のメリットを理解してもらえるだろう。

ほかにもできることはある。推薦や事例研究に協力してもらう。製品を紹介してくれた顧客に謝礼を支払う。顧客が関心を持つ慈善プロジェクトを立ち上げる。コミュニティ、トライブ、信者を築く。大事なのは、顧客を最高のマーケターにすることだ。

熱狂を生み出すうえで威力を発揮するのがブランドだ。企業や製品に対する顧客の体験すべてが、顧客のブランド認識に影響を及ぼす。製品には単に満足しているだけでも、ブランドには熱狂している人々もいる。顧客が「熱狂している」と口に出すことは少ないが、行動には表われるものなのだ。

● 満足

満足感は、顧客の期待に沿う製品体験から生まれる。ただし、熱狂を生み出したり、製品に興味を持ってくれる市場セグメントを増やしたりする効果がないかぎり、必要以上にニーズを満たしても無意味なので注意！　機能が多いほど満足してくれる──ましてや熱狂してくれる──と考えるのは禁物だ。

必要最小限の満足を提供するための機能については、これまでさんざん説明してきた。満足につ

ながる操作感、レポート、結果は？ 形状、色、レイアウトは？ 別のユーザーが製品を利用しているかどうかは、満足感に影響を及ぼすのか？ 顧客が製品を効果的に利用していることを示すサインは？ ソフトウェア製品やモバイル製品なら、顧客が製品をどう利用しているかを正確に追跡するのは簡単だ。顧客はあなたの期待どおりに製品を使っているか？ ちゃんと問題を解決したり、情熱を満たしたりできているか？

たとえば、レストランでの体験に満足した顧客は、Yelpで4つ星以上を付けるかもしれない。チップを奮発してくれるかもしれないし、月1回や週1回、リピートしてくれるかもしれない。

たいていの場合、満足度を測るのはマーケターの仕事だ。技術系以外の企業は、できれば満足度を自動的に測定する方法を考えるべきだ。顧客登録カードはその一例だ。製品に保証を付けたいということは、製品に満足している証（あかし）だろう。付属品の継続購入が必要な製品の場合、付属品の購入状況を追跡するのも手だ。

いちばん単純なのは、アンケートで満足度を測定するという方法。アンケート回答に謝礼を付ければ、回答率は高くなるだろうが、顧客が本当に満足していないかぎり、評価自体は高くならないはずだ。より効果的なのは、製品をほかの人と共有するインセンティブを与え、その成果を測定するという方法だ。また、製品自体を使って初めて価値のある消耗品を無料で付ける手もある。

> **ヒント**：競合製品を使ってユーザビリティテストを行なおう。

これは顧客の本音を探るのに打ってつけの方法だ。似たような方法としてフォーカスグループがあるが、ほかの参加者の意見に惑わされやすいので注意が必要だ。

満足度は、ビジネスパートナー、チャネル、パッケージ、カスタマーサポート、配送など、価値の流れに属するものなら、何にでも影響を受ける。したがって、体験全体を管理することが重要だ。

メッセージやポジショニングも満足度に影響を与える。製品に関するストーリーは、顧客への約束を示す。製品がその人の具体的なニーズを満たすものであると伝えなければならない。製品が約束を果たせなければ、顧客は満足しない。機能ではなくベネフィットをアピールすべきだ。

ストーリーも築こう。製品を使うと生活はどう変わるのか？ 人々の生活をどう良くしてきたのか？ 色々なストーリーを試してみよう。セグメントが違えば、ストーリーも違ってしかるべきだ。顧客が友人や同僚に製品をどう説明しているのかも参考にしよう。

● 期待

顧客は製品が約束を果たしてくれると期待している。そして、製品の「アクティベーション」（利用開始）を通じて、製品の価値を試す。ここでもやはり、モバイルやインターネットの世界では、製品の利用が開始されたかどうかを測定するのは難しくない。虚栄の評価基準の誘惑によって、ダウンロード数やFacebookの「いいね！」の数に目を奪われがちだが、製品が正しく使われているか、そもそも使われているのかどうかを理解する方が、はるかに重要なのだ。

製品の購入、ダウンロード、試用版へのサインアップから、実際に使用開始するまでの時間差は、大きな意味を持つ。時間がたてばたつほど、製品を使いはじめる確率は下がっていく。たとえ購入したとしてもだ！ せっかく子どものためにおもちゃを買ったのに、うっかり電池を買い忘れたために、ずっと箱が開封されないことだってある（だから、電池が付属しているわけだ）。

近い将来、顧客がパッケージを開封したかどうかまでわかる日が来るだろう。自動車の購入は、車が販売店の駐車場を出たときに初めて〝アクティブ〟になる。レストランでの体験は、顧客が初めて食事に手を付けたときにアクティブになる。小売家電の体験は、顧客がプラグをコンセントに挿（さ）し、スイッチをオンにしたときにアクティブになる。自動的に測定できないなら、現場におもむき、製品が使われる様子を観察しよう。あるいは、ユーザーを社内に集めて、製品が使われる様子を黙って観察するのもいい。

顧客を「期待」の段階へと導くための活動としては、次が挙げられる。

> **期待**
> 簡単スタートキット、メールによる「利用開始」の案内、ドリップマーケティング、「電池は付属しています」、無料電話サポート、フォローアップの電話、無料の付属品

● **確信**

　顧客が「この製品は購入する価値がある」と確信したと判断できるのはどんなときだろう？　確信といっても、「この製品を選んでよかった」という意味の確信ではない。顧客が初めて「この製品を検討する価値がある」と確信するのはいつか？　無料の製品なら、顧客がアカウントを作成しようと決断した瞬間かもしれない。顧客が確信を抱くのは、売り手との関係ができあがったときだ。関係といっても、暗黙の関係もあれば明確な関係もあるが、常に明確な関係があるかのようにマーケティングを行なうのが、優秀なマーケターなのだ。

　顧客を「確信」（「魔法が起きる瞬間」も含む）の段階へと導くための活動としては、次が挙げられる。

> **確信**
> ホワイトペーパー、垂直的マーケティング、セグメントの事例研究、デモ、ダウンロード、概念実証、パイロットプログラム、プロトタイプ

> **魔法が起きる瞬間**
> 送料無料、クーポン、特別価格、割引、セール、期間限定、今すぐダウンロード、数量限定、先着10名、パッケージ、営業会議、セールスコール

● **信用**

　顧客が企業を信用する要因はさまざまだが、1つだけ確かなのは、第一印象が何より大事だということだ。初対面の人と会った場面を想像してほしい。言葉や行動を手がかりに、信用できる人かどうかを判断するだろう。企業も同じだ。取引は安全か？　保証はあるか？　困ったときに助けてくれそうか？　ここでもやはり、買い手の視点で考えることが重要だ。

　顧客を「信用」の段階へと導くための活動としては、次が挙げられる。

> **信用**
> インフルエンサーの推薦文、紹介、保証、認証、政府の公認、交渉不要、証言、認定マーク、雑誌の評価、アナリストの推奨

● **興味**

　オンラインでもオフラインでも、詳しい情報を求めてくる顧客は興味を持っている。メールマガジンに登録したり、セールスコールを要求したり、オンラインのチャットウィンドウをオンにしたりする人々も同じだ。

　顧客に興味を持ってもらう決め手は、メッセージとポジショニングだ。メッセージの役割は、製品が顧客の生活にもたらすメリットを伝えること。ポジショニングの役割は、あなたの製品が顧客の持つ市場観のどこに位置するのかを伝えることだ。他社の製品とどう違うのか？　他社の製品ではなく、あなたの製品を購入した方がいい理由は？　主な差別化要因は？

　顧客を「興味」の段階へと導くための活動としては、次が挙げられる。

> **興味**
> Web上のコピー、パンフレット、動画、オンラインセミナー、セールスコール、プレゼン、モデル、TechCrunch、インタビュー（「認知」のところで紹介する戦術の多くも使える）

● **認知**

　認知を示すサインとしては、Webサイトへの初回訪問、Twitterのフォロー、Facebookの「いいね！」、メールや電話での問い合わせなどがある。

　注目を惹くための手段は、挙げればキリがない。大事なのは、市場セグメントや、あなたの製品がテクノロジーライフサイクルのどこに位置するかに応じて、戦術を変えることだ。アントレプレナーはとかく認知度を向上させたがるが、認知を

築くのは最後でいい。初めからそんなことをしていたら、破綻一直線になりかねない。顧客としてふさわしくない人々まで惹きつけ、口コミよりもノイズが増えてしまうからだ。

確かに、広告やPRは有効だろう。広告代理店に月1万5000ドルを払えば、数万人単位の人々をサイトに呼び込める。でも、そのうち何人がサインアップする？　サインアップした人々の中で、何人が購入する？　購入した人々の中で、何人が製品を利用する？　製品を利用した人々の中で、何人が熱狂的な顧客になる？　熱狂的な顧客の中で、何人がファネルの入口に顧客を連れてきてくれるだろう？

最後の質問の答えがわからなければ、顧客の生涯価値もわからない。ということは、広告代理店に月1万5000ドルの報酬を払うのが高いのか安いのかもわからないのだ！

顧客を「認知」の段階へと導くための活動としては、次が挙げられる。

認知

PR、ソーシャルメディア、ブロガーへの接触、SEO、広告、ポッドキャスト、動画、ブログ、雑誌記事、ニュース記事、看板広告、看板持ち、プロモーションチーム、見本市、ダイレクトメール、売り込み電話、アンケート、メガホン、テレビCM、ラジオコマーシャル

成長の波 | Growth Waves

　成長は魔法ではない。成長を左右するのは、顧客の熱狂と顧客の獲得だ（ただし、顧客の獲得はキャッシュフローがプラスであることが大前提）。もちろん、顧客をお金で買うこともできる。しかし、よほど高利益な事業でもないかぎり、事業を持続するのは難しい。1990年代に大失敗したドットコム企業がその例だ。顧客を買うばかりで、顧客が買うことはほとんどなかった。

第1の成長の波

　特定の顧客セグメントに価値命題を届け、熱狂的な顧客を獲得したとしよう。そのセグメントへのマーケティングや営業方法を学び、実行すれば、第1の成長の波がやってくる。

　しかし、この時点でいくつものセグメントから顧客を獲得するのは危険だ。

　私たちがかつて仕事をしたある会社のCEOは、自社の成長にすっかり興奮した様子で、私たちのところへやってきた。「新しい営業担当副社長を雇ったんだが、そいつがかなりの切れ者でね。先月だけで6つも契約を取ってきたんだ。何もかも順調だ！」

　ところが、数か月後、彼の様子は一変した。「あの男はクビにしたよ。10のセグメントと10の契約を結んだことがわかってね。ニーズもバラバラだし、共通点もない。悪夢だったよ」

　つまり、その営業担当副社長は自分の役目をちゃんと果たしていたのだが、その会社の段階にとってはふさわしくなかったわけだ。

　オンライン製品の場合、複数のセグメントの顧客を獲得しない方が難しい。もちろん、顧客を厳密に分類して、営業、マーケティング、サポートのコストをきちんと監視できるなら問題はない。しかし、セグメント同士には次のような違いが潜んでいることもある。

- 悩みの深さの違い。エンゲージメントの度合いや、ニーズを満たすために必要なものが変わってくる。
- 集まる場所の違い。マーケティング戦術が変わってくる。
- コンバージョンファネルの段階の違い。マーケティングや営業活動が変わってくる。
- 価値命題のわずかな違い。製品の要件、メッセージ、ポジショニング、熱狂的な顧客を生み出す方法が変わってくる。

　アーリーアダプターやアーリーマジョリティを場当たり的に獲得している間は、こういった違いは顕われない。しかし、事業を拡大しようとしたときに表面化する。

　「小さく始める」という言葉を思い出してほしい。

　前にも話したとおり、ターゲットセグメントに狙いを定めよう。第3章で定めたペルソナに立ち返ること。彼（女）らが集まる場所は？　彼らに価値を提供するとしたら、どうやって収益を得るのか？　実験を通じて、彼らに訴えかける方法を最適化しよう。

　目標は、キャッシュフローがプラスになる顧客の獲得方法を見つけることだ。とすると、オンラインに目を向けるのがもっとも安上がりな選択肢だ。

　アメリカでは、オンラインに顧客がいる可能性は非常に高い[9]。といっても、インターネットユーザーをひとくくりにしてはいけない。特に、製品が違えば顧客も違うのだ。何を実現したいかによって、人々のオンライン行動は変わってくる。

- 人々は問題の解決策を探しているのか？
- 人々はスポンサー広告をクリックするのか？
- 人々は何を自分のホームページに設定しているのか？

　そうなると、検索エンジン最適化や検索エンジンマーケティングは有効な戦術なのだろうか？　どれくらいのコンテンツを作成すべきか？

　インターネットと同じように、電子メールも今ではテクノロジーライフサイクルにおいてはレイ

トマジョリティの段階にある。つまり、ほとんどの顧客にはメールで接触できるということだ。とはいえ、ルールはある。どのようなオファーができるのか？　読者にコンテンツを共有してもらい、購読者を増やすには？

- ユーザーはメーリングリストに登録しているか？
- ユーザーはメール上のリンクをクリックするのか？
- ユーザーはメールを他人に転送するのか？

そのほかに、ユーザーはインターネットをどう利用しているだろう？

- ユーザーは自分に影響を及ぼす人物（インフルエンサー）のブログを読んでいるのか？
- 自分でブログを書いているのか？
- ブログにコメントしているのか？
- 広告をクリックするのか？
- ブロガーの勧めるリンクをクリックするのか？

顧客のインフルエンサーにオンラインで接触すべきか？　ブロガーやその読者にどんなオファーができるか？　インフルエンサーにはどんな得があるのか？

顧客はオンラインコミュニティに属しているか？

- 顧客は趣味、関心、買い物をテーマにしたオンラインフォーラムに参加しているのか？
- FacebookやTwitterに投稿しているのか？
- フォローしているハッシュタグは？　インフルエンサーは？
- 音楽、映画、レストラン、製品、サービス、店舗について会話やコメントをしているか？

コミュニティやコミュニティ内のインフルエンサーにどんなオファーができるか？

インフルエンサーに接触するのは、初期のマーケティング活動においては重要だ。でも、よくよく考えてみてほしい。あなたがインフルエンサーの立場だとしよう。あなたは一定の集団（セグメント）に対して価値を生み出している。すると、誰かがあなたに接触してきて、あなたとそのセグメントとの関係を利用しようとしてきた。きっと、あなたは警戒心を抱くはずだ。

インフルエンサーは、①セグメントの人々にとっての価値、②自分自身にとっての価値、③将来的な価値、④自分とセグメントとの関係に及ぼす影響のバランスを取ろうとする。

たとえば、あなたがリーンスタートアップ活動家の集まるグループのリーダーだとしよう。誰かがあなたに接触してきて、「いやあ、すばらしいグループですね。私はビジネスプランの書き方を教えている者ですが、近々ワークショップを開きますので、メンバーのみなさんに宣伝してもらえませんか？」と言ったとしよう。

あなたにどんな得がある？　メンバーはもともとビジネスプランを書くつもりはない。連絡してきた相手の素性もわからないので、将来的なメリットも不明だ。表にすればこうなる。

メンバーにとっての価値	なし
個人的な価値	なし
将来的な価値	なし
個人的な信用	マイナス

いいとこなしだ。ところが、よくよく話を聞いてみると、彼は多くのファンを持つ有名な作家なのだという。すると、表はこうなるだろう。

メンバーにとっての価値	なし
個人的な価値	なし
将来的な価値	大
個人的な信用	マイナス

その作家の持つ人脈にアクセスできるのは、将来的に巨大なプラスをもたらすかもしれない。しかし、グループの価値観に反するワークショップをメンバーに勧めたら、あなたの信用はがた落ちだ。それを上回るメリットがあるだろうか？

再び断ると、その作家がこんどは1万ドルの謝礼を支払うと言ってきた。どうだろう。

メンバーにとっての価値	なし
個人的な価値	1万ドルの収入
将来的な価値	大
個人的な信用	マイナス （1万ドルの件が メンバーにばれたら、 信用はマイナス2倍）

　それでも断ると、ビジネス業界に詳しい彼はこう言ってきた。「よし、内容を変えましょう。ビジネスプランの書き方ではなく、従来のビジネスプランの一般的な側面に関する考え方を説明します。ビジネスプランを書くつもりはなくても、自身のビジネスについて理解しておくことは大事じゃありませんか？　ワークショップは無料ですし、ビールもお付けしますよ」

メンバーにとっての価値	あり（内容が期待外れでも ビールがある）
個人的な価値	内容が良ければあり
将来的な価値	大
個人的な信用	傷は付かない

　つまり、インフルエンサーに接触するときは、インフルエンサーが自身の支持者に届けている価値をよく理解し、インフルエンサー自身にも付加価値を提供するべきなのだ。

　ほかのマーケターの戦術を観察しよう。マーケティング戦術は入れ替わりが激しい。最新の戦術もいつの間にか時代遅れになる。マーケティングの受け手の視点から考えることも必要だ。テレビ、Web広告、Facebook広告、Google AdWordsラジオ、を観察し、成功した戦術について考えてみよう。

　獲得するユーザーが増えてきたら、ユーザーを共通の特徴に基づいてグループ化することが今まで以上に重要になる。さらに重要なのは、グループごとに価値命題を関連づけ、エンゲージメント、熱狂の度合い、機能の要望を追跡することだ。

第2の成長の波

　第2の成長の波は、複数のサブセグメントを獲得するという厳しいプロセスをくぐり抜けることでやってくる。

　複数のサブセグメントを追跡したり管理したりする難しさは、製品や顧客によって異なる。B2B（企業間取引）の世界では、当然ながら、製品を販売しようとしている相手が巨大で、製品が複雑であればあるほど、1つのセグメントに狙いを絞った方がいい。キャズムを超えるという意味でいえば、釣ろうとしている魚が巨大であればあるほど、次の魚にターゲットを移す前に、その種類の魚を独占することに専念した方がいいのだ。

　企業の製品、マーケティング、販売がインターネットに移行するにつれ、複数のセグメントをすばやく獲得できるようになる。先ほどから話している複数のセグメントを獲得する際の問題は依然としてあるものの、問題の規模はずっと小さくなる。より多くの資源が必要だという点を除けば、第2の波は第1の波とほとんどそっくりなのだ。

　構築－計測－学習（BML）プロセスを用いて、顧客と対話し、無関心な顧客を満足した顧客に、満足した顧客を熱狂的な顧客に変える方法を学ぼう。BMLを用いて、学んだ内容を実証するための実験を行なおう。BMLを用いて、マーケティングや営業の戦術をテストしよう。個々のサブセグメントに対してBMLを用いるのが肝心だ。ビジョンや中心的な価値命題にそぐわない顧客に対しては、ノーと言うべきだ（方向転換をしてそのセグメントに照準を合わせるなら話は別だが）。

　このプロセスは厳しい道のりだ。一筋縄ではいかない。すでに1000人の顧客がいるのに、次の段階に進む方法がわからないなら、文字どおり電話を取ろう。顧客はどんな人々か？　何を実現しようとしているのか？　パターンが見つかるまで、電話をかけまくろう。

　おそらく、顧客の目的はソフトウェアをインストールすることではない。利益を増やすことでもない。ダッシュボードを閲覧するために製品を買おうとしているわけではない。

　真因分析を利用して、顧客がソフトウェアをインストールする理由、利益を上げる方法、顧客のビジネスモデルのボトルネック、顧客がダッシュボードを使う目的を理解しよう。「5回のなぜ」を用いて、顧客の抱える切実なニーズを探ろう。

第3の成長の波

　第3の成長の波は、アントレプレナーが初めて製品のアイデアを思いついたときから待ち望んでいた口コミによってもたらされる。では、口コミを広めるべきタイミングが来たと判断できるのはいつだろう？　口コミがPRによってではなく、自然と生まれつつあるときだ。

　口コミは、あなたが特定の市場セグメントを独占したり、複数のサブセグメントで成功を遂げたりしているときに自然と生まれる。口コミに蓋はできない。顧客はすでに熱狂しているからだ。これが真の「製品と市場のフィット」だ。ここまで来ると、口コミを広めるのは易しい。メディアは人々の興味を惹くストーリーを求めているからだ。

　製品と市場のフィットは、顧客との対話や事業実現性のテストで見つけられるものではない。市場で製品が認められることで、初めて実現するのだ。そのためには、市場セグメントの定義、製品機能の改良、メッセージやポジショニングの構築を繰り返す必要がある。この3つがスロットマシンのように一列に揃い、口コミのループが完成したときに初めて、製品と市場がフィットしたといえるわけだ。

　口コミを生み出すのが難しいとすれば、時期尚早であるという証拠だ。口コミが自然と生まれるまで、サブセグメントを追加していくしかない。PRはすでに存在する口コミを拡大するためのものだ。

　メインストリームに訴えかけるには、複数のサブセグメントに向けてマーケティングを行なうべきだ。大がかりなマーケティングキャンペーンを行なうほど、多くの人々を呼び込めるはずだ。

　ここで従来型のマーケティングが力を発揮する。ラジオやテレビのCM、印刷広告、PRは、新たな潜在顧客を数千人単位で連れ込んできてくれる。メッセージやポジショニングでは、より一般的で幅広い市場セグメントに向けた価値命題を掲げよう。そのためには、徹底的に顧客の親近感を得なければならない。つまり、顧客を深く理解する必要があるのだ。

　PRは変化しつつあり、過去と比べると、広告代理店の役割は少なくなっている。自分でオンラインメディアの編集者と関係を築くこともできる。彼らはストーリーを求めているからだ。

　ここでも、小さく始めるのが有効だ。ライアン・ホリデーは、「小さく始めるのは、ニュースサイクルに潜り込む足がかりになる。ブログはほかのブログに絶大な影響力を持っている。小さなサイトの記事がアクセス数の巨大なサイトに掲載されることも多い。大きなサイトが小さなサイトを〝偵察〟することも多いからだ。ブログは真っ先にストーリーを載せようと競い合い、新聞紙はそれを〝大衆化〟しようと競い合う。そして残りの人々は、口コミを広めようと競い合うのだ」と記している(10)。B2Bの世界では、Gartnerのようなデータ分析会社に影響を与えるのも有効だ。フェアではないかもしれないが、それもゲームのうちだ。顧客の接待も必要かもしれない。

　顧客の獲得に特効薬はない。小さく始めるほど、購入価格、顧客生涯価値（顧客が顧客である間に使うお金）、回収速度（コストを回収するまでの時間）と比べて、顧客獲得のコストがどれくらいなのかを簡単に追跡できる。

　顧客があなたとの関係をどう見るかは、顧客があなたの顧客獲得活動をどうとらえるかによって変わってくる。

- 購読客は、継続的なマーケティングではなく、尊重し合える関係を求めている。彼らにより高い価値を届けるには？　新しい価値を生み出すには？　彼らの忠誠心に報いるには？

- リピート顧客は、アップグレード、付属品、セールなどの案内を歓迎する場合が多い。つまり、もういちど買いたくなるような特別な待遇を期待しているのだ。

- いちどに高額な買い物をする顧客は、フォローアップサービスを期待している。また、購入した商品と関連するアップセル、保守契約、プレミアムサポートオプションを歓迎することもある。

- ネットワーク効果に依存する関係では、顧客は人脈の広がり、自分自身の評判、ゲーミフィケーションを重視する。

マーケティングは今後も進化しつづけるだろう。ホワイトペーパーや事例研究は、意思決定者に影響を与える見えすいた活動だが、おそらく今でも有効だ。特に、上層部にデューデリジェンスをアピールするために使われることが多い。読まれもしないこともあるが。

もちろん、B2Bセールスでは政治的な駆け引きも必要だ。人々は給料をもらって職務をこなしているわけだから、色々な策略を講じるだろう。本当に契約を取りつけたいなら、そういう活動も否定してはいけない。

また、事業拡大があなたの事業にとってどういう意味を持つのか、成長をコントロールするのに使える道具は何かを理解することも必要だ。事業の規模は、価値観、手持ちの資金、顧客セグメント、収益モデルなど、さまざまな要因によって左右される。

価値観と言ったのは、要するに事業を拡大したくなければ、拡大する必要はないという意味だ。事業拡大といっても、毎年少しずつ成長する場合もあれば、まったく成長しないこともある。ほとんどの企業では、事業拡大には収益以外に資金が必要だ。成長の資金を手持ちの現金に制限するのはかまわないが、注意が必要だ。支払い能力を決めるのは顧客セグメントなのだ。セグメントが複数ある場合、それぞれによって成長軌道は異なるはずだ。収益モデルによって、追跡する指標も異なる。

基本的に、成長にはお金がいる。常に先行投資が必要だ。収益を実現するためには、営業やマーケティングの費用に加えて、そのほかの運営費が必要だ。営業やマーケティングの費用は、売上と関連して増加するので、ふつうは売上との比較で測定される。つまり、一般的にいえば、運営費は一定なので、顧客あたりのコストは次第に減っていく。一方、営業やマーケティングの費用は、次第に増えていく。できれば、収益成長と比べてゆっくり増えるのが望ましい。

収益が上がる前に営業とマーケティングの費用がかかるということは、手持ちの現金が必要になる。その財源は、先月の利益、銀行融資、クレジットカード、ベンチャーキャピタルなど、さまざまなものが考えられる。顧客生涯価値と顧客獲得単価を比較すれば、顧客獲得の収益性を評価できる。xを顧客生涯価値とすると、顧客獲得チャネルに1ドルを費やすたびに、1xドルの収益が得られることになる。

しかし、顧客生涯価値が顧客獲得単価を上回っていたとしても、1回の購入で営業とマーケティングの費用を回収できるわけではない。顧客生涯価値を実現するまで、次の顧客の獲得を待つわけにはいかないからだ。顧客あたりの平均収益が顧客獲得単価に近ければ近いほど、現在持っている1ドルの価値は大きくなる。顧客あたりの平均収益を増やすか、顧客獲得単価を減らせば、1ドルあたりで一定期間に獲得できる顧客の数は増すのだ。

顧客獲得単価と顧客あたりの平均収益を追跡すれば、成長の速度をコントロールできる。

たとえば、顧客あたりの平均収益＞顧客獲得単価とし、顧客獲得単価を半分にすれば、1ドルあたりで獲得できる顧客の数は倍になる。販売サイクルの長さも重要だ。というのも、売上が上がる前に、顧客を獲得するためのコストを調達しなければならないからだ。B2Bの長期にわたる販売サイクルの中で利益を上げるには、どれだけの販売が必要か？

また、口コミも強力な収益源だ。だからこそ、熱狂の重要性についてさんざん話してきたのだ。顧客が製品に対して熱狂やロイヤルティを抱き、あなたが具体的な事業活動を通じて顧客の熱狂を活かしたときに初めて、口コミが生まれる。

より高コストな顧客獲得チャネルを試すのは、自身の成長の原動力を理解してからにすべきだ。スタートアップの場合、人手はかかるが低コストな顧客獲得方法から始めることが多い。そして、いくつかのメインストリームの市場セグメントに対する中心的な価値命題を十分に理解し、熱狂的な顧客を獲得して有機的な成長を実現し、より利益性の高い大口顧客へと目を向けはじめたときに初めて、高コストな顧客獲得チャネルに取り組むのがふつうだ。

たとえば、次のような順序になるだろう。

・検索エンジン最適化。ブログ、ソーシャルメディア、動画、電子書籍などによるコンテンツ

203

作成も含む。
- 検索エンジンマーケティング。Google AdWords、Facebookなど。
- アフィリエイトマーケティング、ブロガーへの接触、バンドル、インフルエンサーや顧客の集まる場所へのターゲティング。
- 顧客の集まる場所に特有のインターネット資産をターゲットにしたオンライン広告。
- 従来型のメディアの利用。業界誌、ラジオ、市場アナリスト、PR、テレビなど。

　オフラインかオンラインかにかかわらず、オンラインで行動喚起を行ない、成果を測定するのをお忘れなく。

ビジネスモデル	取引	満足	不満足	ビジネスドライバー
オンラインショッピング	1回きり	定期的なリピート	返品	平均注文金額、購入頻度、顧客獲得単価
SaaSの購読	月極め	再購読	解約	毎月の収益、解約率、顧客生涯価値、顧客獲得単価
企業	1回きり＋月間手数料	保守、サポート	解約、訴訟	販売サイクルの平均期間、平均注文金額、毎月の収益、アップセルやクロスセルの平均価格、顧客獲得単価
製造	断続的	定期的なリピート	リピートしない	平均注文金額、購入頻度、顧客獲得単価
消費者（フリー）	サインアップ＋規模による収益	定期的な利用	断続的な利用、未利用	アクティブユーザーあたりの1日の平均収益、顧客獲得単価
顧客（フリー）	サインアップ＋少額購入	定期的な購入	断続的な利用、未利用	アクティブユーザーあたりの1日の平均収益、購入頻度、顧客獲得単価
フリーミアム	無料から毎月のアップグレードまで	定期的な利用	断続的な利用、未利用	有料会員へのコンバージョン、毎月の収益、顧客獲得単価、アカウントのレベル
モバイル	1回きり、断続的、無料のいずれか	更新	断続的な利用、未利用	アクティブユーザーあたりの1日の平均収益、顧客獲得単価
小売	1回きり	定期的なリピート	返品	平均注文金額、購入頻度、顧客獲得単価

CASE STUDY

ロブ・ファンに訊く リーンスタートアップ成功の10箇条

sharethrough

著者：堅苦しい前置きは抜きにして、ずばりSharethroughとは？

ロブ・ファン（以下、ファン）：一言でいえば、ネイティブな動画広告プラットフォームです。ネイティブとは、Webサイトに広告コンテンツをオープンかつ自然に組み込むという意味です。私たちはブランドや広告代理店の作成した高品質な動画コンテンツを、パブリッシャーのネットワークを通じて配信し、広告の成果をフィードバックしています。広告の制作に数十万ドルを投じても、コンテンツにオーディエンスを呼び込めなければ何の意味もないですよね。そういう悩みを解決するのが、われわれの主な仕事です。

著者：なるほど。では本題に入りましょう。質問1：SharethroughのMVPとは？

ファン：設立当時、私とパートナーのダン・グリーンバーグは、いくつかの製品を抱えていました。2008年当時、私たちはFacebookアプリの会社を運営していたんです。膨大な数のFacebookアプリを抱えていて、一時期は1日あたりのアクティブユーザー数で業界第3位になったこともあるんですよ。そのころ、ダンはバイラルCMの制作を支援するコンサルティング業を行なっていたもので、コンテンツ在庫も取引先のパブリッシャーも山ほどありました。そこでこう考えたんです。動画とソーシャルアプリを組み合わせてみたらどうだろう？ 顧客に何かメリットはないだろうかと。

著者：チョコレートとピーナッツバターを合わせてみよう、みたいな発想ですね。

ファン：ある意味、そうかもしれません（笑）。

著者：失礼、話を戻します。質問2：最初の方向転換（ピボット）は？

ファン：実をいうと、方向転換はいちどもしたことがなくて……。

著者：それは面白いですね。

ファン：ええ。会社の優先事項を見直したことはありますけどね。その過程で、選択の岐路に立たされたことはあります。社内の広告ビジネスは成長しはじめた。ブランドとの関係やビジネスに必要な技術も確立しつつあった。その一方で、Facebookアプリのネットワークも継続していたんです。そのうち、われわれのような身軽なスタートアップでは、その両方に集中的に取り組むのは難しいと悟ったのです。そういうわけで、Facebookアプリ事業をスピンオフし、広告ビジネス一本に絞ることにしました。

著者：質問3：リーンスタートアップの考え方に関して、アントレプレナーに忠告しておきたいことは？

ファン：われわれの会社はあまりにも若かったもので、第二弾のMVPが思いがけず成功したとき、ちょっとした罠に落ちてしまったんですよ。品質の面では第一弾のMVPとさほど変わらなかったのですが、ほとんど改良を繰

出典：World Gone Sour (The Lost Kids). http://www.youtube.com/watch?v=tw7uhVtpI5I.

り返すこともなく、事業がしばらく拡大しつづけたんです。

　われわれの会社は市場をかなり先取りしていたので、MVPだけで顧客の悩みを十分に解決できていました。ですから、製品に関する心配はゼロでした。そのツケが3年後に回ってきたんです。スタートアップの典型的な話ですよ。競合企業は増えた。市場は変化している。人々はどんどん市場の存在に気づきはじめた。そうなると、今までどおりのやり方で満足しているわけにはいきません。そこで、もういちど製品へのてこ入れが必要だと気づいたわけです。

　面白いことに、2〜3年の間、Sharethroughには私と3人のエンジニアしかいませんでした。事業は順調でしたし、収益もそこそこあったので、エンジニアリングチームを拡大しようとは思わなかったんです。でも、非常に厳しい要求を抱えた顧客がいる本格的なビジネスを営むということは、その間、製品イノベーションがおろそかになるという意味でもあります。エンジニアリングチームはエンジンを動かすので精一杯ですからね。

著者：質問4：もっとも危険な虚栄の評価基準は？

ファン：現金ですね。幸い、われわれの事業は現金が豊富です。キャッシュフローが豊富ですから。しかし、この数年で学んだのは、現金は誤解の素（もと）だということです。現金が多いに越したことはないですが、だからといって成功が保証されるわけではありません。現金で成功は測れないんです。

著者：われわれの業種も同じです。

ファン：現金はユーザーの数を表わす指標にすぎません。契約が1つ決まるというのは、Webサイトでいえばユーザーがサインアップするのとそう変わらないからです。でも、それよりも大事なのは、契約したブランドがリピーターになってくれるかどうかです。取引先のパブリッシャーの数を増やし、ネットワークを拡大して、広告主にとって魅力的なネットワークを築くことの方が、よっぽど重要なんですよね。こういう指標は、現金と比べると地味ですが、事業を長期的に存続できるかどうかを決める本当の要素だと思います。

　確かに、事業を維持してこられたのは現金のおかげです。現金があってこそミスが許されるわけですから。キャッシュフローの豊富な業種でなかったら、途中でミスを犯す余裕なんてなかったでしょう。それでも、現金が成功の近道という保証はないんです。

著者：質問5：あなたにとって製品と市場のフィットとは？

ファン：私はテクノロジーライフサイクルの観点で製品と市場のフィットをとらえています。最初に獲得するのはエバンジェリストです。エバンジェリストに最新のクールなものを見せれば、真っ先に飛びつき、使いはじめ、熱狂し、バグを報告してくれる。何をすべきか、すべきでないかを教えてくれる。でも、エバンジェリストを獲得するだけでは製品と市場のフィットとはいえません。

製品と市場のフィットが実現するのは、メインストリーム顧客に製品が届いたときです。もちろん、メインストリーム顧客の定義は事業によって変わりますが、メインストリーム顧客が初期のエバンジェリストのような行動を取ってくれたときが、製品と市場のフィットなんです。

製品に関する話を喜んで聞いてくれる人々。製品について意見を持っている人々。製品の機能について要望を持っている人々。要はそういう人々をどうやって見つけるかです。そういう人達が自分の業界のメインストリーム顧客なら、製品と市場のフィットを実現できた証拠です。ここまで来れば、「よし、同じような顧客を増やしていこう」といえるわけです。

著者：質問6：顧客開発でいちばん大事なことは？

ファン：お恥ずかしい話、私自身も私の共同創設者も、広告業界やメディア業界での経験がいっさいありません。広告業界は、おそらくもっとも複雑で理解しがたい業界の1つでしょう。ですから、顧客開発についてじっくりと考え、顧客の原型を描き、書き出すことが大事だと思います。顧客の原型は？　最終的な意思決定者は？　実際に契約を履行するのは？　彼らの動機は？　そうした分析を詳しくすれば、「誰と話すべきか？」「相手の求めているものは？」「相手の関心は？」「彼らは顧客にとってふさわしい製品の開発にどう役立つか？」がわかってくるでしょう。私の場合、メディア業界が桁外れの予算を握っているというのはわかっていましたが、それを利用する方法がわかりませんでした。

でも、私たちは大きな事実に気づいたんです。広告業界の人々の思考はそんなに合理的でも論理的でもない。「よし、すばらしい製品ができたぞ。あとはブランドからの支持を得るだけだ。もちろん、みんな支持してくれるに違いない」と考えるスタートアップは少なくありません。

でも、そういうスタートアップは、メディアに取り入るためにはそれなりのやり方があることがわかっていないんです。実際のところ、メディア業界の主な顧客は21〜22歳の新卒学生です。数百万ドルの広告予算を握っていて、最終的に相手との取引にイエスかノーかを言える立場にあるのは、彼らだからです。不思議なことに、いや、むしろ当然なのかもしれませんが、彼らはブランドや自社にとって何が最善か、なんてことは考えちゃいません。彼らにとって大事なのは、いちばん楽しい飲み仲間、話し相手、遊び仲間は誰かということです。私はシリコンバレー出身のエンジニアなので、まったく面食らいましたよ。でもすぐに、この世界では人間関係がいかに大事なのかわかりました。

著者：質問7：B2Bセールスのリーンスタートアップにおける注意点は？

ファン：スティーブン・ブランクは、自身の成功をもとにして、主にB2Bの視点で『アントレプレナーの教科書』を書いています。しかし、リーンスタートアップ運動は、消費者ベースやWebベースのスタートアップへと移ったのではないかと思います。ですから、B2Cのスタートアップに特化したものから、B2Bのスタートアップに特化したものまで、色々な情報が出回っています。しかし、顧客開発がもっとも有効なのは、B2Bモデルだと思います。

外回りの営業チームに頼ってB2Bセールスを行なう際に難しいのは、ノイズとシグナルを見分けることです。外回りの営業担当者の主な仕事は、建物を飛び出して現場に行くことですが、彼らのインセンティブと会社の目的が一致するとはかぎりません。ですから、学習に役立つものと、単なる契約の

獲得に必要なものを、はっきりと理解しておくことが大事です。

　われわれの最初の営業担当者は、私の共同創設者でした。彼は優秀なセールスマンで、何でも1人でこなしていました。彼は有力な人物との関係をたくさん築くのは上手だったのですが、事業の成長に結びつくような方法ではなかったので、とても心配でした。この業界じゃ、雇う営業担当副社長を間違えて、セールスを何度もやり直すはめになった、なんて恐ろしい話は日常茶飯事ですからね。

　そんな話を知っていましたので、私たちはこう考えたんです――私の共同創設者がセールスマンとしてあまりにも優秀すぎて、何でもかんでも案件を獲得しているだけではないか？　優秀なセールスマンとカリスマ性のある創設者さえいれば、セールスなんてチョロいものです。でも、それだけでは、製品と市場がフィットしているという証拠にはなりません。

　そこで、われわれは外部の代理店にセールスを委託することにしました。プロのセールスマンがわれわれの製品を売れないとしたら、時期尚早だと思ったからです。

　そこで「試しにやってみよう」という気持ちで始めたのですが、2～3か月後には、もうチャネルコンフリクト【チャネルパートナー同士で利益や目標などに対立（コンフリクト）が生じている状況】に陥ってしまったんです。

　販促グッズも必要。プレゼンテーション用のデッキも必要。ワンシートのマーケティング資料も必要。それをすべて作って、印刷することも必要。つまり、セールスマンのためにまとめなきゃならないものが山ほどあったんです。それも、リーンな方法で、改良を重ねながらね。その点、広告代理店がいるというのは、改良していくのに役立ちますし、プロのセールスマンに「それじゃ、ワンシートとはいえませんね。やり直してください」と言ってもらえるのは、クライアントを訪れる前の貴重なアドバイスになるんです。

　この方法はすぐに軌道に乗りはじめ、「よし、このやり方に間違いはない。そろそろ営業担当副社長を雇おう」となったわけです。

　私たちはデッキやセールストークを絶えず改善しています。今では営業チームもかなり巨大になりました。われわれが次にやるべきことは、営業チームの頭がおかしくならない程度のマイルドな方法で、それを行なう方法を見つけることです。とはいえ、私たちはずっとコミュニケーション方法、製品のポジショニングや提示方法を絶えず磨きつづけてきました。それは今も変わりません。私はCTOですが、営業に出かけることもありますし、私の共同創設者は常に現場に出ています。そして、色々なコンセプトを試し、人々のさまざまな考え方を社に持ち帰り、自分たちの話し方へと取り入れています。

　それができるのは、入ってくる情報をしっかりと把握しているからです。私の共同創設者は今でも現場に出て、定期的に営業の訪問に出かけていますし、口先ばかりじゃなく顧客の話を本当に理解できる明晰な営業担当者もいます。彼らが的確なフィードバックを持ち帰ってきてくれるおかげで、自社のポジショニング方法を見出せるわけですし、受け身になることなく目の前の問題や潜在顧客に対処できるのだと思います。現場で何かに非常に受け身になったためしなど、まずありません。

著者：質問8：継続的デプロイメントは実践していますか？

ファン：いえ。やろうと思えばできますし、やろうと思ったこともありますが、実現までは至りませんでした。というのも、われわれのビジネスでは、自動的に巨大な規模がくっついてきますから。なので、最初から、ビジネスの道具に当たる部分をゆっくりと築いていくという機会がそもそもなかったんです。そういうわけで、継続的デプロイメントの考え方が役立つ場面はありませんでした。

　実際、私はあらゆるものを在庫と未使用在庫という視点でとらえています。リーンな継続的デプロイメントだけを淡々と実践していれば役に立つのでしょうが、私はかなり早いうちから、アジャイルの考え方についてある教訓を学んでいたんです。当時、私はアジャイル開発が何かも知りませんでしたので、アジャイルを導入するには学ぶ必要がありました。ですが、エリック・リースのエンジニアリングチームの運営方法やソフトウェアの開発方法

を聞いて、私のエンジニアリングチームがいかに劣っているかを思い知らされました。どうすればそんなことができるのかもわかりませんし、「チームを0から100にするのは不可能だ」とも思っていました。

100にしようと努力することはできますし、夢見ることもできます。でも、一晩では不可能です。たいていの場合、0から20にできれば、立派な成功といえるのです。

色々なアジャイルがあっていい、というのがアジャイルの本質だと思います。守るべき核の部分があるかぎり、アジャイルのどの側面でも好きなように選んで実践できるというのが、アジャイルに関して忘れられがちな点です。アジャイルのどの側面を取り入れるべきか？　アジャイルのどの部分が本当に役立つのか？　リーンスタートアップに関する議論から抜け落ちているのは、そういう会話です。物事を予備在庫や未使用在庫としてとらえるのが、リーンスタートアップの世界を生き抜く方法を理解するうえで、正しいメンタルモデルだと思うんです。

著者：質問9：技術的負債について、どうお考えですか？

ファン：私たちは技術的負債には目もくれず、とにかくビジネスを回すこと、製品自体を管理することに専念していました。それもこれも、MVPがあまりに成功しすぎたのが原因でしょうね。長期的なビジネスニーズなんてロクに考えもせずに、MVPを改良することばかり考えていましたから。製品の土台に当たる部分を築かないまま、製品を運用できるようにすることばかり考えていたんです。製品の開発やイノベーションを続けられるようにね。でも、そうするうち、長期的なビジネスニーズや製品の土台の部分について考えざるをえない時期がやってきたんです。感謝祭の夜でした。私はマシンを拡張するにはどうすればよいか、今後数日間、キャッシュマシンを最高の状態に保つにはどうすればよいかを、夜通しで考えていました。すぐにクラッシュすることはわかりきっていましたからね。そこで気づいたんです。「われわれはあまりに多くのことを抱え込みすぎている。マシンを拡張するちゃ

んとした方法さえない。一からやり直した方がいいのかもしれない」とね。そこが当時のSharethroughにとっては大きな足かせになっていたと思います。

もう1つ、途中で気づいたのは、会社が中核製品を中心に回っているということです。われわれの会社の製品には、数々の要素があります。その中核を担うのが広告サーバーで、いわば会社の血液のようなものです。当初、広告サーバーは会社の中核なので、自社で所有しなければならない、自分で開発しなければならないと思い込んでいました。そこで、たっぷり2年間をかけて、自社のビジネスニーズにふさわしいカスタムサーバーを開発しました。いちばんの問題は、サーバーに拡張性がなく、当時のエンジニアリングチームに多大な負担をかけていたということです。そんなある日、私は市販の広告サーバーにログインしてみてみました。すると、「すばらしい。私たちの会社のニーズにぴったりだ」と思うくらい完成度が高かったんです。

そこで、事業の拡大が必要な段階に来たとき、私はこう考えました。「よし、自社のサーバーにこだわるのはやめよう。学習につながるわけでもなければ、事業の成長に貢献しているわけでもない。技術的な挑戦としてはすばらしいが、メリットはいっさいない」と。そして、「よし、他社製の広告サーバーを使おう」と決意したわけです。確かに広告サーバーは中核技術ですが、自社で開発するのは効率的とはいえません。

たとえ中核技術だとしても、使いものにならない広告サーバーを使っていては、学習することも成長することもできないんです。

私はたぶん、「会社の中核技術だから、自分で開発し、所有しなければならない」という恐怖を抱いていたんだと思います。そうするのが正しい時期もありますが、学習段階では、たとえ他社製の技術が事業の中核部分を担うことになったとしても、できるだけ利用してみるべきです。そんなことよりも重要なのは、自社の開発した製品全体が顧客にとって魅力的なのかどうか、顧客がお金を払ってでも利用してくれるかどうかを実証することなのですから。

著者：それをどう判断するのでしょう？　これはボーナスクエスチョンとお考えください。

ファン：大事なのは、観察する指標を慎重に選ぶことでしょうね。事業拡大に関して、具体的な指標を定めることが肝心です。たとえば、「よし、このMVPではX、Y、Zを実現できた。じゃあ、次は製品のこの部分の開発に取りかかろう。製品と市場のフィットはある程度実現しているし、ほかの部分と比べて、この部分はずっと先まで残りそうだから」という具合にね。

　企業がまだ若いころには、製品のどの部分がずっと先まで残りそうかなんて、誰にもわかりません。でも、ずっとあとまで残る製品の骨組みができはじめたら、いったん内側に戻り、その部分を強化するべきなんです。

　ですから、技術的負債やMVPサイクルの目標についてどう伝えるかを、最初からじっくりと考えることが必要でしょうね。早い段階でそういう指標を定めることが大切だと思います。これもリーンユーザーエクスペリエンスの考え方から学んだ教訓の1つです。こういった情報を誰もがわかるように公開すれば、全員が企業の進捗度を理解できます。掲示板に掲載してもいいし、定期的に発表してもいい。そして、「よし、そろそろ上限に達しそうだぞ。開発を始めよう」と言えば、誰も驚かなくてすむんです。

著者：質問10：企業文化については？

ファン：早い段階で、「早めに失敗する」という考え方を刻み込むことが大事です。私たちは企業文化を真剣にとらえていて、企業文化を広める方法を常に模索しています。ですから、全員で企業文化を共有し、話し合うために、週1回、全社的な会議を開いています。会議では、「われわれが今後どこに向かうのか、この製品をこれからどうしていくべきかはわからない」とか、「われわれはこの市場でそれほど強力な足場を築いているわけではない」と率直に告げます。少しびっくりする従業員もいますが、だいぶ慣れてきていると思います。

　また、四半期に1回、全員参加の会議も開いています。今では支社もありますので、全員で理解を共有し、会社に活を入れるためにも、この会議は重要なんです。ちょっとした関係作りの活動ととらえられがちですが、文化を築くうえでは重要です。会議などの場で正しい活動を行ない、正しい議論をすれば、文化が生まれ、みんなが創設者と同じ考え方を持ってくれるようになりますから。

　価値観を文字にするのは簡単です。でも、リーダーがその価値観を実践し、人々がリーダーの行動から何かを学び取ってくれなければ、何の意味もありません。リーダーにとって必要なのは、失敗を恐れない環境を築くこと。自分の失敗をみんなに打ち明け、そこから得た教訓を伝えることも必要でしょう。そうすれば、「なんだ、失敗してもいいんだ」という意識が芽生えます。「これを試してみたけれど、うまくいかなかった」なんて会話や、哲学や考え方に関する会話が、あちこちで飛び交うようになるでしょう。こうして、「早めに失敗する」という文化が全員に浸透していくわけです。

著者：最後に、会社の現状について聞かせてください。

ファン：今では60名近い従業員がいます。3か所にオフィスを構えていて、ニューヨークとシカゴに営業所、サンフランシスコに本社があります。既存の製品は軌道に乗り、会社は成長や拡大を続けています。同時に、イノベーションや新製品の開発が必要な段階にも来ています。既存の製品をベースにするのか、既存の製品と並行するような製品を開発するのかは未定ですが、成長を続けるためにも、イノベーションは不可欠だと思っています。

　ちょうど、Floodgateのマイク・メイプルズやNorth Bridgeから投資を受けたところです。

著者：今後が楽しみですね！

ワークシート

　第3章で、顧客を満足させるのに必要な機能について、仮説を立てたのを思い出してほしい。その仮説を現実と照らし合わせて検証してみよう。

ファネルの段階：認知		
認知を生むための活動	顧客の行動	評価基準
（例）アフィリエイトのオファー 　　　影響力を持つブロガーへの割引の提供	（例）Webサイトの訪問	（例）コホートごとのユニークビジター数
活動1		
活動2		
活動3		
活動4		

ファネルの段階：興味		
興味を生むための活動	顧客の行動	評価基準
（例）Webサイトの動画	（例）動画の視聴	（例）動画のクリック数
活動1		
活動2		
活動3		
活動4		

ファネルの段階：信用		
信用を生むための活動	顧客の行動	評価基準
（例）印象的なデモ体験の提供 活動1 活動2 活動3 活動4	（例）アカウントの作成	（例）コホートごとの登録数

ファネルの段階：確信		
確信を生むための活動	顧客の行動	評価基準
（例）価格ページ 活動1 活動2 活動3 活動4	（例）購入	（例）購入数

ファネルの段階：期待		
期待を生むための活動	顧客の行動	評価基準
（例）お礼のメール 　　　簡単スタートキット 　　　無料のカスタマーサポート 　　　メールによるドリップキャンペーン 活動1 活動2 活動3 活動4	（例）次の具体的な行動：	（例）コホート／セグメントごとのアクティベーション率

ファネルの段階：満足		
満足を生むための活動	顧客の行動	評価基準
（例）機能X 　　　機能Y 　　　機能Z 活動1 活動2 活動3 活動4	（例）週4回、機能X、Y、Zを使用	（例）コホート／セグメントごとのエンゲージメント

ファネルの段階：熱狂		
熱狂を生むための活動	顧客の行動	評価基準
（例）友人がサインアップするたびに1か月無料 　　　収益の10%を慈善事業に寄付 活動1 活動2 活動3 活動4	（例）友人X人の招待 　　　推薦文への協力	（例）招待した友人X人のうち、Y人がサインアップ

10 The Final Word

最後に

消費者の問題を解決しようとしているアントレプレナーに話を訊けば、「B2Bならリーンを取り入れるなんて簡単なのに」という言葉が返ってくるだろう。B2Bの企業に話を訊けば、反対の答えが返ってくるはずだ。

B2Cの企業でリーンスタートアップが失敗するのは、顧客の声を信じ切れないからだ。B2Bの企業でリーンスタートアップが失敗するのは、意思決定のプロセスに関わる人々が多すぎるからだ。

リーンスタートアップを実践しない理由として、互いに矛盾する2つの答えをよく聞く。

・「成功の保証がない。リーンスタートアップで大成功した例を教えてくれよ」
・「何の目新しさもない。起業家はずっと昔から同じようなことをやっているさ」

リーンスタートアップを実践しない言い訳はさまざまだが、その代わりに何をするかといえば、だいたい決まっている。「頭で考えて、製品を発売する」のだ。

アントレプレナーがリーンスタートアップを倦厭(けんえん)する本当の理由は、面倒だからだ。顧客と話をしたくない。面倒だから。顧客をデザインに参加させたくない。面倒だから。行動につながる評価基準なんて分析したくない。ビジネスインテリジェンスチームを雇う方がラクだから。実験したくない。エンジニアリングの人材や予算が持っていかれるから。

ビジョナリーの神話がいまだに根強い理由は、どうやってもビジョナリーになれないと認めるのは虚しいし、拡張性のあるスタートアップを築く手がかりを失うからだ。しかし、真の**ビジョナリー**とは、安楽椅子探偵よろしく、未来を予言したり、製品の完璧な姿を予見したりする者ではない。

真のビジョナリーとは、大きな変革や破壊を厭わず、変化のためならアイデアを捨てることも辞さない者だ。間違いも犯すし、失敗もするが、絶えず夢を追求しつづける。実際、彼らの頭にはビジョンはない。ビジョンは成功したあとで加えられる。リーンスタートアップは、破壊を生み出すと同時に、変化を乗り切るための手法でもあるのだ。

　ブラックスワンのような大規模で急激な破壊に、パターンなどない。変数が多すぎるからだ。昨今の経済、技術、社会の変革によって、たとえば地球生態系のように、新しいイノベーションや大きなチャンスの潜む分野が生まれつつある。私たちにできる最善の努力とは、飽くなき追求心や継続的な実験を通じて、そのような出来事に備えることなのではないだろうか。

　意外かもしれないが、英雄と称えられる現代の有名起業家たちの周りには、同じくらいビジョナリーと称えられた人々の墓がずらりと並んでいるのだ。

　機は熟しつつある。変革という名の層は再び重なり合い、ブラックスワン的な出来事はますます増えている。イノベーション不足が叫ばれる一方で、大規模な産業はいまだかつてない速度で破壊されている。ビジョナリーの称号を目指すかどうかは別として、リーンスタートアップの方法論を使えば、アントレプレナー、企業内起業家、かなの人間は、この新世界に居場所を見つけられるだけでなく、繁栄することさえできる。ビジネスモデルのボトルネックを特定し、解消することができる。

　エンジニアは高品質な製品を届けるために、バグやボトルネックを見つけて解消する。それと同じように、アントレプレナーにとって起業活動とは、成長の前に立ちふさがるボトルネックを順番に解消していくことなのだ。

　問題は、組織を一致団結させ、ボトルネックを絶えず探し、徹底的に取り除いていくうえで必要な企業文化やプロセスをいかにして築くかだ。行動すること自体を目的に行動するというのは、逆らいがたい誘惑だ。「とにかくやってみろ（Just do it）」というフレーズは、忙しければ何でもいいという人にとっては、とかく都合がいい。働いてさえいればお金になるからだ。

　大まかにいって、大きな難所が潜んでいるのは、①アイデアの段階、②実用最小限の製品（MVP）をリリースする段階、③製品と市場のフィットを実現する段階、④プラスの利益をもたらす顧客獲得方法を築く段階、⑤学習から実行へとギアをチェンジする段階だ。ここまで来れば、あとは実行と学習の継続あるのみだ。そうしなければ、たちまち遅れを取ってしまう。

　アイデアの段階では、顧客との対話や実験を通じて、顧客プロフィールが正しいかどうかを実証し、顧客の抱える問題を理解する。

　MVPの段階では、製品の改良を繰り返し、機能の実験を行ない、ユーザビリティテストを実施し、ターゲットセグメントの中心的な価値命題の実現に励む。引き続き顧客との対話を続け、開発している製品が正しいのかどうかを検証する。顧客の問題、マーケティングや営業の方法、顧客に価値を届ける方法を学ぶ。

　製品と市場のフィットの段階では、引き続き実験と製品の改良を行ない、熱狂的な初期のメインストリーム顧客を見つけ、ポジショニングやメッセージを磨く。

　顧客獲得の段階では、コンバージョンファネルや顧客獲得チャネルを検証し、利益を測定して、ビジネスモデルが機能しているかどうかを確かめる。

　最後の拡大の段階では、脇道に逸れる方法を学ぶ。事業を拡大するには、適応が欠かせないのだ。学習と改善を続けながらも、事業の効率的な実行方法を学ばなければならない。

　もちろん、難しいのは細部だ。

　細部を取りまとめるために必要なのが、**構築－計測－学習**プロセスだ。実験を構築し、行動を計測し、結果を分析し、学習を行なう。ひたすらその繰り返しだ。

　価値創造経済は、技術や文化の変革の結果として生まれた。今回の波で、技術はとうとう隅の隅にまで行き渡った。過去の波で、消費者は自動車、冷蔵庫、電子レンジ、洗濯機、ドライヤー、ステレオ、電話などを手にした。勝ち残ったのは、一流の顧客体験を提供した者、低価格でもっとも高い価値を提供した者なのだ。

　そして今、あらゆる商品がコンピュータ化され

つつある。まさに持続的イノベーションだ。コンピュータの小型化により、無数の製品がコンピュータ化されている。もう、ソフトウェア企業と製品企業の区別をなくすべき時が来たのかもしれない。ソフトウェアと製品はまったく同じものなのだ。

今では、顧客のニーズを理解し、顧客と関係を築いた者が、競争で優位に立つ。今後は、多くの中小企業がニッチ市場に中心的な価値命題を届ける一方で、大企業が多くの人々のニーズを叶える一握りの製品を製造するようになるだろう。

スタートアップは数年がかりで製品の開発や市場セグメントの特定を繰り返しながら、製品と市場のフィットという究極の境地を目指す。だが、その究極の境地でさえも短命だ。たとえ製品と市場のフィットを実現したとしても、学習や改善を繰り返し、新しい破壊の仕方を探しつづける必要があるのだ。

この新しい世界では、かつての寡占企業のような支配的地位を得るためには、絶えず既知のプロセスを改善し、新しいプロセスを学び、新製品や既存製品の機能を改良していかなければならない。価値を届けられる新しい市場を探すことも必要だ。

ベンチャーキャピタリストにとっては恐ろしいことだが、一発狙いの投資は影を潜めつつある。

リーンスタートアップの起源をたどってみると、「スタートアップは学習よりも実行を優先しがちだ」という気づきから生まれたことがわかる。考えてみれば、科学的な実験、研究活動、複雑な製品の開発では、反復的な学習プロセスが受け入れられているのに、製品の開発、マーケティング、営業では受け入れられていないというのは、おかしな話だ。

事業を成功へと導くには、次のいくつかの点を学ぶ必要がある。

・解決すべき問題や満たすべき情熱。
・提供する解決策。
・提供する相手（セグメントごと）。
・そのセグメントへのマーケティング方法。
・そのセグメントへの営業方法。
・顧客をファンに変える方法。
・セグメントを拡大する方法。
・新たなイノベーションの方法。

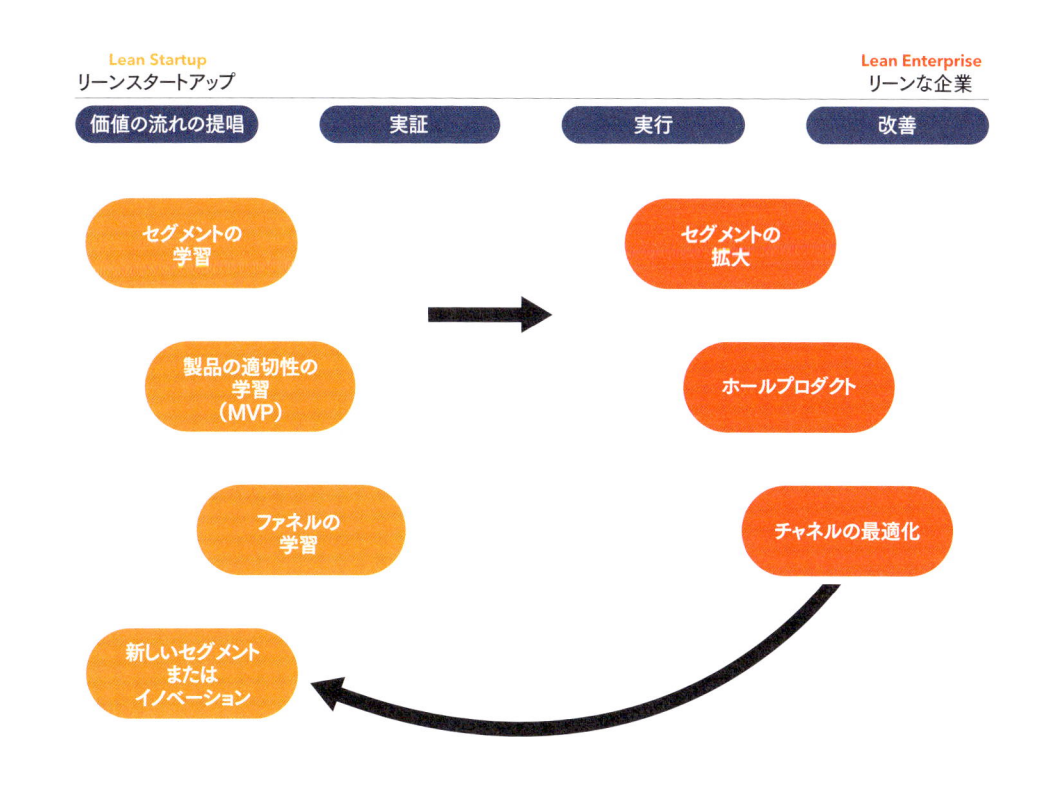

それぞれの質問の答えを明らかにするたびに、リーンスタートアップからリーンな企業へと進化していく。つまり、学習から実行へとギアを入れ替えるわけだ。

　絶えず変化を追求していくうえで大事なのは、素直に「わからない」と言うこと。自分自身の人生、コミュニティ、世界を変えようとしているのであれ、家族、10名の従業員、1000人の従業員を養おうとしているのであれ、まずは小さく始めることだ。なるべく早く価値を築き、顧客を深く理解し、ビジネスの原動力を探す。いったんそれが見つかったら、一気に事業を拡大する。それこそが、リーンスタートアップという言葉の持つ意味なのだ。

CASE STUDY

自社の理念を信じて……

従来型のマーケティングはもはや通用しない。HubSpot【インバウンドマーケティングを通じて顧客のマーケティング活動を改善するソフトウェアを提供する米国の会社】は、顧客へのマーケティング方法を破壊するため、2006年にブライアン・ハリガンとダーメッシュ・シャアによって設立された。データ、画像、年中無休の広告、大量のセールスメッセージにあふれ、有料広告、ニュース、娯楽の境界がぼやけつつある情報過多な現代の世界では、適応が欠かせない。消費者が新たなフィルターを築き、新たな要求を抱えるようになった今、企業はどうにかしてノイズの山から抜け出す必要に迫られている。「ケータイに着信があっても、番号に心当たりがなければ、私は出ません」とHubspotのマーケティング担当副社長のマイク・ボルペは話す。「ですから、顧客の腕っぷしをつかんで、強引に商品を買わせようとする営業担当者にとっては、とても厳しい時代なんです。でも、人々はまったくモノを買わないわけではない。業務用にも個人的にも、色々なモノを買っていますからね」

つまり、モノの買い方が昔とは違うということだ。人々は売り込みの電話を嫌い、広告をシャットアウトする。商品の情報が知りたければ、ソーシャルメディアで友人に訊く。ネットで検索し、ブログを読む。自分で徹底的に下調べをする。

かつては、企業や営業担当者が情報をコントロールできた。インターネットが存在しない環境、つまり検索エンジンやソーシャルメディアが生まれる前は、それが可能だったのだ。情報を得るには営業担当者と話すしかなかったので、人々は最初から営業ファネルに入れられ、どんどん売り込みを受けていた。昔はそれでも良かった。営業担当者がすべての権力を握っていたのだから。

「権力が顧客に移りつつあるという現実を、マーケターはまだ受け止め切れていません」とボルペは話す。「現実を受け止めるには、マーケティングや営業の根本的な変革が必要なんです」

HubSpotが取り組んでいるのは、まさにこの問題だ。ほとんどの企業はこの問題に気づいてすらいないし、気づいている企業も、解決策がわからずにいる。新世界なのだ。2006年当時はまだ「リーンスタートアップ」という言葉は存在しなかったが、先進的なスタートアップの間では、「アジャイル開発」や「顧客フィードバックループの構築」といった考え方がすでに取り入れられていた。

「われわれは製品を世に送り出しては、改良を繰り返すことに専念していました。"試しにこれをやってみよう。そこから教訓を学び取り、改善し、前進しつづけよう"、という具合にね。製品だけでなく、マーケティング、営業など、あらゆる面でそうしていました」

市場セグメンテーションの方法も進化している。従来、B2B企業は条件反射のごとく、市場を法律事務所、金融サービス、製造といった垂直業界別に分類していた。そして、マーケティング、営業、製品開発は、こういった垂直業界に加えて、従業員数や収益などの企業特性別に分けて行なわれていたのだ。

最初、HubSpotはかなり一般的なアプローチを取った。まずはFortune 1000市場に目を付けたのだが、数々のハードルが待ち構えている気がした。長期にわたる販売サイクル。多くの競合技術。意思決定者に接触するのは難しく、製品機能に対する要求は厳しい。問題を抱えていると自覚していない企業も多い。

セグメントマトリクスを書けば、次のような感じになるだろう。

セグメント	販売サイクル	競争上の優位	到達しやすさ	MVPの作りやすさ	悩みの深さ
Fortune 1000	低（悪い）	低	低	低	中

どうも面白くない。そこで、HubSpotは中小企業に目を向け、法律事務所、自動車の販売代理店、診療所、会計事務所など、やはり垂直業界別に分類した。ところが、垂直業界別にセグメント化するのは、無意味だと気づいた。市場セグメントを区別する変数は、企業の悩みの深さや収益モデルだと気づいたのだ。

すでにある程度のマーケティングを行なってはいるが、効果がないと感じていて、インターネットを活用したいと考えている組織は、理想的なアーリーアダプターだった。さらに、すでに営業プロセスが確立されていて、見込み客を獲得したがっている企業の方が、オンラインショッピングサイトのような小売企業や、広告収入に頼る企業よりも適していた。

垂直的な分類が効果的なのは、非営利組織のように、マーケティングや営業の戦術が異なる場合だ。

すると、セグメントマトリクスは次のようになるだろう。

セグメント	販売サイクル	競争上の優位	到達しやすさ	MVPの作りやすさ	悩みの深さ
Fortune 1000	低（悪い）	低	低	低	中
オンラインショッピング	中	高（良い）	高	高	中
オフラインサービス	中	高	高	高	高
広告Webサイト	中	中	高	高	低
非営利組織	中	高	中	高	高

HubSpotは、マーケティングファネルに革新をもたらす製品を提供するスタートアップとして、身をもって自社の価値を証明しなければならなかった。そこで、「構築－計測－学習」プロセスをみずから実践し、各セグメントへのマーケティング方法を学んだ。

　「少し実行しては学習し、また実行、学習、実行、学習……という具合でした。私たちが利用したのは、まさにこの種のフィードバックループです」とボルペは話す。HubSpotはランディングページでベータ版へのサインアップを募り、ブログを開始。さらに、ダーメッシュはWebサイトを評価するフリーツール「Website Grader」【Webサイトのインバウンドマーケティングの有効性を評価して得点化してくれるツール】を開発した。"たぶん、みんながこのツールに興味を持ってくれるだろう。そして、このツールでWebサイトを評価したあと、指摘されたマーケティングの問題点を解決しようと思ってくれるはずだ、と考えたわけです」

　そこで、HubSpotは、オンラインセミナーやブログ等を通じて、インバウンドマーケティングの改善方法に関する教育活動を始めた。ポイントは次の2つだった。①ほとんどの組織は、製品以外の分野でイノベーションが必要である。②ファネル活動はなるべく価値を創造するものでなければならない。

　顧客がHubSpotの営業ファネルの中をどう進むかは別として、Website Grader（やその他のフリーツール）は価値そのものを生み出している。同じことは、HubSpotのオンラインセミナー、ブログ、コンテンツ生成活動にも当てはまる。たとえば、セールスやほかのリソースの紹介だけを行なうメールマガジンは、価値を生み出していない。ゆえに、ビジネスの針を動かすとは考えにくいのだ。

　「相手にもわれわれ自身にも価値を生み出すという点が重要です。私がオンラインセミナーを開催したり、ブログを書いたり、電子書籍を作ったり、純粋な教育活動をしたりすれば、受け手にとっては間違いなくメリットがあります。でも、私自身にとってもメリットはあるんですよ。マーケティングについて新しい考え方を持つ仲間が増えるわけですから。たとえ、その人が顧客にならなかったとしても、友人や同僚に教えたり、考え方を取り入れたりしてくれるでしょう。それに、その人が別の会社に転職して大きな予算を握るようになったら、ゆくゆくは顧客になってくれるかもしれませんしね」とボルペは言う。

　このように、価値の流れ全体を通じて価値を創造すれば、熱狂的な顧客が生まれる。HubSpotはデータの分析や顧客のセグメント化を積極的に行ない、エバンジェリストになってくれる熱狂的で忠実な顧客を生み出すにはどうすればいいか、パターンを探っている。

　先進的な組織の多くがそうしているように、HubSpotはNet Promoter Scoreを追跡している。Net Promoter Scoreとは、顧客が製品を他人に勧める度合いを得点化したものだ。しかし、彼らはスコアを追跡するだけではなく、チャンスとして活かしている。スコアを事例研究に利用したり、Webサイトで自慢したりするだけでなく、特別なものとして扱っている。コンテンツのプロモーションや粗品の贈呈に利用しているのだ。

　「あるとき、顧客に私たちのカンファレンスのVIPチケットを配りました。イベントでシンディ・ローパーの歌が聴けたので大喜びですよ」

　HubSpotはNet Promoter Scoreに加えて、電子書籍などのコンテンツのダウンロードやオンラインセミナーへの出席という形でHubSpotと関係を維持しているユーザーも追跡している。こういう顧客にとっては時間が通貨なのだが、忠誠心のある顧客には違いない。

　「こういう人々もセグメントの1つです。彼らがダウンロードプロセスを実行し、営業チームから3回以上連絡をもらうと、どうなると思います？　私たちの会社やコンテンツを好きになってくれるんです。でも、どういうわけか購入はしてくれない。それでも、われわれにとっては大事な顧客なので、コミュニケーションを増やします。われわれのコンテンツを広めてくれるのは、こういう人々だとわかっていますからね」

　HubSpotはデータと真剣に向き合っている。高度な数学やコンピュータアルゴリズムを使ってデータを分析する数量分析の専門家、クォンツを雇い、データを掘り起こして、成長の原動力になる興味深いパターンを探っている。彼らの探るデータは次のとおりだ。

- 販売前の活動：Webサイトの利用データ、セグメント別の人々とファネルの関係。
- 販売活動：ファネルの段階の違い、契約率。
- 販売後の活動：セグメント別のアプリケーションの利用方法、利用している機能、頻度、目的（見込み客の創出など）。
- 価値の高い顧客：セグメント、企業規模、製品機能別の顧客維持率。

このデータを用いて、マーケティングの目標や戦術に優先順位を付けるわけだ。

「従業員5名の会社の誰かがオンラインセミナーに申し込むと、月平均で数ドルの収益になります。それに対して、従業員100名の会社の誰かがデモに申し込むと、月平均で150ドル程度の収益が出ます。そこで、マーケターにこう言います。〝パイプラインに5万ドル分の貢献をしてほしい。そのためには、10億件のオンラインセミナーの申し込みを得る手もあるし、1000件のデモの申し込みを得る手もある〟」

では、どうやってノルマを達成するのか？　もちろん、実験だ。HubSpotは独特な実験の仕方を築いてきた。製品自体はだいぶ成熟しているので、ふつうは機能横断的なチームにエンジニアは含まれない。だが、いったん事業の実現性が証明されたら、いつでも加えられる。通常、チームはマーケター、サポート担当者、営業担当者、そして時にはWeb開発者（製品開発者ではない）で構成される。チームは「実験会議」を開いて、アイデアを出し、アドバイスをもらい、定期的に進捗を報告する。実験の対象としては、新しいチャネルやセグメント、ランディングページのスプリットテスト、メール営業のトレーニングなどがある。

「格好の例が、今では収益の30%を占めているHubSpotのリセラーチャネルです。これは、ピート・カプートの提案で実験的に始められたプログラムです。当時は時間の無駄だという声もありました。私もセールスの100%をリセラーに頼る会社に勤めていた経験がありましたしね。みんな〝バカらしいアイデアだ。リセラーは当てにならない〟なんて言っていましたよ。

それでもピートは譲らないので、私たちは〝わかった、やってみよう。ただし、毎月の結果を報告してくれ。うまくいかないとは思うけど、好きなようにやっていい〟、と言いました。それが今じゃ、30名近いチームに成長し、会社の収益の30%を占めるようになったんですからね。現在、彼はリセラーチャネル全体を指揮しています」

非営利組織へのセールスも実験から始まった。電子商取引セグメントは、当初は期待されていなかったが、今では軌道に乗りつつある。これも実験から始まった。

「現在、私たちは1つの実験を行なっているところです。本来なら中規模ビジネスチームのところへ行く見込み客を、3人の専門の営業担当者に渡すのです。目的は、その営業担当者たちに営業の研修を行なえば、コンバージョンレートが増加するかどうかを確かめることです」

HubSpotは究極のリーンスタートアップだ。製品の満足度、熱狂度、営業ファネルなど、ビジネスの前進にかかわるデータを分析している。ビジネス目標を追求するだけでなく、顧客がより満足し、熱狂してくれそうな価値を届けるマーケティング活動を行なっている。さらに、会社の成長に弾みを付け、戦術や製品の優先順位づけに役立つデータを得るという目的に特化した実験も行なっている。

「昔は、営業チームを助けるための活動がマーケティングでした。しかし今では、潜在顧客を助けるためのマーケティングが必要です。顧客に愛されるマーケティングを生み出せば、会社への愛も築けるのです」

ワークシート

　ステップバイステップの成功マニュアルがあったらいいのにとお思いのみなさんに、以下のワークシートをご紹介しよう。ぜひ近くに置いて、参考にしてほしい。ビジョナリーになる方法が詰まっている。

step1　解決できる問題はあるか?

- 建物から飛び出し、深い悩みや情熱を抱えている人を1人見つける。
- あなたがB2C（企業消費者間取引）企業なら、同じような人々をあと9人見つけ、10人編成のチームを作る（以下、「リーンアントレプレナー（LE）チーム」と呼ぶ）。
- あなたがB2B（企業間取引）企業なら、同じような人々をあと2人見つけ、3人編成のチームを作る（以下、「LE顧問団」と呼ぶ）。
- 複数の当事者がいる市場を築こうとしているなら、そのすべての当事者にサービスを提供する。
- 集まった人々のパターンを探す。

step2　解決策は魅力的か?

- さらに、LEチームまたはLE顧問団の絞り込みを行なう。
- あなたの大まかな解決案に興奮してくれる人を10人（3人）見つける。
- 必要に応じて、LEチーム（顧問団）のメンバーを入れ替える（最初からやり直す）。
- パターンは?

step3　解決策の議論

- LEチームまたはLE顧問団を製品開発に参加させる。
- 方向性は正しいか?
- 顧客は適切なプラットフォームを利用しているか?
- 競合製品のユーザビリティテストを実施する。
- ハードルを高くしてみる（第4章のAppFogのケーススタディを参照）。
- 反応がいまいちな場合は、次を行なう。
  ▶解決策を変更する。
  ▶セグメントを変更する（一からやり直し）。

step4　事業実現性のテスト

- 自身のビジネスモデルに関してもっともあやふやな点は?　あやふやな点を解消するためのテストを行なおう。
  ▶ランディングページテスト
  ▶コンシェルジュテスト
  ▶オズの魔法使いテスト
  ▶プロトタイプの製作
  ▶ワイヤフレームや模型など
  ▶テスト用のアプリ
- LEチームや顧問団に欠員が出たら、補う。

step5　実用最小限の製品（MVP）

- 顧客が自分の発言どおりに製品を使うかどうかを検証する。
- 悩みを解決する（情熱を満たす）機能を開発する。
- 顧客の利用方法を通じて検証を行なう。
- ユーザビリティテストを実施する。
- 上記のプロセスを繰り返す。
- LEチームや顧問団に欠員が出たら、補う。

step6　MVPの完成後

- 学びの段階に応じて、実行する内容を次のように分類する。
  ▶顧客が「利用」しているとわかったら、「満足」に向けた開発を行なう。
  ▶顧客が「満足」しているとわかったら、「熱狂」に向けた開発を行なう。
  ▶「ホールプロダクト」に向けた開発を行なう。
- 開発者には開発しない勇気が必要。
- LEチームや顧問団のメンバーが製品に熱狂していないなら、入れ替える。
- パターンは?

- LEチーム（顧問団）を10人（3人）から20人（6人）に増やす。
- 顧客が「熱狂」しているとわかったら、顧客獲得のスピードを上げる。
- 機能横断的なチームを作り、データに基づいてビジネスの針を動かすための具体的な目標を立て、実行する。

step7　ファネルビジョン

- 20人（6人）のチームから得たヒントを参考にして、次を行なう。
  - ▶顧客の〝集まる場所〟を実証する。
  - ▶顧客にアクセスできることを実証する。
  - ▶顧客の心に響くメッセージやポジショニングを実証する。
  - ▶顧客の信用を得る方法を実証する。
  - ▶顧客に購入してもらう方法を実証する。
- 次の要素の組み合わせに応じて、既存顧客を再セグメント化する。
  - ▶悩み
  - ▶場所
  - ▶価値（収益）
  - ▶ファネル
  - ▶製品の利用パターン

step8　実用最小限のビジネス

- 顧客生涯価値＞顧客獲得単価
- 速度：顧客あたりの平均収益と顧客獲得単価の比較
- 口コミ：ウイルス係数
- 顧客獲得チャネルの実用性
- 「影の強み」の発見

step9　長期的な成長

- 実行＋継続的な改善＋継続的な学習
- 「影の強み」の継続的な改善
- リピート購入、クロスセル、アップセル
- 既存の顧客セグメントに新製品を提供する
- 新規の顧客セグメントに既存製品を提供する
- 破壊：新規の顧客セグメントに新製品を提供する

TOMORROW

明日の波

225

注 Index

1 スタートアップ革命

1. Seth Godin, Linchpin: *Are You Indispensable?* Kindle Edition (Penguin Group, 2010), 8.（邦訳は『「新しい働き方」ができる人の時代』、三笠書房、2011年）
2. http://startupdigest.com.
3. http://lean-startup.meetup.com.
4. http://startupweekend.org.
5. http://gigaom.com/2011/12/01/its-time-for-startup-founders-to-think-bigger.
6. http://online.wsj.com/article/SB10001424053111903480904576512250915629460.html
7. ブラッド・フェルドの言葉は、個人的なインタビューより。
8. デビッド・テン・ハブのおかげで、デジタルファブリケーションの最新の動向がよくわかった。
9. マーク・フラウエンフェルダーの考えは、個人的なインタビューより。
10. マイク・メイプルズの考えは、個人的なインタビューより。
11. http://articles.businessinsider.com/2012-03-21/tech/31218762_1_zynga-app-mobile-game#ixzz1yRwEPJ24.
12. Scott Patterson, *The Quants: How a New Breed of Math Whizzes Conquered Wall Street and Nearly Destroyed It* (Crown Business, 2010).
13. http://online.wsj.com/article/SB10001424052748704509704575019032416477138.html.
14. www.nbcsandiego.com/news/local/Feds-Set-to-Release-Power-Outage-Report-149584875.html.
15. Ryan Holiday, *Trust Me, I'm Lying: Confessions of a Media Manipulator* (Portfolio Hardcover, 2012), 150–151.
16. www.wired.com/wired/archive/14.06/crowds.html.
17. ビル・グロスの考えは、個人的なインタビューより。
18. フィリップ・テトロックの著書*Expert Political Judgment: How Good Is It? How Can We Know?* (Princeton, 2006)について論じたNew Yorker誌の記事www.newyorker.com/archive/2005/12/05/051205crbo_books1#ixzz2Em3VFcMCを参照。
19. 人間の理性の脆さについて論じた本として、ナシーム・ニコラス・タレブ著『ブラック・スワン』（望月衛訳、ダイヤモンド社、2009年）を読むことをお勧めする。
20. このあたりの考えに関しては、ベンカテッシュ・ラオとの会話が参考になった。www.ribbonfarm.comを参照。
21. このあたりの話に関しては、ポール・ケドロスキーに感謝したい。彼のおかげで、世界の現状が理解できた。
22. クリス・ギレボー著『1万円起業――片手間で始めてじゅうぶんな収入を稼ぐ方法』（本田直之訳、飛鳥新社、2013年）の13ページ。
23. Godin, op. cit., 9.
24. Donald E. Vandergriff, "Today's Training and Education (Development) Revolution: The Future is Now!" The Associate of the United States Army, 2010.
25. ステファニー・クーパー医師と著者ブラント・クーパーはきょうだい関係。
26. ティム・マッコイのコメントは、個人的なインタビューより。
27. エリック・リース著『リーン・スタートアップ――ムダのない起業プロセスでイノベーションを生み出す』（井口耕二訳、日経BP社、2012年）の17〜19ページ。
28. ジェフリー・ライカー著『ザ・トヨタウェイ』（稲垣公夫訳、日経BP社、2004年）を参照。
29. スティーブン・ブランク著『アントレプレナーの教科書』（渡邊哲・堤孝志訳、翔泳社、2009年）を参照。

2 ビジョン、価値観、企業文化

1. Gerard H. Langeler, *The Vision Trap*（Harvard Business Review, March 1992）を読むことを強くお勧めする。
2. http://blogmaverick.com/2012/03/18/dont-follow-your-passion-follow-your-effort.
3. トニー・シェイ著『ザッポス伝説──アマゾンを震撼させたサービスはいかに生まれたか』（本荘修二・豊田早苗訳、ダイヤモンド社、2010年）の243ページより引用。
4. Donal Daly and Paul O'Dea, *Select Selling*（Oak Tree Press, October 1, 2004）, 19.
5. ステファニー・クーパーのインタビューより。
6. Seth Godin, *Linchpin: Are You Indispensable?* Kindle Edition（Penguin Group, 2010）, 26.
7. ライカー著『ザ・トヨタウェイ』参照。
8. リース著『リーン・スタートアップ』の251ページ。
9. ライカー著『ザ・トヨタウェイ（下）』の181ページ。
10. リース著『リーン・スタートアップ』の302ページ。
11. http://steveblank.com/2010/04/15/why-accountants-dont-runstartups.
12. VastuShastri Khushdeep Bansal, *Alchemy of Growth*（South Western College, 2000）.
13. http://hbr.org/2007/07/to-succeed-in-the-long-term-focus-on-the-middle-term/ar/1.

3 海には色んな魚がいる

1. http://sethgodin.typepad.com/seths_blog/2009/11/choose-your-customers-choose-your-future.html.
2. アレックス・オスターワルダー著『ビジネスモデル・ジェネレーション──ビジネスモデル設計書』（小山龍介訳、翔泳社、2012年）を参照。
3. マーク・アンドリーセンのブログblog.pmarca.comより。
4. http://hbswk.hbs.edu/item/5170.html.
5. ダニエル・ヤンコロビッチは、1964年3月のHarvard Business Review誌の記事 New Criteria for Market Segmentation（邦訳は『市場セグメンテーションの本質──デモグラフィックスを金科玉条にしてはならない』）で、「年齢、性別、教育水準、収入といった従来の人口統計学的属性は、マーケティング戦略の基準として十分に機能するとはいえなくなった。人口統計学的属性よりも、価値観、好み、嗜好といった人口統計学的属性以外の要素の方が、消費者の購買活動に影響を及ぼす可能性が高かった」と記している。http://hbr.org/2006/02/rediscovering-market-segmentation/ar/1を参照。
6. アラン・クーパー著『コンピュータは、むずかしすぎて使えない！』（山形浩生訳、翔泳社、2000年）の132ページ。

4 価値の流れを進む

1. リース著『リーン・スタートアップ』の71ページより引用。
2. Godin, 26.
3. クーパー著『コンピュータは、むずかしすぎて使えない！』の132ページ。
4. 動画http://vimeo.com/26277733を参照。

5 流れに飛び込む

1. www.entrepreneur.com/article/222501.
2. ヘンリー・フォードの「人々に何がほしいかと訊ねていたら、もっと速い馬がほしいと答えていただろう」という台詞を思い浮かべた人もいるだろうが、正確には彼はそんなことは言っていない。だが、同じようなことは思っていた。詳しくは、http://blogs.hbr.org/cs/2011/08/henry_ford_never_said_the_fast.htmlを参照。
3. クレイトン・クリステンセンに感謝したい。彼の著書『イノベーションのジレンマ』（伊豆原弓訳、翔泳社、2001年）は必読書だ。
4. タレブ著『ブラック・スワン（上）』の4ページ。
5. ライカー著『ザ・トヨタウェイ（下）』の142ページ。
6. www.fastcodesign.com/1669070/3-ways-to-predict-what-consumers-want-before-they-know-it.
7. www.zurb.com/article/588/hiding-in-the-bushes-with-steve-jobs and www.nytimes.com/2011/01/19/technology/companies/19innovate.html?_r=1.
8. ダン・アリエリーの『予想どおりに不合理』（熊谷淳子訳、早川書房、2008年）。

6 事業の実現性をテストする

1. リース著『リーン・スタートアップ』の153ページ。
2. ランディングページテストは、ティム・フェリスがベストセラー書『「週4時間」だけ働く』(田中じゅん訳、青志社、2011年)で広めた考え方だ。
3. http://wonder-tonic.com/geocitiesizer/content.php?theme=2&music=12&url=leanentrepreneur.coを参照。
4. 冗談ではない。www.shoesite.com(URLではなくドメインネーム)にアクセスしてみてほしい。
5. シェイ著『ザッポス伝説』の109ページより引用。

7 データは諸刃の剣

1. データを活かした営業ファネルやマーケティングファネルの構築は、まるまる一章をかけるに値するトピックだ。先にそちらを読みたい方は、第9章を参照してほしい。
2. www.youtube.com/watch?v=TgDxWNV4wWYを参照。

8 死の谷を乗り越えて

1. 一致しないなら、【方向転換/ピボット】のしどきだ。
2. http://news.ycombinator.com/item?id=542768を参照。
3. 友人のショーン・アンミラーティは、やや冗談めかして、実用最小限の製品(Minimum Viable Product)ではなく「最小限にすばらしい製品(Minimum Awesome Product)」と呼んだ方がいいのではないかと話している。いわば、単なる中古車を「認定中古車」と呼ぶようなものだ。
4. www.forbes.com/sites/brianclark/2012/05/23/audience-lean-startup.
5. www.fastcompany.com/1837168/pop-goes-pivot.
6. この話題に関しては、Ryan Holiday, *Trust Me, I'm Lying: Confessions of a Media Manipulator* (Portfolio, 2012)を参照。

9 顧客ファネルを見据えるのが真のビジョナリー

1. どんな分野であれ、「作れば客がやってくる」的な思考に陥ってはいけない。最高の製品にさえマーケティングや営業は必要だ。実際、最高の製品は一流のマーケティングプロセスや営業プロセスとセットになっていることが多い。
2. リース著『リーン・スタートアップ』の63ページ。
3. Mark Leslie and Charles A. Holloway, "The Enterprise Sales Learn-ing Curve: A Framework for Building Startups and Launching New Products." www.khoslaventures.com/wp-content/uploads/2012/02/Sales_Learning_Cycle.pdf.
4. ブランク著『アントレプレナーの教科書』の23ページ。
5. Daly and O'Dea, *Select Selling*.
6. ギレボー著『1万円起業』を参照。chrisguillebeau.comを参照。
7. 繰り返しになるが、市場によっては、こういった質問の答えを言葉で表現できない顧客もいるし、答えを自覚すらしていない顧客もいるだろう。したがって、顧客の行動から自然と答えがわかるように質問を形作るのが、アントレプレナーの腕の見せどころなのだ。
8. SteveBlank.com,http://steveblank.com/2009/04/02/supermac-war-story-5-strategy-versus-relentless-tactical-execution-%E2%80%94-the-potrero-benchmarks.
9. 国別のインターネット普及率については、www.internetworldstats.com/top20.htmより。
10. www.fourhourworkweek.com/blog/2012/07/18/ryan-holiday.

謝辞 Acknowledgments

　どうすれば、アカデミー賞の受賞スピーチみたいにならずに、謝辞を書けるのだろう？　おそらく無理だ。それでも、このページを書かずにはいられない。以下の人々がいなければ、本書は完成しなかったからだ。

　アカデミー賞のように、受賞者が発表された瞬間にチャンネルを変えるのではなくて、以下のページはぜひ読んでほしい。なぜか？　知っておいて損のない人たちばかりだからだ。何かとんでもないことをしている人々、世界を変えようとしている人々が次々と登場する。

　まずは、出版社Wileyの編集者、ローラ・ウォルシュとジュディ・ハワースに感謝したい。こと編集者については残酷な話をよく聞く。本の最後には必ず編集者への謝辞があるが、端っこの方に埋もれていることも多い。本書のテーマは破壊だ。破壊されつつある業界と聞いて、真っ先に思い浮かぶのは出版業界だろう。ローラはそれをよく理解している。彼女は先進的で、新しいアイデアに対してオープンで、どこまでも我慢強い。Wileyに1つ提案！　ローラを昇進させてはみては。

　大組織の内部で真のイノベーションを起こそうとしているのに、常に行く手をさえぎられる企業内起業家（イントレプレナー）から、「経営陣にリーンスタートアップの原則を取り入れてもらうには、どうすればいいのでしょう？」とよく訊かれる。われわれの回答はいつも同じだ。エリック・リースの著書『リーン・スタートアップ』を買ってあげること。この本はとても読みやすいし、大企業が意固地な組織から学習しつづける組織へと変わる必要性を理解するには、これ以上の本はない。改革の先頭を走り、われわれの活動を支えてくれたエリック、ありがとう。

　同じように、起業について実際に教えたいと思っているMBAの学生や教授には、スティーブン・ブランクを紹介したい。今では、先進的な大学がテクノロジーを駆使し、講義をオンライン化している。それ自体はすばらしいことだが、本当の意味で教育を破壊しているのは、教育の内容や教え方を変えようと奮闘している一握りのアントレプレナーなのだ。たとえば、スタンフォード大学のブランクのクラスは、その最高の例だ。ビジネスプラン作りに励むような従来のプログラムとは異なり、ブランクの講座では、ビジネスモデルを実証し、収益につながる顧客を獲得して、事業性のある真のスタートアップを続々と築いている。改革の先頭を走り、われわれの活動を支えてくれたスティーブン、ありがとう。

　特にお世話になった人物を1人挙げるとすれば、ヒーテン・シャーだ。彼は今日のスタートアップの価値創造文化を体現している。彼はリーンスタートアップの思想を引っ張るリーダーでもあり、心優しくて器の大きい最高の友人でもある。初めて会ったときからわれわれの活動を支えてくれたヒーテン、ありがとう。

　また、本書にユニークなイラストを添えてくれたフェイク・グリムロックも、どうもありがとう。

　私たちは幸運にも、世界中を飛び回り、たくさんのアントレプレナー、投

資家、思想家の前で話をする機会に恵まれてきた。その全員が、われわれの世界観、世界の現状に対する理解、そしてもちろん本書に影響を与えてくれたのは言うまでもない。忙しいスケジュールの合間を縫ってわれわれと話をしてくれた、ポール・ケドロスキー、ビル・グロス、マイク・メイプルズ・ジュニア、アラン・クーパー、ビル・バーネット、スコット・サミット、ニック・ピンクストン、パトリック・オニール、ブライアン・クラーク、マイク・ボルペ、ブラッド・フェルド、アンディ・バトラー、デビッド・テン・ハブ、ありがとう。

また、事例を紹介してくれた、ロブ・ファン、ベネット・ブランク、ヒュー・モロツィ、マーティ・フレデリックソン、マーク・フラウエンフェルダー、ネイサン・ウーステンドープ、トム・フィッシュバーン、アレックス・ドゥゼ、スティーブン・デベロー、ティム・マッコイ、ヨアブ・ルリー、ルーカス・カールソン、クリス・リンドランド、ニック・フェラーズ、チラグ・パテル、リチャード・カロ、ロブ・エムリック、ドレイク・プルイット、スティーブン・コックス、クリス・ウォルドロン、ブレント・フリーマン、ジェフ・ゴットヘルフ、アンドレス・グラスマン、デビッド・T・ラン、ダン・パラシオス、ダニー・キム、ライアン・ジェームズ、ノア・ケイガン、ジェフ・ティタートン、パトリック・ルウェリン、ジェイソン・ソー・ホイ、ラクラン・ドナルド、ベンカット・サブラマニアム、ビル・スコット、デイブ・マクルーア、ポール・シン、ありがとう。

友人のジョナス・コフラー、ジフ・コンスタブル、トレバー・オーウェンズ、エリック・オターソン、エリック・ガレン、ショーン・マーフィー、ショーン・エリス、トリスタン・クローマー、ジェレミー・ラボイ、アビー・ラボイ、ジュリアン・バークウィスト、ケイト・ラター、ジャニス・フレイザー、ジェイソン・フレイザー、ベンカテッシュ・ラオ、アル・ブシャラー、ブライアン・ホール、アーロン・エデン、パーカー・トンプソン、ニック・スリス、ライアン・ホリデー、マイケル・エルスバーグ、スティーブン・サマット、ベンカット・チャンドラシェカール、ジン・リー、サリム・ビラニ、ダン・マーテル、ベン・ヨスコビッツ、アリステア・クロール、ゲイリー・ホワイトヒル、シーシャ・オルトゥサル、ジェフリー・ズロフスキー、ジョニー・チャン、ロドニー・ラムフォード、リンジー・デイトン・ラシェル、アビー・フィクナー、アリーン・オリベリア、シンディ・アルバレス、ネイト・バーコペック、ケイシー・アームストロング、テイラー・マイルズ、シェルビン＆バファ・タリア、ファーシード・アテフ、ケイバン・ラウフィ、アンソニー・シンガボン、ファイザ・タジャムル、アベスタ＆キャメロン・ラスーリ、ジョー・ズリ、ピート・マウロ、モリー・マシーソン、ライアン・タナカ、アミール・バニファテミ、アンドレス・ブリティカ、オリン・ハイド、ウィリー・ファン、マギー・フィンチ、ローレン・ガード、タレック・パトゥー、マーチェイ・スキエロウスキー、ニール・パテル、フィリップ・ローズデイル、ダニー・ベケット・ジュニア、ジョン・フライズ、ジョッシュ・ペイン、クリス・ジョンソン、アレックス・オスターワルダー、ジュリアン・スミス、スティーブ・チェイニー、デレク・ホルト、スコット・ケース、ピーター・ハージティ、デビー・ランダ、クレア・ライアン、ブライアン・ホール、グレッグ・アイゼンバーグ、スティーブン・デビスにお礼を言いたい。みなさんには、本書の内容、考察、アイデア、事例、発想、サポート、友情など、色々な面でお世話になった。どうもありがとう。

また、セス・ゴーディン、マーク・サスター、マーク・アンドリーセン、ベン・ホロウィッツ、デビッド・コーエン、ブラッド・フェルド、デビッド・スコック、トニー・シェイ、ナシーム・ニコラス・タレブ、クレイトン・クリステンセン、フレッド・ウィルソンの思想や著書には、たいへん影響を受けた。感謝したい。

さらに、早い段階で本書の内容を読み、意見を寄せ、予約注文という形でわれわれを支えてくれたアーリーアダプターのみなさんにも、改めてお礼を言いたい。

もちろん、家族や友人の支えや我慢がなければ、本書は完成していないだろう。

ブラントより：娘のリバとイライザに愛と感謝を。2人ともアイデア豊かで、頭の回転が速く、人間としてすばらしいうえに、ライターとしても優秀

だ！　それから、両親のロスとシンシアにもありがとうを言いたい。人生、紆余曲折があったけれど、いつもそばにいてくれた。同じ両親のもとで育ったクレイグ、トッド、ステファニーも本書に貢献してくれた。3人のユニークな考えにはいつもはっとさせられる。どうしてこんなにすばらしい家族に恵まれたのかわからないけれど、みんなの忍耐力には頭が下がる。それから、私たち家族を支えてくれたダニエラ＆ジャッキー・ザッカー、イブ・ザッカー、カール・マローンも、ありがとう。

　パトリックより：何より、妻のカタリーン・ヴラスコヴィッツと息子のシェーンの愛情とサポートがなければ、本書は完成しなかっただろう。私が本書の執筆で頭がいっぱいだったころ、2人にはなかなか構ってあげられず、本当に苦労をかけたと思う。こんな夫と父親ですまないけど、いつも一緒にいてくれて、本当にありがとう。それからもちろん、両親のルドミラとジョセフ、きょうだいのジェットとビビアンも、いつもそばで支えてくれた。ありがとう。私は親戚にもびっくりするくらい恵まれた。イストバン、ジェルゴ、それからクリスティナも、ありがとう。そして、アラン・ジョーンズも。彼とはサラトガの高校時代からの親友だ。彼の聖人のような我慢強さ、無限の寛大さ、抜群のユーモアにはいつも感心しっぱなしだ。ありがとう。

　この世界の本当のアントレプレナーとは誰だろう？　それはせっせと蓄財に励む者でもなければ、税金が起業精神を殺すと訴える者でもない。お金儲けのためだけに働く者でもなければ、イノベーターのお面をかぶったギャンブラーでもない。人々をだまし、罪悪感を抱かせ、恐怖につけ込んで商品を買わせる独善的なマーケターでもなければ、自己宣伝の得意なビジネスマン、不動産業界のドン、銀行家、投機的なビジネスベンチャーでもない。

　本当のアントレプレナーとは、価値の創造に励む人々だ。自分自身の生計を立てるためでも、世界を変えるためでもいい。不確実性に真っ正面から向き合い、みずからリスクを冒し、自分の【傍点／理念】に命を懸ける人々。そして、楽観的で情熱的な実践家。そんな人たちに手を貸せることが、私たちの何よりの喜びなのだ。

著者について　About the Authors

ブラント・クーパー
Brant Cooper

ブラント・クーパーは、大小を問わず、さまざまな組織の針を動かす支援を行なっている。

　Tumbleweed、Timestamp、WildPackets、inCodeなど、数多くのスタートアップでキャリアを積み、IPO、買収、急成長のみならず、大失敗も経験。前著『顧客開発モデルのトリセツ』では、リーンスタートアップや顧客開発の考え方について初めて本格的に論じ、5万部以上を売り上げた。これまでに世界中の数百人のアントレプレナーと仕事をしており、Qualcomm、Intuit、Capital One、Hewlett-Packardといった一流企業から講演の依頼が殺到している。

　連絡は@brantcooperまで。2人の娘、リバとイライザとともに、カリフォルニア州エンシニータスのスワミス近郊に在住。

パトリック・ヴラスコヴィッツ
Patrick Vlaskovits

　パトリック・ヴラスコヴィッツは、アントレプレナー、作家、コンサルタント。目標は博識家と呼ばれること。

　彼の記事は、Harvard Business ReviewやWall Street Journalのブログのほか、The Browserでも取り上げられている。

　また、SXSW、GROW Conference、Turing Festival、Lean Startup Conferenceなど、国内外のさまざまな技術会議で定期的に講演を行なっている。2社のスタートアップを共同で創設した経験を持ち、現在ではいくつもの技術的スタートアップのアドバイザーや、シードファンド＆スタートアップアクセラレータの500 Startupsのメンターも務めている。自身が代表を務めるMoves the Needleのクライアントには、Foutune 100企業がずらりと名を連ねる。

　本書は彼の2冊目の共著。前作『顧客開発モデルのトリセツ』は、シカゴ大学ブースビジネススクールやカリフォルニア大学バークレー校のMBA課程や学部課程の必修テキストに選ばれている。スタンフォード大学やUCLAでの講演経験もあり。

　カリフォルニア大学サンタバーバラ校では、なぜか経済学の修士号を取得。趣味はオレンジ郡のビーチで家族と過ごすこと。

　ツイートは@Pvまで。ブログvlaskovits.comも必見。

Winning organizations are fast, agile, and tenacious. They are focused on what moves the needle.

すばやく、機敏で、粘り強い。ビジネスの針を動かすことに全力を注ぐ。
それが成功する組織の条件だ。

ブラント・クーパーとパトリック・ヴラスコヴィッツが代表を務めるMoves the Needle Groupは、リーンイノベーションに関するコンサルティング、研修、講演、ワークショップを提供しています。
顧客と対話し、すばやく実験を行ない、行動につながるデータを活かして、成長に弾みを付けましょう!

Head's up entrepreneurs, intrapreneurs, students, and educators. Need more tips, tricks, and hacks?

アントレプレナー、企業内起業家、学生、教師のみなさん！
ヒントやコツをお探しじゃありませんか？

連続起業家、イノベーター、ビジョナリーのケーススタディが詰まったオーディオや動画をご希望の方は、
more@leanentrepreneur.coまでメールを。

本書内容に関するお問い合わせについて

このたびは翔泳社の書籍をお買い上げいただき、誠にありがとうございます。弊社では、読者の皆様からのお問い合わせに適切に対応させていただくため、以下のガイドラインへのご協力をお願い致しております。下記項目をお読みいただき、手順に従ってお問い合わせください。

▶ご質問される前に
弊社Webサイトの「正誤表」をご参照ください。これまでに判明した正誤や追加情報を掲載しています。
正誤表　http://www.shoeisha.co.jp/book/errata/

▶ご質問方法
弊社Webサイトの「刊行物Q&A」をご利用ください。
刊行物Q&A　http://www.shoeisha.co.jp/book/qa/

▶郵便物送付先およびFAX番号
送付先住所　〒160-0006　東京都新宿区舟町5
FAX番号　　03-5362-3818
宛先　　　　（株）翔泳社　愛読者サービスセンター

インターネットをご利用でない場合は、FAXまたは郵便にて、下記"翔泳社 愛読者サービスセンター"までお問い合わせください。
電話でのご質問は、お受けしておりません。
回答は、ご質問いただいた手段によってご返事申し上げます。ご質問の内容によっては、回答に数日ないしはそれ以上の期間を要する場合があります。

▶ご質問に際してのご注意
本書の対象を越えるもの、記述個所を特定されないもの、また読者固有の環境に起因するご質問等にはお答えできませんので、予めご了承ください。

※本書に記載されたURL等は予告なく変更される場合があります。
※本書の出版にあたっては正確な記述につとめましたが、著者や出版社などのいずれも、本書の内容に対してなんらかの保証をするものではなく、内容やサンプルに基づくいかなる運用結果に関してもいっさいの責任を負いません。
※本書に掲載されているイメージなどは、特定の基づいた環境にて再現される一例です。
※本書に記載されている会社名、製品名はそれぞれ各社の商標および登録商標です。

訳者紹介

千葉敏生　Toshio Chiba

翻訳家。1979年神奈川県生まれ。早稲田大学理工学部数理科学科卒。訳書に、チップ・ハース、ダン・ハース『スイッチ！』、ムハマド・ユヌス『ソーシャル・ビジネス革命』、フランク・モス『MITメディアラボ 魔法のイノベーションパワー』（以上、早川書房）、マーティ・ニューマイヤー『クリエイティブの授業』（実務教育出版）、フィリップ・E・オルベーンズ『投資とお金の大事なことはモノポリーに学べ！』（日本実業出版社）などがある。

装丁　遠藤陽一(DESIGN WORKSHOP JIN,inc.)

編集　江種美奈子(翔泳社)

2014年3月10日　初版第1刷発行

リーン・アントレプレナー

著者　　ブラント・クーパー＆パトリック・ヴラスコヴィッツ
訳者　　千葉敏生
発行人　佐々木幹夫
発行所　株式会社 翔泳社（http://www.shoeisha.co.jp）
印刷・製本　凸版印刷株式会社

©2014 SHOEISHA Co.,Ltd.
● 本書は著作権法上の保護を受けています。本書の一部または全部について、株式会社 翔泳社から文書による許諾を得ずに、いかなる方法においても無断で複写、複製することは禁じられています●本書へのお問い合わせについては、前ページに記載の内容をお読みください●落丁・乱丁はお取り替えいたします。03-5362-3705までご連絡ください

ISBN978-4-7981-3359-1
Printed in Japan